हिन्दू धर्म का सार

सभी पवित्र ग्रन्थों का परिचय

त्रिलोचन शास्त्री

अनुवाद

रचना भोला 'यामिनी'

वाणी प्रकाशन

प्रकाशन के उत्कृष्टतम 62 वर्ष

vaniprakashan.com

पेपरबैक पहला संस्करण : 2025

वाणी प्रकाशन

4695, 21-ए, दरियागंज, नयी दिल्ली-110 002

फ़ोन : + 91 11 23273167, 23275710

शाखाएँ

अशोक राजपथ, पटना-800 004, बिहार

कॉफ़ी हाउस कैम्पस, महात्मा गांधी मार्ग, प्रयागराज-211 001, उत्तर प्रदेश

महात्मा गांधी अन्तरराष्ट्रीय हिन्दी विश्वविद्यालय, वर्धा-442 001, महाराष्ट्र

sales@vaniprakashan.in
vaniprakashan@gmail.com

Hindu Dharm Ka Saar
by Trilochan Sastry
Translated by Rachna Bhola 'Yamini'

ISBN : 978-93-6287-484-9
Religion/Culture

मूल्य : ₹ 399

सिटी प्रेस, दिल्ली-110 095 में मुद्रित

वाणी प्रकाशन का लोगो मक़बूल फ़िदा हुसैन की कूची से

हिन्दू धर्म का सार अथवा हिन्दू धर्म के तत्त्व

त्रिलोचन शास्त्री आईआईएम बंगलौर के प्रोफ़ेसर और भूतपूर्व डीन हैं। उन्होंने आईआईटी दिल्ली से बीटैक, आईआईएम अहमदाबाद से एमबीए और एमआईटी से पीएचडी की। वे एडीआर के संस्थापक हैं, यह एनजीओ चुनाव सम्बन्धी और राजनीतिक सुधारों पर काम करती है, इसके अतिरिक्त वे *सीसीडी* और *फार्मवेदा* के भी संस्थापक हैं जो सैकड़ों हज़ार छोटे किसानों के लिए काम करती हैं। शास्त्री को उनके शैक्षिक कार्य और समाज में योगदान के लिए अनेक पुरस्कारों से सम्मानित किया गया है। वे किशोर आयु से ही हिन्दू धर्म में रुचि रखते थे, उन्होंने आश्रमों में समय व्यतीत किया, पवित्र ग्रन्थों का अध्ययन किया, अनेक गुरुओं से शिक्षा पाने के बाद, कई तीर्थस्थलों के दर्शन किये।

प्रस्तावना

यह संक्षिप्त परिचायक पुस्तक उन पाठकों के लिए है जो हिन्दू धर्म को जानने में रुचि तो रखते हैं परन्तु उनके पास सभी ग्रन्थों को पढ़ने का समय अथवा इच्छा नहीं है। अन्य महान धर्म कुछेक पुस्तकों पर आधारित हैं परन्तु हिन्दू धर्म में सैंकड़ों ग्रन्थ हैं और इनमें से अधिकतर बहुत विशाल हैं। उनकी लेखन अवधि शताब्दियों में नहीं अपितु सहस्त्र वर्षों तक फैली हुई है। प्राचीन धर्म ग्रन्थ संस्कृत भाषा में हैं, यह एक ऐसी भाषा है जिसे बहुत से लोग नहीं जानते। कई बार आरम्भिक जिज्ञासु विस्मित हो जाते हैं, वे नहीं जानते कि उन्हें अपना अध्ययन कहाँ से आरम्भ करना चाहिए। सभी ग्रन्थों का संक्षिप्त परिचय देने वाली यह छोटी सी पुस्तक सम्भवतः इस उद्देश्य को पूरा कर सकती है। यह दूसरे धर्मों व देशों के इच्छुक पाठकों के साथ-साथ अनीश्वरवादी व नास्तिक पाठकों के लिए भी रुचिकर हो सकती है।

प्राचीन शब्द सनातन धर्म अथवा शाश्वत धर्म है। यद्यपि हम 'हिन्दू धर्म' शब्द का ही प्रयोग करेंगे क्योंकि आजकल इसी शब्द का चलन अधिक है। इसका कोई संस्थापक नहीं और हिन्दू धर्म कहता है कि शाश्वत सत्यों का अस्तित्व हमेशा से था। आरम्भिक ऋषियों ने ही सबसे पहले उनकी खोज की।

प्रयास यही है कि धर्मग्रन्थों को बिना किसी व्याख्या के ज्यों का त्यों प्रस्तुत किया जाये। अधिकतर उपलब्ध अनुवादों ने, उपनिषद (जो वेदों का अंग हैं), भगवद् गीता तथा ब्रह्म सूत्र जैसे आरम्भिक ग्रन्थों की व्याख्या के लिए परवर्ती विद्वान-सन्तों के भाष्यों का प्रयोग किया। ये हिन्दू धर्म के प्रस्थान त्रय अथवा आधारभूत ग्रन्थ हैं। उदाहरण के लिए, उपनिषदों का ऐसा कोई भी पाठ मिलना दुर्लभ है जिसमें किसी न किसी महान भाष्यकार का भाष्य सम्मिलित न हो। मूल उपनिषद का अर्थ इन्हीं भाष्यों के अनुसार व्याख्यायित हैं सभी प्रमुख उपनिषदों, ब्रह्म सूत्रों और भगवद्

गीता के लिए यही कहा जा सकता है। आधुनिक विद्वानों ने ग्रन्थों पर विविध विचार प्रस्तुत किये हैं। इस पुस्तक में ग्रन्थों से मूल पाठ लिए गये हैं और शब्द-दर-शब्द अनुवाद के साथ असंख्य उदाहरण भी प्रस्तुत हैं। पाठक को यह अधिकार है कि वह अपने तरीके से उनकी व्याख्या करे, सम्भवत: वह और अधिक विस्तृत विवरण के लिए अन्य पाठ्यों की सहायता भी ले सकता है।

हमने वेदों, उपनिषदों, ब्रह्म सूत्रों, छह दर्शनों, पुराणों, आगम शास्त्रों, अन्य पवित्र ग्रन्थों, महान महाकाव्य रामायण और महाभारत, अद्वैत, विशिष्टाद्वैत और द्वैत सहित मध्ययुगीन दर्शनों तथा लोकप्रिय भक्ति आन्दोलनों (जिन्होंने संस्कृत का प्रयोग नहीं किया) का संक्षिप्त सिंहावलोकन प्रस्तुत किया है। सहस्त्रों वर्षों में फैले ऐसे साहित्य का सिंहावलोकन व्यापक नहीं हो सकता था। इसके लिए एक प्रकार से चयन करने की आवश्यकता थी। इस स्थान पर केवल अनिवार्य विचारों को प्रस्तुत करते हुए अन्य को हटा दिया गया है। इस पुस्तक में इतिहास, राजनीति और सामाजिक दशाओं पर आधारित व्याख्याओं को नहीं रखा गया है। इन पक्षों पर चर्चा के लिए, पाठकों को वर्तमान में ऐसे विषयों पर आने वाली अनेक पुस्तकों में से, किसी पुस्तक की सहायता लेनी होगी।

ऐसे विशाल साहित्य को संजो कर छोटी सी पुस्तक में प्रस्तुत करने की अपनी चुनौतियाँ रहीं। किसे चुनना चाहिए और किसे नहीं लेना चाहिए? किन पक्षों पर बल देना चाहिए? ग्रन्थों की विविध व्याख्याएँ की जा सकती हैं। बाद में आने वाले पवित्र ग्रन्थों में, आरम्भिक उपनिषदों व ब्रह्म सूत्रों पर आधारित भाष्य व दर्शन शामिल हैं और विभिन्न दृष्टिकोण प्रस्तुत करते हैं। यहाँ तक कि एक ही ग्रन्थ में ही विभिन्न विचार देखे जा सकते हैं। उदाहरण के लिए, पुराणों में विष्णु, शिव, ब्रह्मा, दिव्य माँ और अन्य कई देवों का विवरण मिलता है जबकि वेदों में अधिकतर उनका उल्लेख नहीं है। कुछ ग्रन्थ तर्क और ज्ञान पर बल देते हैं तो कुछ ने भक्ति को ही सर्वोपरि माना। वेद स्वयं अपने आरम्भिक भागों में वैदिक अनुष्ठानों पर बल देते हैं परन्तु परवर्ती भागों में ज्ञान पर बल दिया गया है। वे सब सतह के ऊपर अलग-अलग दिखाई देते हैं। हालाँकि गहन अध्ययन के बाद एक सर्वसम्मति और समन्वय दिखाई देता है। आधारभूत ग्रन्थों में से एक, ब्रह्म सूत्रों में ऐसा ही एक सामान्य आधार पाने का आरम्भिक प्रयत्न दिखाई देता है जिनमें वाक्यांश है, 'तत्तु समन्वयात्', इसका अर्थ है, 'परन्तु एक सामंजस्य है।' यह विभिन्न उपनिषदों का सन्दर्भ देते हुए कहता

है कि उनके बीच सामंजस्य है। उदाहरण के लिए, प्रत्येक व्यक्ति की एक आत्मा है, जो सार रूप में चेतना है, यह विचार अधिकतर विचार सम्प्रदायों द्वारा स्वीकार किया गया है। धर्मग्रन्थों के इन्हीं अनिवार्य विचारों को पुस्तक में वरीयता दी गयी है और जहाँ तक सम्भव हो सके, प्रत्यक्ष रूप से ग्रन्थों से ही लिया गया है।

जिस जगह विचारों में मतेक्य नहीं, उस जगह सभी दृष्टिकोण दिये गये हैं। उदाहरण के लिए, षड् दर्शन तथा परवर्ती महान दर्शन जैसे अद्वैत, विशिष्टाद्वैत तथा द्वैत में मतभेद हैं। इन दर्शनों का सार प्रस्तुत किया गया है।

मूल धर्मग्रन्थों के अतिरिक्त, ऐसे कई आधुनिक विद्वान हुए जिन्होंने हिन्दू धर्म के आधारभूत सिद्धान्तों के विषय में लिखा। आधुनिक युग के सन्त जैसे रामकृष्ण, विवेकानन्द, रमण महर्षि, अरबिंदो आदि कई अन्य सन्तों ने इन प्राचीन ग्रन्थों पर ताज़ी अन्तर्दृष्टि प्रस्तुत की है। विभिन्न दार्शनिक सम्प्रदायों से जुड़े प्राचीन मठों तथा संगठनों के पास प्राचीन धर्म ग्रन्थों के अंग्रेज़ी अनुवाद व प्रकाशन मिलते हैं। वर्तमान डिजीटल युग में, अनेक धर्मग्रन्थ ऑनलाइन उपलब्ध हैं। ये सभी इस परिचायक पुस्तक के लिए स्रोत सामग्री रहे। जब किसी बिन्दु पर स्पष्टीकरण की आवश्यकता हुई तो मूल ग्रन्थ का आश्रय लिया गया।

संस्कृत के अतिरिक्त, अनेक भारतीय भाषाओं में भी ऐसे कई ग्रन्थ मिलते हैं जिन्हें उस क्षेत्र में धर्मग्रन्थ माना गया है। हिन्दी, मराठी, बंगाली, तमिल, कन्नड, तेलुगू तथा अन्य भारतीय भाषाओं में ऐसे कई ग्रन्थ हैं जिन्हें बहुत आदर और मान से देखा जाता है। वे उन क्षेत्रों के धर्म ग्रन्थ हैं। इस पुस्तक में उन पर संयोगवश उल्लेख के अतिरिक्त कोई चर्चा नहीं की गयी।

भारत अन्य महान धर्मों का मूल रहा है। वे सभी संस्कृत का प्रयोग नहीं करते थे। बौद्ध धर्म ग्रन्थ मूल रूप से पाली में लिखे गये। सिक्खों की धार्मिक पुस्तक, गुरु ग्रन्थ साहिब में अनेक भाषाओं का प्रयोग मिलता है जिनमें पंजाबी, संस्कृत और फ़ारसी सम्मिलित हैं। मूल जैन शिक्षाएँ अर्द्धमाग्धी में थीं, यद्यपि बाद में उन्हें विविध भाषाओं में उपलब्ध करवाया गया। बौद्ध, जैन तथा सिक्ख धर्म ने कई प्रकार से हिन्दू धर्म के अभ्यास को प्रभावित किया। यद्यपि इस पुस्तक में हमने भारत में जन्मे, अन्य महान धर्मों की चर्चा नहीं की। एक और धार्मिक परम्परा, जो आज भी जारी है, उसे लोक धर्म का नाम दे सकते हैं। इनमें ग्रामीण तथा जनजातीय धर्म व अभ्यास शामिल हैं। वे अपने मूल स्वरूप में, विविध क्षेत्रों में रहने वाले लोगों से उपजे और

उनके विभिन्न रीति-रिवाज, आस्थाएँ तथा अभ्यास रहे। यद्यपि ये सभी धाराएँ हिन्दू धर्म में ही आ कर मिलीं, जो परस्पर प्रभावित करती रही हैं। हमारी इस पुस्तक का केन्द्र बिन्दु केवल हिन्दू धर्मग्रन्थ ही हैं।

हिन्दू धर्म में अनुष्ठान, त्योहार तथा विभिन्न प्रकार के पूजन आदि भी सम्मिलित हैं। इसमें हज़ारों देवी-देवताओं के पूजन का उल्लेख है। पूजा-प्रार्थना के तरीके, क्षेत्र विशेष तथा समय के अनुसार अलग-अलग हो सकते हैं। एक ही व्यक्ति के लिए भी परिवर्तनशील हो सकते हैं क्योंकि वह जीवन में अलग-अलग चरणों से हो कर गुज़रता है। यह पुस्तक संयोगवश उल्लेख के अतिरिक्त किसी भी तरह के रीति-रिवाजों का उल्लेख नहीं करती। यह व्यापक रूप से स्वीकृत है कि भले ही रीति-रिवाज और अनुष्ठान अलग हों परन्तु वे जिन लक्ष्यों को पाने के लिए किये जाते हैं, वे समान ही हैं। रीति-रिवाज जिन उद्देश्यों को पाने में सहायता करते हैं, वे ग्रन्थों में दिये गये हैं, फिर चाहे वे प्राकट्य रूप में हों या फिर दर्शन के रूप में!

अध्यायों का क्रम लगभग धर्मग्रन्थों के ऐतिहासिक विकास के अनुसार दिया गया है। वेद तथा आरम्भिक उपनिषद सबसे प्राचीन हैं और इन्हें सबसे अधिक पवित्र माना जाता है। यह पुस्तक उनसे ही आरम्भ होती है। अगले दो अध्यायों में षड् दर्शन के विषय में जानकारी दी गयी है जो कुछ समय बाद आये। ब्रह्म सूत्रों पर अलग से एक अध्याय है, जो सम्भवत: इन छह में से सर्वाधिक महत्त्वपूर्ण हैं। इसके बाद भगवद् गीता पर एक संक्षिप्त अध्याय दिया गया है। चूंकि यह सबसे अधिक अनूदित ग्रन्थ है इसलिए केवल गीता के नये विचारों या शिक्षाओं पर ही चर्चा की गयी है। तीन पवित्र ग्रन्थ-वेद, ब्रह्म सूत्र और भगवद् गीता-इन्हें प्राय: प्रस्थान त्रय अथवा हिन्दू धर्म के तीन आधारभूत ग्रन्थ कहते हैं। पवित्र ग्रन्थों पर दिये गये अध्यायों में पुराण, आगम शास्त्र और इतिहास अथवा महान महाकाव्य आते हैं। इसके अतिरिक्त और भी कई प्रतिष्ठित ग्रन्थ हैं जिनमें उपवेद, वेदांग व स्मृतियाँ हैं। कई ग्रन्थों में गीता प्रत्यय का प्रयोग किया गया है। कुछ आध्यात्मिक ग्रन्थ रामायण से लिए गये हैं। 'अन्य पवित्र ग्रन्थ' नामक अध्याय में उन सब पर चर्चा की गयी है। अनेक सदियों के दौरान, पुराण, आगम शास्त्र और 'स्मृति' प्रत्यय का प्रयोग करने वाले ग्रन्थ विकसित हुए, यह स्पष्ट रूप से कहना सम्भव नहीं कि पहले कौन से ग्रन्थ आये और कौन से बाद में आये। ये सभी प्राचीन धर्मग्रन्थों का भाग हैं।

मध्यकाल में, अनेक महान दार्शनिक ग्रन्थ लिखे गये। 'महान दर्शन' नामक अध्याय में उन पर चर्चा की गयी है। उनमें से अद्वैत, विशिष्टाद्वैत और द्वैत सुप्रसिद्ध हैं। इन सबने उपनिषदों और ब्रह्म सूत्रों को साक्षी रूप में उद्धृत करते हुए अपने दर्शन स्थापित किये। दर्शनों की भक्ति शाखाएँ जैसे भेदाभेद और शुद्धाद्वैत, और दार्शनिक ज्ञान पर आधारित शाखाएँ जैसे *अजात वाद, दृष्टि-सृष्टि* तथा *सृष्टि-दृष्टि* आदि पर भी संक्षेप में चर्चा की गयी है। 'भक्ति परम्परा' नामक अध्याय में, मध्ययुगीन सन्तों द्वारा स्थानीय रूप से बोली जाने वाली भाषाओं में रचे गये आधुनिक ग्रन्थों का संक्षिप्त परिचय है, जो प्राचीन ग्रन्थों की तरह संस्कृत में नहीं थे। वे प्राय: गीतों के और सारगर्भित कहावतों के रूप में होते हैं जो जन-जन के बीच गूँजे। हमने निष्कर्ष में उन अनिवार्य विचारों को प्रस्तुत करने का प्रयत्न किया है जिन पर सर्वसम्मति है।

धर्मग्रन्थों का अनुमानत: क्रमविकास

धर्मग्रन्थों के लिए सटीक तिथियों व काल का निर्धारण करना कठिन है और अनेक विद्वानों ने विभिन्न तिथियाँ प्रस्तावित की हैं। इनमें से अनेक ग्रन्थ मौखिक रूप में थे, उन्हें बहुत बाद में लिखित रूप प्रदान किया गया। इस तरह इनके लिए तिथि निर्धारित करना और कठिन हो गया है परन्तु यह निश्चित तौर पर कहा जा सकता है कि वेद सर्वाधिक प्राचीन हैं। वेदों का परवर्ती भाग उपनिषद कहलाता है। इसके बाद षड् दर्शन आते हैं और इनके साथ ही ब्रह्म सूत्र हैं। इसके तुरन्त बाद भगवद् गीता आई, जो महाभारत का एक भाग है। यह एक व्यापक मान्यता है कि रामायण भगवद् गीता से पहले आई। स्मृतियाँ, पुराण और आगम शास्त्र वैदिक काल के बाद आये और सभी ग्रन्थ, विशेष तौर पर पुराण सदियों के दौरान विकसित हुए। ईसाई धर्म के आगमन के पहले भारी संख्या में पवित्र ग्रन्थ रचे गये।

बौद्ध और जैन धर्म, औपचारिक तौर पर हिन्दू धर्म का भाग नहीं, वे भगवद् गीता के बाद विकसित हुए। बाद में हिन्दू ग्रन्थों ने इनका सन्दर्भ दिया।

बहुत बाद में, मध्यकाल के दौरान, 8वीं सदी के आरम्भ के आसपास, अद्वैत, विशिष्टाद्वैत और द्वैत वेदान्त दर्शन के रूप में सामने आये, जिनके रूपान्तर शुद्धाद्वैत, द्वैताद्वैत, भेदाभेद वाद और अचिंत्य भेदाभेद के नाम से जाने जाते हैं। मध्यकाल में ही भक्ति आन्दोलन भी सामने आया। इसने जन-जन के बीच धर्म का प्रसार करने में सहायता की क्योंकि इसके वचन, ग्रन्थ और गीत स्थानीय भाषाओं में थे।

नोट: रोमन पृष्ठ चौदह: चित्र की हिन्दी

<table>
<tr><th>तारीख़</th><th>धर्म</th><th></th><th></th><th></th><th></th><th></th></tr>
<tr><td>1800 ई.पू.</td><td rowspan="11">वेद</td><td></td><td></td><td></td><td></td><td></td></tr>
<tr><td>1700</td><td></td><td></td><td></td><td></td><td></td></tr>
<tr><td>1600</td><td></td><td></td><td></td><td></td><td></td></tr>
<tr><td>1500</td><td></td><td></td><td></td><td></td><td></td></tr>
<tr><td>1400</td><td></td><td></td><td></td><td></td><td></td></tr>
<tr><td>1300</td><td></td><td></td><td></td><td></td><td></td></tr>
<tr><td>1200</td><td></td><td></td><td></td><td></td><td></td></tr>
<tr><td>1100</td><td></td><td></td><td></td><td></td><td></td></tr>
<tr><td>1000</td><td></td><td></td><td></td><td></td><td></td></tr>
<tr><td>900</td><td></td><td></td><td></td><td></td><td></td></tr>
<tr><td>800</td><td></td><td></td><td></td><td></td><td></td></tr>
<tr><td>700</td><td rowspan="3">बृहद् उपनिषद्</td><td></td><td></td><td></td><td rowspan="3">गौतम बुद्ध का जन्म, महावीर, बौद्ध धर्म और जैन धर्म</td><td></td></tr>
<tr><td>600</td><td></td><td></td><td></td><td></td></tr>
<tr><td>500</td><td>ब्रह्मसूत्र, सांख्य</td><td>रामायण</td><td></td><td></td></tr>
<tr><td>400</td><td></td><td rowspan="3">अन्य दर्शन</td><td rowspan="3">भगवद्गीता और महाभारत</td><td rowspan="15">पुराण</td><td></td><td></td></tr>
<tr><td>300</td><td></td><td></td><td></td></tr>
<tr><td>200</td><td rowspan="11">लघु उपनिषद्</td><td></td><td></td></tr>
<tr><td>100</td><td rowspan="5">मनु स्मृति एवं अन्य बृहद् स्मृतियाँ</td><td></td><td></td><td></td></tr>
<tr><td>0</td><td></td><td></td><td></td></tr>
<tr><td>100 CE</td><td></td><td></td><td></td></tr>
<tr><td>200</td><td></td><td></td><td rowspan="7"></td></tr>
<tr><td>300</td><td></td><td></td></tr>
<tr><td>400</td><td></td><td></td><td></td></tr>
<tr><td>500</td><td></td><td></td><td></td></tr>
<tr><td>600</td><td></td><td></td><td></td></tr>
<tr><td>700</td><td></td><td></td><td></td></tr>
<tr><td>800</td><td></td><td></td><td></td></tr>
</table>

900			अद्वैत			आगम शास्त्र
1000						
1100			विशिष्टाद्वैत			
1200						
1300			द्वैत			
1400					भक्ति आन्दोलन	
1500						
1600						
1700						
1800						
1900						
2000						

इस पुस्तक में निम्नलिखित प्रश्नों को सम्मिलित किया गया है। सनातन धर्म में ऐसे अनिवार्य विचार और अवधारणाएँ कौन सी हैं जिन पर व्यापक सर्वसम्मति है? क्या कोई धर्मग्रन्थ ऐसे हैं जिन्हें दूसरों की तुलना में अधिक महत्त्वपूर्ण माना जाता है? पुराणों का क्या महत्त्व है जिनमें विविध देवी-देवताओं पर प्रसंग, ब्रह्माण्ड का मूल व दर्शन दिया गया है? हिन्दू धर्म में दिव्य अवतार अथवा अवतार की अद्भुत अवधारणा है जिसका शाब्दिक अर्थ है-अवतरण। इसका अर्थ लिया जाता है-धरती पर ईश्वर का अवतरण। अवतार की अवधारणा क्या है? कुल मिला कर, दर्शन के विभिन्न सिद्धान्तों का सार क्या है? ग्रन्थों के अध्ययन अथवा शिक्षाओं का पालन करने से अन्ततः क्या लाभ होता है? क्या हिन्दू धर्मग्रन्थों व शास्त्रों के बीच कोई परस्पर सामंजस्य भी है, जो प्रायः आपस में भिन्न होते हैं?

यदि इस पुस्तक को पढ़ने से किसी को हिन्दू धर्म के विभिन्न पक्षों को समझने तथा अधिक विस्तृत ग्रन्थों को पढ़ने के लिए आधार मिल सके तो इसे लिखने का उद्देश्य पूर्ण माना जायेगा।

विषय सूची

वेद

हिन्दू धर्मग्रन्थों में, वेदों को सर्वोच्च पद प्रदान किया गया है। वेदों में उपनिषद भी शामिल हैं, जिन्हें वेदान्त कहा जाता है। इन दोनों को *श्रुति* कहा जाता है–जो सुना गया है। वेद सर्वाधिक प्राचीन तथा विशालकाय ग्रन्थ हैं। ऐसी मान्यता है कि वैदिक ऋषियों और मुनियों ने प्रकटीकरण के प्रत्यक्ष बोध के माध्यम से जो भी ज्ञान प्राप्त किया, उसे ही वेदों के रूप उच्चारित किया।[1]

प्राचीन काल में वेद लिखित रूप में नहीं थे, वे मौखिक रूप से एक से दूसरी पीढ़ी तक प्रसारित किये गये। 'श्रुति' शब्द की एक और व्याख्या यह भी है, 'जो गुरु अथवा शिक्षक के मुख से सुना गया।' वे बाइबिल, कुरान और बौद्ध धर्म के सुत्त पिटकों की तरह ऐसे ग्रन्थ हैं, जो प्रकाशित हैं। दूसरे शब्दों में, ये अवतरण ईश्वर की ओर से अथवा किसी उच्चतम स्रोत द्वारा दिव्य दर्शन, वाणी अथवा अन्तर्ज्ञान से प्रकट किये गये।

हिन्दू धर्म के अधिकतर परवर्ती ग्रन्थों व धर्मग्रन्थों, भाष्यों तथा ऋषियों व पैगम्बरों ने वेदों की परम सत्ता को स्वीकार किया है। ब्रह्म सूत्र, भगवद् गीता, पुराण, षड् दर्शन (छह दर्शन), आगम शास्त्र तथा इतिहास बाद में आये। इन सबने वेदों की सत्ता को स्वीकारा। बाद में आने वाले हर दर्शन ने वेदों की सत्ता को स्वीकार करते हुए, इसके अभिकथनों की सत्यता प्रमाणित करने का प्रयास किया। यद्यपि ब्रह्म सूत्र और परवर्ती दर्शन जैसे अद्वैत, विशिष्टाद्वैत और द्वैत परस्पर भिन्न हैं, वे वेदों को (विशेष रूप से उपनिषदों) को ही प्रमाण मानते हैं। 'शब्द' अथवा 'वेद प्रमाण' का प्रयोग प्रायः किया जाता है जिसका अर्थ है, वेदों पर आधारित प्रमाण। गीता में भी वेदों की सत्ता को स्वीकार किया गया है।[2] आधुनिक युग के विद्वान-सन्त जैसे विवेकानन्द जी ने लक्ष्य किया, "केवल एक बिन्दु ऐसा है जिस पर हमारे सभी सम्प्रदाय एकमत हैं, वह यह है कि हम धर्मग्रन्थों-वेदों पर विश्वास रखते हैं...उनका दर्शन अथवा सम्प्रदाय चाहे जो भी हो, भारत में सबको अपना

प्रमाण उपनिषदों में ही खोजना होता है...और विधान है कि जहाँ पुराण और स्मृति श्रुति के किसी भी भाग से अलग हों, श्रुति का पालन होना चाहिए और स्मृति को अस्वीकृत किया जाना चाहिए।"[3] यहाँ तक कि आज भी, पूरे भारतवर्ष में, विद्वान, गुरु, मन्दिर, मठ तथा ऋषि व सन्त वेदों को ही अन्तिम प्रमाण मानते हैं।

'वेद' शब्द संस्कृत के मूल शब्द 'विद्' से लिया गया है–जिसका अर्थ है, जानना। वेदों का सरल सा अर्थ है, ज्ञान। संस्कृत श्लोकों को ऋषियों पर अवतरित वाणी के रूप में माना गया है। कहते हैं कि वेद अनादि हैं अर्थात जिनका कोई आदि नहीं है। कुछ शताब्दियों के पश्चात् सुप्रसिद्ध ऋषि वेद व्यास* ने सम्भवतः अध्ययन में सुविधा की दृष्टि से इनका वर्गीकरण किया। इन्हें व्यवस्थित रूप देते हुए चार वेदों में वर्गीकरण किया गया–ऋगवेद, यजुर्वेद, सामवेद और अथर्ववेद। यजुर्वेदों के दो संस्करण हैं–कृष्ण यजुर्वेद का ज्ञान वैशम्पायन ने दिया और शुक्ल यजुर्वेद याज्ञवल्क्य पर प्रकट हुए।

परम्परा के अनुसार इन ऋषियों व इनके शिष्यों और वंशजों ने अपने-अपने वेदों को निष्ठापूर्वक मन्त्रोच्चार तथा निर्देशों का पूर्ण पालन करते हुए जीवंत बनाए रखा।

वर्तमान में जो ऋगवेद संहिता उपलब्ध है, उसमें 1028 सूक्तों में 10,600 मन्त्र अथवा ऋचाएँ हैं जिन्हें ऋक कहते हैं। इन्हें 21 भागों में विभाजित किया गया है। यजुर्वेद में 1875 मन्त्र, सामवेद में 1875 मन्त्र तथा अथर्ववेद में 6000 मन्त्र हैं। कुल मिला कर, वेद संहिता में 20,000 विशिष्ट मन्त्र प्राचीन संस्कृत में लिखे गये हैं। इनमें से कुछ मन्त्र एक से अधिक वेदों में मिलते हैं। जब हम वैदिक मन्त्रोच्चार की बात करते हैं–कई बार इसे वेद अध्ययन अथवा वेद पारायण भी कहते हैं तो हमारा तात्पर्य संहिताओं से ही होता है। वेदों के अन्य मन्त्र संहिताओं के अतिरिक्त ब्राह्मण, आरण्यक, वेदान्त और उपनिषद में भी पाये जाते हैं।[4] मान्यता है कि वर्तमान में, केवल वेद के कुछ अंश ही उपलब्ध हैं।

पहले हमें यह जानना और समझना होगा कि वेद क्या हैं। इन्हें पाठ करने के लिए बनाया गया था और मन्त्रोच्चार करने और उसे सुनने वाले के लिए आवश्यक था कि उन्हें मन्त्रपाठ का अर्थ ज्ञात हो। केवल मन्त्रोच्चार अथवा पाठ करना ही पर्याप्त नहीं माना जाता था। हालाँकि एक विचारधारा के अनुसार मन्त्रोच्चार का श्रवण भी फलदायी होता है। अनेक व्यक्ति आज भी इस तथ्य के साक्षी हैं कि केवल

---

*'व्यास' का एक अर्थ है, विभाजित या विभेद करना।

मन्त्रोच्चार को सुनने से ही शरीर शान्त और मन उन्नत होता है। 5 आदर्श रूप से, हमें वैदिक मन्त्रोच्चार को सुनना चाहिए ताकि हम इसकी भावना ग्रहण कर सकें। वर्तमान में इंटरनेट पर आपको ये कई रूपों में मिल सकते हैं। इससे आगे पढ़ने से पहले, सम्भवतः कुछ समय तक इन मन्त्रों को सुनने का विचार अच्छा है। आमतौर पर यही माना जाता है कि यदि उचित रूप से वैदिक मन्त्रोच्चार किया जाये तो इससे अनेक लौकिक और आध्यात्मिक लाभों की प्राप्ति होती है। 'वेद' बार-बार देवों का उल्लेख करते हैं, जिसका शाब्दिक अर्थ है, 'उज्ज्वल'। ये सर्वोच्च परमात्मा नहीं बल्कि इसके विभिन्न पक्षों की ही अभिव्यक्तियाँ हैं। सम्भवतः इन देवों को प्रकट करने के पीछे यही विचार था कि धार्मिक और आध्यात्मिक प्रगति में सहयोग मिल सके। उदाहरण के लिए, ऋगवेद का पहला श्लोक अथवा मन्त्र अग्नि को समर्पित है, जो अग्नि के अधिष्ठाता देव हैं।

अग्निमीळे पुरोहितं यज्ञस्य देवं ऋत्विजं।
होतारं रत्नधातमम्।।

देश के कुछ भागों में, पहला शब्द कुछ इस तरह लिखा व उच्चारा जाता है- अग्निमिदे। ग्रन्थ का पूरा अनुभव देने के लिए, हमने यथासम्भव शाब्दिक अनुवाद किया है। इस जगह अनेक अनुवादों में से उपलब्ध एक अनुवाद दिया गया है:

हे अग्नि मैं आपकी आराधना करता हूँ,
हे पुरोहित, हे दिव्य मन्त्री!
जो दिव्य यज्ञ का कर्तव्य निभाते हैं,
जो अभिमन्त्रित करते हैं, आवाह्न करते हैं,
जो हमें सर्वश्रेष्ठ दिव्य सम्पदा प्रदान करते हैं।

अग्नि–देवता ईळे-सम्मानित करना, प्रार्थना करना, प्रशंसा करना
पुरोहितम्–पुरोहित यज्ञस्य-यज्ञ का ऋत्विजम्-यज्ञ करवाने वाला
होतारम्–देवता अथवा इष्ट का आवाह्न करने वाला
रत्नधातमम्–धन और संपदा अपर्ण करने वाले, अग्नि देव

यदि हम इस विषय में थोड़ी गहराई तक जाते हैं तो हमें कठिनाई अनुभव हो सकती है।

पुरोहितः–पुरः धीयते असौ–वह जिसे अग्नि अनुष्ठान में आगे रखा गया है।

ऋत्विक्–ऋतौ यजति–जो नियमित अथवा ऋतु अनुसार अग्नि अनुष्ठान सम्पादित करता है।

होता–जुहोति इति–जो अग्नि अनुष्ठान में आहुति देता है।

ये तीनों शब्द एक ही सूक्त में आये हैं और आज के समय में लगभग एक ही अर्थ रखते हैं। वेदों में प्रयुक्त अन्य शब्दों में ब्रह्म, ब्राह्मण, अध्वर्यु तथा उद्गात्री सम्मिलित हैं। इनके मूल शब्द भिन्न हैं। वर्तमान में, प्राय: *पुरोहित* शब्द का प्रयोग होता है परन्तु अन्य शब्द प्रचलन में नहीं हैं।

अग्नि कौन है? एक स्तर पर वह अग्नि का देवता है जिसका यज्ञ में अग्नि प्रज्ज्वलित कर आवाह्न किया जाता है और मन्त्र जाप करते हुए आहुति दी जाती है। दूसरों ने अग्नि की व्याख्या, हमारे आन्तरिक प्रकाश के बाहरी प्रतीक के रूप में की है, जिसे अनुष्ठान की सहायता से जाग्रत कर सकते हैं। श्री अरबिन्दो जैसे विद्वानों ने अग्नि को संकल्प का दिव्य देव कहा है जिसे हम अपने अन्दर प्रकट करना चाहते हैं। आधुनिक विद्वान प्राय: इस आन्तरिक पक्ष की अवहेलना करते हुए यही मानते हैं कि अग्नि आग का देवता है। इस दृष्टिकोण के अनुसार, प्राचीन समय में, मनुष्य प्रकृति की विभिन्न शक्तियों के पूजन की ओर आकर्षित हुआ। '*रत्नधातमम्*'का शाब्दिक अर्थ हुआ, रत्न प्रदान करने वाले दाताओं में उत्तम। इस प्रकार अग्नि रत्नों का सर्वोच्च दाता है। कुछ व्याख्याओं के अनुसार केवल आभूषण के सन्दर्भ में संपदा को नहीं लिया गया, सम्पन्नता को उसके सारे आयामों के साथ लिया गया और कुछ व्याख्याओं में इसे दैवीय संपदा माना गया है। इस उदाहरण से स्पष्ट होता है कि प्राचीन संस्कृत को आधुनिक अर्थों अनूदित व उसकी व्याख्या करना कितना कठिन है। विद्वानों ने प्राचीन वैदिक संस्कृत और परवर्ती कवियों जैसे कालिदास तथा आदि शंकर जैसे विद्वानों द्वारा लिखी गयी शास्त्रीय संस्कृत के बीच अन्तर परिलक्षित किये हैं। वेदों के पहले संहिता भाग में ही 20,000 से अधिक मन्त्र हैं, व्याख्याओं में अन्तर होना स्वाभाविक ही है। हमारे पास शब्द दर शब्द अनुवाद होना चाहिए ताकि उसका सटीक अर्थ निकाला जा सके।

कुछ गुरुओं का कहना है कि किसी गम्भीर शिष्य को जो अर्थ रुच जाये, वही उसके लिए उचित अर्थ रखता है। सम्भवत: वह व्यक्ति के आन्तरिक स्वभाव से मेल खाता है और इस प्रकार उसके धार्मिक और आध्यात्मिक जीवन में सहायक होता है।

इतिहास

वेद कब रचे गये, इस विषय में कोई स्वीकृत तिथि नहीं है। आगे चल कर हम देखेंगे कि इस विषय पर परम्परानिष्ठ दृष्टिकोण क्या है। यदि हम इतिहास की सामान्य

समझ के हिसाब से चलेंगे तो कुछ तिथियों पर पुनः विचार करना होगा। इन ग्रन्थों में अनेक ऋषियों के सन्दर्भ आते हैं। ऐसा विशाल संग्रह, लम्बी अवधि में जा कर ही तैयार हो पाया होगा।

विविध विद्वानों ने वेदों के रचे जाने की विभिन्न काल अवधि दी हैं। आमतौर पर यही माना गया है कि ऋगवेद की रचना 1800 ई.पू. में हुई। हालाँकि कुछ लोगों का मानना है कि यह समय 6000 ई.पू. के आसपास रहा होगा। लम्बे समय तक वेद कहीं लिखे नहीं गये, वे गुरु से शिष्य की परम्परा में मौखिक रूप से स्थानान्तरित होते रहे, इसलिए यह कहना कठिन है कि वे पहले-पहल कब रचे गये। परम्परानिष्ठ दृष्टिकोण कहता है कि वेदों के रचे जाने का कोई समय नहीं होना चाहिए, ये शाश्वत और अनादि हैं। हम आगे चल कर इसकी विस्तृत व्याख्या देखेंगे।

वेदों के विषय में अनिवार्य विचार

वेदों के विषय में कुछ महत्त्वपूर्ण विचार हैं। ये थोड़ा बाद में आये, दर्शनों से हैं। पूर्व मीमांसा कहती है कि वेद अपौरुषेय 6 हैं अथवा 'किसी पुरुष की ओर से नहीं' यानी इनकी रचना किसी मनुष्य ने नहीं की। इनका कोई आदि नहीं, ये अनादि और असीम (अनन्त) हैं। इन्हें ईश्वरीय श्वास भी कहते हैं। कुछ विद्वान अपौरुषेय की अवधारणा स्वीकार नहीं करते और वैदिक ग्रन्थों को प्रमाण के रूप में उद्धृत करते हैं। यद्यपि व्यापक रूप से स्वीकृत दृष्टिकोण यही है कि वे अपौरुषेय हैं।

वेदों में अनेक ऋषियों के नाम दिये गये हैं। क्या उन्होंने ऐसे सूक्त रचे, जिनमें उनके नाम भी आ रहे थे? उदाहरण के लिए, सुविख्यात गायत्री मन्त्र की रचना ऋषि विश्वामित्र ने की। तो फिर ये वेद अपौरुषेय कैसे हुए? वे अनादि कैसे हो सकते हैं? इसकी व्याख्या का आधुनिक तरीका यही होगा कि यह पूछा जाये: न्यूटन ने गुरुत्वाकर्षण की खोज की या उसने उसका आविष्कार किया? जिस प्रकार गुरुत्वाकर्षण हमेशा से था, ठीक उसी तरह, वेदों का ज्ञान भी सदा से रहा है। गायत्री मन्त्र का ज्ञान–या फिर किसी भी अन्य मन्त्र या सूक्त का ज्ञान हमेशा से रहा है। यह ज्ञान अनन्त है। इस ज्ञान का एक अंश ऋषियों पर उतरा और वेदों के रूप में प्रकट हुआ। परन्तु यह ज्ञान स्वयं किसी मानवीय स्रोत की देन नहीं। इस अर्थ में, वेद अपौरुषेय और अनादि हैं। वास्तव में, अनेक सूक्तों के लेखक अज्ञात हैं। वे अनन्त हैं क्योंकि ज्ञान की कोई सीमा नहीं है। यद्यपि पूर्व मीमांसा इसे सारे ज्ञानों में से सत्य स्वीकार करती है। इसका कहना है कि वेद दोषरहित हैं और इनमें कोई संशोधन

नहीं चाहिए। सभी परवर्ती ग्रन्थों ने वेदों के लिए ऐसा नहीं कहा, परन्तु किसी ने भी उनका खण्डन भी नहीं किया। सभी ग्रन्थ वेदों का प्रमाण स्वीकारते हैं।

अगर वेद शब्द के अर्थ की बात करें, तो वेद का अर्थ है ज्ञान। यह हमारी व्याख्या पर निर्भर करता है कि इसमें केवल उसकी ओर संकेत है जो वैदिक ग्रन्थों में शामिल है अथवा यह उस असीम ज्ञान की ओर संकेत करता है जो निरन्तर विज्ञान और दूसरे क्षेत्रों में प्रकट हो रहा है। वेदों ने भी ऐसे बहुत सारे सूक्तों का सन्दर्भ दिया जो वर्तमान में हमारे लिए उपलब्ध नहीं हैं। वेद कहता है कि केवल ग्रन्थों को रटने से जीवन का परम उद्देश्य नहीं पाया जा सकता। वे यह भी कहते हैं कि वेदों में विश्वास रखना भी मनुष्य के जीवन के लिए अनिवार्य नहीं है। विवेकानन्द ने लक्ष्य किया, 'संसार के सभी धर्मग्रन्थों में से, केवल वेद ही एकमात्र ऐसे धर्मग्रन्थ हैं जो यह घोषणा करते हैं कि वेदों का अध्ययन गौण है।'[7] वेद इस विषय में बहुत उदार हैं। दर्शन में उदार परन्तु अभ्यास में कट्टर। आधुनिक समय में, आध्यत्मिक गुरु कहते हैं कि शिक्षाओं को केवल पढ़ने या बौद्धिक रूप से ग्रहण करने के बजाये उनका पालन करना अधिक महत्त्व रखता है।

वेदों को ईश्वरीय श्वास भी कहा गया है।[8] प्रश्न उठता है कि क्या वेदों की रचना ईश्वर ने की? यदि उसने की तो उससे पहले का समय होगा, जब वेदों का अस्तित्व नहीं था। परन्तु यदि वे अनादि हैं या जिनका कोई आदि नहीं है तो यह सम्भव नहीं हो सकता। ईश्वर और वेदों का अस्तित्व सदा से था। इसके समाधान के लिए वेद कहते हैं कि वे ईश्वरीय श्वास हैं। वे एक उपमा भी देते हैं कि ईश्वर और वेद उसी तरह निकट संपर्क में हैं जैसे हम अपनी श्वास के संपर्क में हैं। वेद इस बात पर बल नहीं देते कि जीवन जीने का केवल एक मार्ग है। वे कहते हैं कि जिस भी पथ का अनुसरण गम्भीरता से किया जायेगा, वही लक्ष्य की ओर ले जायेगा। वास्तविक उपाय वही है जिससे हमें उस शाश्वत का बोध हो सके। वह पठन-पाठन, विश्वास, तर्क आदि से नहीं बल्कि अति चेतना बोध अथवा समाधि[10] से मिलेगा।

कुछ ऐतिहासिक प्रारम्भिक प्रबन्ध

वेद, वर्तमान हिन्दू धर्म में होने वाली मूर्ति पूजा से पहले से अस्तित्व में थे। अनेक वैदिक देव हैं जो सचमुच चमकदार और उज्ज्वल हैं या फिर कई देव हैं जैसे अग्नि, इन्द्र, अश्विन, मारुत, ऋभस, रुद्र, वायु, बृहस्पति, विष्णु, उषा (भोर की देवी), जुड़वाँ इष्टदेव मित्र और वरुण और सरस्वती (ज्ञान प्रदान करने वाली प्राचीन देवी)। कुछ सूक्त सभी देवों के नाम हैं–*विश्वेदेवा*।

यदि उचित प्रकार से पूजन किया जाये तो इन इष्ट देवताओं को जगाया जा सकता है। यद्यपि, मूर्ति पूजा का कोई उल्लेख नहीं है। प्राचीन काल में इन वैदिक देवताओं के नाम पर कोई मन्दिर नहीं थे और आज भी नहीं हैं। जो देवता आज लोकप्रिय हैं, वे थोड़े समय बाद आये, शायद पौराणिक युग में। वेदों में मत्स्य (मछली), कूर्म (कछुआ) और वराह (जंगली सूअर) के कुछ सन्दर्भ मिलते हैं। आगे चल कर, पौराणिक युग में, उन्हें ईश्वर के अवतारों की सूची में सम्मिलित कर लिया गया। आज जिस हिन्दू धर्म का पालन किया जाता है, वह प्राचीन काल के धर्म से बहुत अलग है। हालाँकि यह वेदों पर आधारित है।

वेदों की व्यवस्था

वेदों को मोटे तौर पर चार भागों में विभाजित किया गया है। प्रत्येक वेद का पहला भाग *संहिता* है, जिसमें विविध वैदिक देवताओं जैसे इन्द्र, अग्नि, वायु आदि के आवाह्न के लिए प्रार्थना सूक्त दिये गये हैं। दूसरा भाग, *ब्राह्मण* कहलाता है, जिसमें संहिता में दिये सूक्तों और अनुष्ठानों के अर्थ दिये गये हैं और इसके साथ ही अनुष्ठान सम्पन्न करने के निर्देश भी हैं। तीसरा भाग *आरण्यक* कहलाता है, जिनमें सूक्तों के प्रतीकात्मक और दार्शनिक अर्थ दिये गये हैं। अन्तिम भाग *वेदान्त* अथवा *उपनिषद* हैं। वे अनुष्ठानों, देवी-देवताओं और रीति-रिवाजों से पूरी तरह से परे हैं। वे परम सत्य को जानने की प्रक्रिया में यह पता लगाने का प्रयत्न करते हैं कि हम मनुष्य अपने जीवन के लक्ष्य को कैसे पा सकते हैं। वेदों के पहले दो भाग कर्म कांड (रीति और अनुष्ठान) कहलाते हैं। 'कर्म' शब्द के कम से कम तीन अर्थ हैं। इस जगह वैदिक अनुष्ठानों को कर्म कहा गया है। अब भी 'वैदिक कर्म' शब्द का प्रयोग होता है। परवर्ती ग्रन्थों जैसे गीता में, कर्मों को काम और कारण व प्रभाव का नियम कहा गया। कई बार किसी व्यक्ति के जीवन के कुल कामों को भी, उसके *कर्म* कहते हैं। वेदों के बाद वाले दो भागों को ज्ञान कांड कहा गया है। हालाँकि यह वर्गीकरण निर्विवाद नहीं है क्योंकि कर्मकांड में भी गहन दार्शनिक सूक्त तथा ज्ञान कांड में अनुष्ठान सम्बंधी सूक्त मिलते हैं।

ऋग्वेद सबसे विशाल ग्रन्थ है। कई लोग इसे प्रथम वेद मानते हैं। ऋग वेद में दूसरे वेदों का भी उल्लेख आता है इसलिए इस तथ्य को स्थापित करना थोड़ा कठिन हो जाता है। इसके सभी सूक्त ऋक रूप में हैं। इन्हें *श्लोक* भी कहा जाता है। ये अग्नि के प्रति सूक्त से आरम्भ होता है इसलिए कई बार लोग यह भी समझते हैं कि यह अग्नि पूजन को लोकप्रिय बनाने के लिए है। कई व्यक्ति अग्नि को अपनी आत्मा अथवा चेतना का प्रकाश मानते हैं।

प्रसिद्ध गायत्री मन्त्र ऋग्वेद से लिया गया है, हालाँकि यह यजुर्वेद और सामवेद में भी मिलता है। इसमें सुप्रसिद्ध *नासदीय सूक्तम* भी है जिसे सृष्टि सूक्त भी कहते हैं। आज भी पुरुष सूक्तम का पाठ होता है, जो इसी वेद से है। हालाँकि यह थोड़े अन्तर भेद के साथ यजुर्वेद और अथर्व वेद में भी पाया जाता है। ऋग वेद में सूर्य पुत्री के विवाह से सम्बन्धित विवाह सूक्त भी दिये गये हैं। इस वेद में भोर की देवी उषा के नाम पर भी बहुत सुन्दर काव्यात्मक रचनाएँ समर्पित हैं।

संहिता में 10,600 मन्त्रों सहित, ऋग वेद में ऐतरेय, कौषीतकि तथा शांखायन ब्राह्मण तथा ऐतरेय व शांखायन आरण्यक हैं। प्रमुख उपनिषदों में से एक, जिसे आगे जा कर आदि शंकराचार्य ने वगीकृत किया, वह ऐतरेय उपनिषद ऋग वेद से ही है। ऋग वेद में दूसरे उपनिषद भी सम्मिलित हैं।

यजुर्वेद, 'यज्' मूल से है जिसका अर्थ है पूजना। 'यज्ञ' अथवा बलिदान शब्द भी इसी से लिया गया है यजुर्वेद के दो संस्करण हैं-कृष्ण और शुक्ल यजुर्वेद। इस स्थान पर 'कृष्ण' का अर्थ है, काला तथा शुक्ल का अर्थ है, श्वेत।[11] यजुर्वेदों में वैदिक पूजन और अनुष्ठान तथा इनके आन्तरिक अर्थों पर एक बड़ा भाग मिलता है। इन्हें ऋग वेद के ऋक रूप के बजाये पदों के रूप में लिखा गया। इसके अनेक मन्त्र पवित्र हैं। इसमें ऋग वेद के कुछ ऋक मन्त्र शामिल हैं तथा अन्य भी पाये जाते। मूल यजुर्वेद की शिक्षा वैशम्पायन ने याज्ञवल्क्य को दी थी। एक भ्रान्ति के कारण, शिष्य को वे वेद अपने गुरु को लौटाने पड़े। उसके बाद याज्ञवल्क्य ने सूर्य देवता का आवाह्न किया और उनसे पुनः ज्ञान पाया। वही शुक्ल यजुर्वेद कहलाए। वैशम्पायन द्वारा सिखाया गया आरम्भिक संस्करण कृष्ण यजुर्वेद कहलाया।

शुक्ल यजुर्वेद के दो प्रमुख ब्राह्मण हैं–वाजसनेयी ब्राह्मण और शतपथ (शाब्दिक अर्थ, जिसमें सौ अध्याय हैं) ब्राह्मण, जो बहुत बड़ा है। कण्व शाखा के नाम से एक और पुनरावृत्ति (किसी ग्रन्थ अथवा धर्मग्रन्थ की विद्वतापूर्ण पुनरावृत्ति) है, जो कुछ विद्वानों के अनुसार और अधिक प्राचीन है और उसमें 104 अध्याय हैं। यह वैदिक अनुष्ठानों तथा पूजन के विषय में है। कृष्ण यजुर्वेद में तैत्तिरय ब्राह्मण हैं और वैदिक अनुष्ठानों का पूर्ण विवरण देते हैं, जिनमें राजसूय और अश्वमेध यज्ञ भी सम्मिलित हैं जो राजाओं द्वारा किये जाते थे। ये यज्ञ आगे चल कर भी सम्पन्न होते रहे, रामायण और महाभारत में भी इनका उल्लेख आता है।

रुद्रम सहित कुछ और सुप्रसिद्ध मन्त्रों का आज भी पाठ होता है, जो यजुर्वेद से हैं। आज अधिकतर उत्तर भारत में शुक्ल यजुर्वेद प्रचलन में है और कृष्ण यजुर्वेद दक्षिण भारत में प्रमुखतः पाया जाता है।

अन्य वेदों की तरह, दोनों ही यजुर्वेदों के समापन भागों में कई उपनिषद हैं। आदि शंकर ने आगे चल कर दस प्रमुख उपनिषदों का वर्गीकरण किया, उनमें से शुक्ल यजुर्वेद में ईशा, बृहदारण्यक शामिल हैं। कृष्ण यजुर्वेद में कठ तथा तैत्तिरीय उपनिषद हैं। कृष्ण यजुर्वेद में श्वेताश्वतर उपनिषद शामिल हैं, जो एक और महत्त्वपूर्ण उपनिषद है।

साम वेद (*साम* का अर्थ है, जो शान्ति प्रदान करे) के लिए कहा जाता है कि यह मानसिक शान्ति के माध्यम से प्रसन्नता प्रदान करता है। साम वेद में, ऋगवेद के अनेक सूक्तों को संगीत दिया गया है। इन्हें संगीतमय रूप में उच्चारा जाता है और कहते हैं कि यही भारतीय संगीत का मूल है। इनमें अधिकतर ऋक ही हैं, उनमें से अधिकतर ऋग वेद से हैं और उसके अतिरिक्त और भी कई हैं। भागवद् गीता में, भगवान कृष्ण ने साम वेद की प्रशंसा में कहा है,–'वेदों में, मैं साम वेद हूँ।' दिव्य माँ ललिता भी *सामगानप्रिया* हैं यानी वे साम वेद के गान से प्रसन्न होती हैं। साम वेद में प्रमुख उपनिषदों से छांदोग्य और केन उपनिषद है।

अथर्व का अर्थ है, पुरोहित या विवेकवान। वेदों में अथर्व ऋषि का उल्लेख आता है। इसमें बुरी नज़र दूर करने, कष्ट दूर करने और शत्रुओं को नष्ट करने के लिए कई मन्त्र दिये गये हैं। ये सामग्री छन्दों और पदों में उपलब्ध है। ये छन्द उन देवों को समर्पित हैं जिनका उल्लेख अन्य वेदों में नहीं है। इसमें पृथ्वी सूक्तम जैसे श्लोक हैं, जो ऋग्वेद के नासदीय सूक्तम के उद्बोधक हैं। प्रमुख उपनिषदों में प्रश्न, मुंडक और मांडूक्य उपनिषद, अथर्व वेद में पाये जाते हैं। इसमें कोई आरण्यक नहीं परन्तु गोपथ ब्राह्मण है।

संहिता

वेदों का पहला भाग संहिता कहलाता है। इसका शाब्दिक अर्थ है, एक साथ जोड़ना। यदि और भी औपचारिक तौर पर कहें, ये सूक्त विशेष काव्य छन्दों में हैं और इन्हें कुछ नियमों के अनुसार व्यवस्थित किया गया है।*

ये मन्त्र विविध ऋषियों पर अवतरित हुए। प्रत्येक स्तोत्र में अनेक मन्त्र हैं। मन्त्र शब्द का शाब्दिक अर्थ होगा, 'जो मन की रक्षा करता है'–*मन: त्रायते, इति मन्त्र:*।

*अनेक भाषाओं में काव्यात्मक छन्द होते हैं जिनमें प्रत्येक पंक्ति में दिए गये वर्ण तथा हर अनुच्छेद में पंक्तियों की संख्या आदि सुनिश्चित होती है। इस प्रकार छन्द काव्य को लयबद्ध करते हुए कभी-कभी मधुर ध्वनि भी प्रदान करता है।

मन्त्र के दोहराव तथा इसके अर्थ पर मनन करने से, मन्त्र मन की रक्षा करता है। मन्त्र मन को शुद्ध करते हैं। इन्हें बहुत प्रबल माना गया है और कहते हैं कि उचित रूप से मन्त्रोच्चार करने पर इनसे लौकिक और आध्यात्मिक लाभ प्राप्त हो सकते हैं।

इस जगह कुछ प्रसिद्ध स्तोत्रों व श्लोको को प्रस्तुत किया गया है ताकि पाठक संहिताओं की भावना से परिचित हो सकें। यह भावना तभी प्राप्त की जा सकती है, जब इन्हें पूर्ण रूप से, उचित मन्त्रोच्चारण के साथ सुना जाये। ऋग वेद संहिता में ऐसा ही एक प्रसिद्ध मन्त्र, गायत्री मन्त्र है; जो सर्वप्रथम ऋषि विश्वामित्र पर उतरा। यह यर्जु वेद और साम वेद भी में आता हैं इसके आरम्भ में कहा गया है:

ऊँ भूर्भुवस्व: –यह एक आवाह्न है।

इस मन्त्र में तीन पंक्तियाँ हैं जिनमें से प्रत्येक में आठ वर्ण हैं। इसे गायत्री छन्द कहते हैं और ऋग वेद के अन्य कई पद्य इसी छन्द में रचे गये हैं।

ऊँ भूर्भुवस्व:। तत्सवितुवरिण्यम्। भर्गो देवस्य धीमहि। धीयो यो नः प्रचोदयात्।

–ऋग वेद 3.62.10;
यर्जु वेद अध्याय 36, मन्त्र (3);
साम वेद: 2.8.12

बिना किसी व्याख्या के शब्द दर शब्द अनुवाद प्रस्तुत किया गया है:[12]

तत्-वह (ईश्वर);सवितुर-सूर्य का; वरेण्यम्-सर्वश्रेष्ठ;भर्गो (भर्गास)-प्रकाश, प्रदीपन; देवस्य-दिव्य; धीमही-हम ध्यान करें; धियोः (धियः)-बुद्धिमता; यो (यः)-जो;नः-हमारा; प्रचोदयात्-यह प्रेरित व प्रकाशित करे

पवित्र वर्ण 'ॐ' का आवाह्न भूर्भुवस्वः के परम यथार्थ का सूचक है जो धरती, आकाश और अन्तरिक्ष के अर्थ को स्पष्ट करता है। यह एक प्रकार से धरती, आकाश और अन्तरिक्ष के रूप में परम यथार्थ का आवाह्न करता है।

इसके अतिरिक्त गायत्री मन्त्र के अन्य अनेक अनुवाद उपलब्ध हैं जो इसके अर्थ को स्पष्ट करने का प्रयत्न करते हैं:

उस सूर्य की (हम) आराधना करते हैं, जिसके परम तेज का (हम) ध्यान करते हैं। वह प्रकाश हमारी बुद्धि को (या हमें) प्रकाशित करे।

और एक प्रसिद्ध मन्त्र संहिता से है:

एकं सद्विप्रा बहुधा वदन्ति

इसका यह अनुवाद कर सकते हैं: 'सत्य एक है, विवेकी जन इसे विविध नामों से पुकारते हैं'। यह इस बात का सूचक है कि यद्यपि अग्नि, इन्द्र आदि अनेक देवता

और इष्ट हैं, परन्तु वे सभी एक ईश्वर अथवा सत्य कहलाते हैं। वैदिक काल में, परवर्ती धर्मों का अस्तित्व नहीं था। इस वैदिक सूक्त के अनुसार, ईश्वर की सभी अवधारणाएँ उसी एक सत्य से उपजती हैं जिन्हें विभिन्न धर्मों के ऋषियों ने विभिन्न नामों से पुकारा है। आधुनिक समय में, 19वीं सदी के सन्त रामकृष्ण परमहंस ने कहा, 'हिन्दू इसे जल कहते हैं, ईसाई इसे वाटर कहते हैं और मुसलमान पानी कहते हैं किन्तु वे सब एक ही तत्त्व की बात कर रहे हैं।'[13] इस अर्थ में, यह वैदिक मन्त्र कहता है कि केवल एक ही सत्य है और ऋषियों ने इसे नाना प्रकार नामों से पुकारा है।

एक और मन्त्र है, जिसे बार-बार उद्धृत किया जाता है:

आ नो भद्राः क्रतवो यन्तु विश्वतः
(कल्याणकारी विचार सभी ओर से हमारी ओर आयें)

—ऋग वेद, 1-89

ऋग वेद के पुरुष सूक्तम के श्लोक 10.90 में कुछ और प्रसिद्ध मन्त्र आते हैं। ये शुक्ल यजुर्वेद संहिता 30.1-16, कृष्ण यजुर्वेद आरण्यक 3.12.1-18, सामवेद में एक संक्षिप्त संस्करण तथा अथर्व वेद संहिता 19.6 में आते हैं। यहाँ तक कि आज भी विविध धार्मिक प्रसंगों में इन स्तोत्रों का नियमित रूप से पाठ होता है। यह उस सर्वोच्च अस्तित्व, पुरुष का आवाह्न हैं। पहले मन्त्र में हज़ार शरीर, हज़ार नेत्र तथा हज़ार पैरों वाले सर्वोच्च पुरुष का वर्णन किया गया है, जो सम्पूर्ण ब्रह्माण्ड में व्याप्त है तथा उससे भी परे विस्तत हो रहा है। हम पहले से, एक सर्व-व्यापी सत्य की अवधारणा देख सकते हैं जो इस ब्रह्माण्ड में स्थिर होने के साथ-साथ अनुभवातीत रूप में इससे परे भी है। पुरुष सूक्तम के कुछ अन्य प्रेरक सूक्तों में निम्नलिखित भी सम्मिलित हैं:

वेदाहमेतं पुरुषं महान्तम्।
आदित्यवर्णम्तमसः परस्तात्।
तमेवं विद्वानमृत इह भवति।

(मैंने उस सर्वोच्च पुरुष को जान लिया है, जो सूर्य की तरह चमकदार और सारे अंधकार से परे है। वह पुरुष (या परब्रह्म) को जान कर ही अमरत्व यहाँ मिलता है।)

हम इस जगह पर हिन्दू धर्म के अनिवार्य विचारों में से एक को देखते हैं। इस जगह पर न केवल परम सत्य है बल्कि मैं इसका अनुभव भी कर सकता हूँ। इसका स्वभाव, जैसा कि इस जगह आंशिक रूप से वर्णित है—यह सूर्य के समान चमकदार और सारे अधंकार से परे है। ऋषियों का कहना है कि इस स्थान पर भौतिक

प्रकाश के विषय में नहीं कहा जा रहा। आगे चल कर हम देखेंगे कि विविध ग्रन्थों में बार-बार, प्रकाश को प्रबुद्धता सूचक प्रयुक्त किया गया, इनमें कुछ अ-हिन्दू भी शामिल हैं। यह विचार भी मौजूद नहीं है कि कोई परम स्वर्ग अथवा पापमुक्ति है जिसके लिए हमें मृत्यु के बाद प्रतीक्षा करनी होगी। यह कहता है कि अमरत्व यहीं और अभी है।

सृष्टि का स्तोत्र, नासदीय सूक्तम कहलाता है, इसमें भी बहुत गहन मन्त्र सम्मिलित हैं। यह ऋग वेद संहिता (10:129) में पाया जाता है। यह सृष्टि की प्रक्रिया के विषय में है और निम्नलिखित सूक्तों से आरम्भ होता है, जिनका भावार्थ दिया गया है, इनसे ब्रह्माण्ड के मूल के विषय में कौतूहल अथवा जिज्ञासा की भावना का परिचय मिलता है। यह कोई अनुमान है अथवा कल्पना, प्रेरणा है अथवा कोई प्राकट्य; यह सब व्यक्तिगत व्याख्या पर निर्भर करता हैं मन्त्र निम्नलिखित छन्दों से आरम्भ होता है:

उस समय असत् नहीं था, सत् भी नहीं था;
आकाश भी नहीं, अन्तरिक्ष और उससे परे भी नहीं था।
किस आवरण ने उस कोहरे को ढका था? वह किसके संरक्षण में था?
निविड़ अंधकार की गहराई में क्या छिपा था?
तब मृत्यु नहीं थी, और अमरत्व भी नहीं था;
रात्रि भी दिवस से कहाँ विलग थी,
पर वह अडोल ब्रह्म ही स्पंदित था
अकेला ही, अपनी ही महिमा में भासित–
उससे परे, उससे परे कछ भी नहीं था।

–स्वामी विवेकानन्द

लोकप्रिय लेखन में, कई बार इसकी तुलना आधुनिक भौतिकी के सिद्धान्त बिग बैंग अर्थात महाविस्फोट के सिद्धान्त से होती है, जहाँ हमारा यह ज्ञात ब्रह्माण्ड मूल रूप से एक उच्च घनत्व वाले अतिसूक्ष्म पदार्थ से उत्पन्न हुआ, उसके बाद एक महाविस्फोट (बिग बैंग) और फिर लाखों वर्षों के दौरान सूर्य, धरती, ग्रह और आकाशगंगाएँ बने जिन्हें हम अब देखते हैं।[14]

तत्त्वमीमांसक काव्य के अतिरिक्त, विवाह और मृत्यु से जुड़े सूक्त भी दिये गये हैं। ये संहिताएँ वास्तव में आवाह्न मन्त्र हैं। कुछ मन्त्र मिल कर एक सूक्त की रचना करते हैं। ऋग वेद संहिता में दस मण्डल हैं।

वैवाहिक अनुष्ठान और मृत्यु से सम्बन्धित सूक्त भी दिये गये हैं। ऋग वेद संहिता के दसवें मंडल का अतिम मन्त्र भी बहुत प्रसिद्ध है। मन्त्र का अन्तिम छन्द है:

समानेन वो हविषा जुहोमि।।
समानी व आकूतिः समाना हृदयानि वः।
समानमस्तु वो मनो यथा वः सुसहासति।।

ऋग वेद के अन्तिम सूक्त की भावना यही है कि हमें मिल कर कार्य करना चाहिए, एक साथ मिल कर चलते हुए, एक मन, एक हृदय और एक ही उद्देश्य वाला होना चाहिए। सम्भवतः इसमें गुरु तथा शिष्य के सम्बन्ध के विषय में कहा गया हो परन्तु इसे सभी व्यक्तियों पर सामान्य रूप से लागू कर सकते हैं।

इसी प्रकार अन्य वेदों के संहिता भागों में भी ऐसे ही सूक्त हैं। संहिताएँ ऐसी प्रार्थनाएँ हैं जो विविध देवताओं तथा इष्टों के सम्मान में दी गयी हैं। ये देवताओं को प्रसन्न करती हैं, पूजन करने वाले को शुद्ध करती हैं और कई प्रकार के लाभ भी देती हैं। कहा जाता है कि प्रार्थना के बल पर स्वास्थ्य, सम्पदा तथा सन्तति आदि सांसारिक लाभ भी पाये जा सकते हैं। हालाँकि, यदि अपनी पूजा का फल भी इष्ट अथवा देवता को ही समर्पित कर दिया जाये (प्रायः इसके लिए इदं न मम, यह मेरा नहीं' शब्द का प्रयोग होता है), तो यह पूजा करने वाले व्यक्ति को विशुद्ध करता है और उसे मोक्ष के पथ पर चलने के योग्य बनाता है। अनेक प्रार्थनाएँ, विशेषतौर पर जो स्वार्थ से परे है, उनमें न केवल अपने कल्याण और आध्यात्मिक विशुद्धि की कामना की जाती है बल्कि वे समाज, संसार व यहाँ तक कि पशु, पक्षियों और पौधों के कल्याण हेतु भी हैं।

वेदों तथा वेदान्तों में शान्ति मन्त्र भी मिलते हैं। आज भी इनका पाठ किया जाता है। वे पवित्र अक्षर, ॐ से आरम्भ होते हैं और शान्ति के आवाह्न के साथ समाप्त होते हैं: ओम शान्ति, शान्ति, शान्ति। इनमें से कुछ प्रसिद्ध शान्ति मन्त्र निम्नलिखित हैं:

ॐ द्यौः शान्तिरन्तरिक्षं शांन्तिः
पृथिवी शान्तिरापः शान्तिरोषधयः शान्तिः।
वनस्पतयः शान्तिर्विश्वेदेवाः शान्तिर्ब्रह्म शान्तिः।
सर्वः शान्तिः शान्तिरेव शान्तिः सा मा शान्तिरेधि।।
ॐ शान्तिः शान्तिः शान्तिः।।

–यजुर्वेद 36:17

यह यजुर्वेद का प्रसिद्ध मन्त्र है जिसमें कहा गया है:

ॐ। इस सम्पूर्ण आकाश के साथ-साथ हर ओर फैले विशाल अन्तरिक्ष में शान्ति हो।

इस पूरी धरती पर शान्ति हो, जल और वनस्पतियों, वृक्षों और लताओं में शान्ति हो।

सम्पूर्ण ब्रह्माण्ड पर शान्ति का साम्राज्य हो।

सभी इसी शान्ति और केवल शान्ति में वास करें।

ॐ शान्ति, शान्ति, हमारे और सभी जीवों के लिए शान्ति!

–स्वामी अभेदानन्द द्वारा अनूदित, रामकृष्ण वेदान्त मठ

यह प्रार्थना प्रत्येक स्थान–पदार्थ, वृक्षों तथा सजीवों में शान्ति की प्रार्थना करती है।

प्रार्थनाओं के अन्य उदाहरणों में इन्हें भी सम्मिलित कर सकते हैं जैसे–*लोक: समस्त सुखिनो भवन्तु* (यह सारा संसार प्रसन्न हो) और सर्वे जना: सुखिनो भवन्तु (सभी प्राणी सुखी हों)। अगले अध्याय में वर्णित उपनिषद भी शान्ति मन्त्रों से ही आरम्भ होते हैं।

इस संक्षिप्त चर्चा के साथ ही हम देख सकते हैं कि संहिताओं का वर्गीकरण सूक्तों के अनुसार करें, तो इनमें केवल सांसारिक लाभ देने वाले अनुष्ठानों के ही सूक्त नहीं बल्कि गहरे दर्शनयुक्त सूत्रों को भी स्थान दिया गया है।

ब्राह्मण और आरण्यक

वेद व्यास ने प्रत्येक वेद के दूसरे भाग को ब्राह्मण की संज्ञा दी। इस जगह किसी जाति, लिंग अथवा सर्वोच्च ब्रह्म का उल्लेख नहीं है, यह शब्द परवर्ती उपनिषदों में बार-बार आता हैं। इस विषय में भी कोई स्पष्ट परिभाषा नहीं है कि यह विभाग क्या है। वेदों के आरम्भिक भाष्यकारों में से एक, सायण ने कहा कि परम्परा में जो भी सूक्त या मन्त्र नहीं, वह ब्राह्मण है। ब्राह्मणों में विविध कर्मकांडों के विवरण मिलते हैं, जिन्हें वेदों में 'यज्ञ' भी कहा गया है। एक और प्राचीन विद्वान हैं, आपस्तम्ब, जो सम्भवत: पहली सहस्त्राब्दि ई.पू. के आसपास हुए। उन्होंने इसकी परिभाषा देते हुए कहा, कर्माचोदना ब्रह्मनानि। इस वाक्य का अर्थ है, कर्म अथवा कर्मकांडों का विवरण ब्राह्मणों में है इनमें अनुष्ठानों के प्रदर्शन, मन्त्रों के अर्थ तथा विशेष कर्मकांडों के नियम पाये जाते हैं। यहाँ तक कि आज भी, वैदिक अनुष्ठान इन्हीं नियमों के आधार पर किये जाते हैं।

'आरण्यक' शब्द अरण्य अथवा वन से लिया गया है जिसका अर्थ है, 'वन से'। वेदों का यह हिस्सा ब्राह्मण में दिये गये अनुष्ठानों के आन्तरिक अर्थों का वर्णन करता है।

उपनिषद

उपनिषद का शाब्दिक अर्थ है, 'निकट बैठना'। किसी ऋषि के निकट बैठ कर परम ज्ञान प्राप्त करना। उपनिषद आरण्यकों के अन्त के पास आये। इन्हें सामूहिक रूप से, 'वेदान्त' कहते हैं अर्थात 'वेदों का अन्त अथवा लक्ष्य'। वेदान्त न केवल भारत में विख्यात हैं बल्कि पूरे संसार में इसे जाना जाता है। चूँकि ये वेदों का महत्त्वपूर्ण भाग हैं, इन पर बाद में विस्तार से चर्चा होगी।

वेदों की शिक्षा के लिए उपयुक्तता

केवल एक ऐसा श्लोक मिलता है जिसमें यह कहा गया है कि ऐसे कौन से लोग हैं जिन्हें वेदों का ज्ञान पाने के लिए उपयुक्त माना जा सकता है। शुक्ल यजुर्वेद (26.2) में कहा गया है:

यथेमां वाचं कल्याणीमावदानि जनेभ्यः ब्रह्मराजन्याभ्यां शूद्राय चार्याय च स्वाय चारणाय।।

(मैं ये कल्याणदायक उपदेश सब लोगों को, ब्राह्मण, क्षत्रिय, वैश्य, शूद्र और अपने लोग और अजनबियों को देता हूँ।)

मनु स्मृति सहित परवर्ती ग्रन्थों में कई बार समाज के कुछ वर्गों के लिए वैदिक शिक्षा के प्रसार पर रोक दिखाई देती है। यद्यपि जैसा कि विवेकानन्द सहित अन्य कुछ विद्वानों ने संकेत किया है, यह वेद वचन के विरुद्ध है जो कहता है कि जो भी वेद पढ़ने में रुचि रखता है, वह वेदों का ज्ञान पाने के लिए उपयुक्त है।

सारांश

वेद हिन्दू ग्रन्थों में सर्वाधिक प्राचीन ग्रन्थ हैं और सम्भवतः संसार के सबसे पुराने धार्मिक लेखनों में गिने जाते हैं। इसके बाद आने वाले सभी पवित्र ग्रन्थ वेदों की श्रेष्ठता स्वीकार करते हैं, जिनमें उपनिषद भी शामिल हैं जो वेदों के अन्त में हैं। सामूहिक रूप से, इन्हें श्रुति अथवा, प्रकाशित शास्त्र कहा जाता है। यह माना जाता है कि वेद ऋषियों के आगे प्रकाशित हुए परन्तु उन्होंने उन्हें नहीं लिखा। इस प्रकार वेद *अपौरुषेय* अथवा 'मनुष्य की ओर से नहीं' हैं, इन्हें शाश्वत और अनन्त माना

गया हैं। एक धार्मिक और आध्यात्मिक व्याख्या के अनुसार कहा जाता है कि ये दिव्य सत्य हमेशा से थे और ऋषियों ने चेतनाओं की सर्वोच्च अवस्थाओं में इन्हें मात्र प्रकट अथवा प्रकाशित किया। एक आधुनिक वैज्ञानिक दृष्टिकोण भी लगभग यही है, जिसमें कहा जाता है कि ज्ञान सदा से उपस्थित था और ऋषियों (आधुनिक युग के वैज्ञानिक) ने उस ज्ञान को केवल खोजा।

हिन्दू धर्म को वैदिक धर्म भी कहते हैं क्योंकि इसके सभी परवर्ती ग्रन्थ, प्रसिद्ध भगवद् गीता सहित, वेदों की श्रेष्ठता को स्वीकार करते हैं। जब भी किन्हीं ग्रन्थों और वेदों अथवा उपनिषदों के बीच कोई विभेद होता है तो वेदों को ही सत्य माना जाता है।

उपनिषद् अथवा वेदान्त

उपनिषद घोषणा करते हैं कि प्रत्येक आत्मा सम्भावित रूप से दिव्य है। इसे यहीं और अभी, इसी जीवन में साकार किया जा सकता है। इसे ब्रह्म, आत्मा अथवा पुरुष आदि विविध नामों से पुकारा जाता है और यह हमारे भीतर वास करती है। इस सत्य का ज्ञान अथवा बोध ही हमें सारे दु:खों से मुक्त करते हुए अनन्त परमानन्द अथवा सुख प्रदान करता है। यह हमें पूरी तरह से रूपांतरित कर देता है। सनातन धर्म में, उपनिषदों को सर्वोच्च माना गया है। इसके सभी परवर्ती ग्रन्थों को उपनिषदों के सिद्धान्तों को मानना होगा।

उपनिषदों में परम सत्य की प्रकृति से सम्बन्धित रहस्योद्घाटन पाये जाते हैं। वे प्रकाशित ग्रन्थ हैं, जिस प्रकार अन्य धर्मों में मान्यता है कि ईश्वर ने विविध पैगंबरों के लिए ज्ञान को प्रकट किया। ये वेदों के अन्तिम भाग में पाये जाते हैं। इन्हें वेदान्त भी कहते हैं, अर्थात 'वेदों का अन्त अथवा अन्तिम लक्ष्य'। इन्हें 'श्रुति' (शाब्दिक अर्थ, जो कि सुना गया) में शामिल किया गया, जो कि सर्वोच्च ग्रन्थों के लिए प्रयुक्त होता है। यह बाद में आने वाले ग्रन्थों की तुलना में अलग है, जिन्हें 'स्मृति' (स्मरण किया हुआ) कहा गया। *श्रुति* शब्द की अनेक व्याख्याएँ मिलती हैं। उनमें से एक है कि प्राचीन काल में, वेदों का पाठ होता था और उन्हें याद किया जाता था, इस प्रकार वे केवल सुने जाते थे। तभी उन्हें श्रुति कहा जाने लगा। एक और व्याख्या के अनुसार 'श्रुति' शब्द का अर्थ है कि जिसे ऋषियों ने रहस्योद्घाटनों के दौरान सुना। मन्त्र द्रष्टा का विचार भी इसके निकट ही है–मन्त्र को देखने वाला।[1] हम आगे चल कर मन्त्र पर विस्तृत रूप से चर्चा करेंगे परन्तु इनमें वे पवित्र श्लोक भी समाहित हैं जिन्हें हम वेदों (जिनमें उपनिषद भी शामिल हैं) में पढ़ते हैं। मन्त्रों को सुना जाये या भौतिक रूप से देखा जाये, इससे कोई अन्तर नहीं पड़ता। वे ऋषियों पर उनकी परम चेतना की अवस्था में प्रकट हुए। वह ज्ञान सदा उपस्थित था। ये प्रकटीकरण, उस परम सत्य की प्रकृति तथा मनुष्य के उससे सम्बन्ध से जुड़े हैं। इनमें प्रत्यक्ष ज्ञान के

जिज्ञासु साधकों के लिए कुछ दिशा निर्देश भी दिये गये हैं। उपनिषद स्पष्ट तौर पर यह भी कहते हैं कि यह प्राकट्य किसी को भी प्राप्त हो सकता है जो गम्भीरता से रुचि रखता हो और केवल प्राचीन ऋषियों तक सीमित न हो।

हिन्दू धर्म में उपनिषद बहुत ही महत्त्वपूर्ण स्थान रखते हैं। ये मात्र परिभाषा सहित दर्शन, ज्ञान का वर्गीकरण तथा उसके स्पष्टीकरण नहीं हैं। ये शिक्षाओं की स्मृतियाँ नहीं हैं, जैसे कि उनके बाद आने वाले ग्रन्थों और स्मृतियों में दी गयीं। ऐसे दर्शन और विवरण आगे चल कर सामने आये। उनमें से प्रत्येक दर्शन ने अपने सिद्धान्तों की व्याख्या के लिए उपनिषदों को ही आधार बनाया। वेद, विशेष रूप से उपनिषदों में, लिटमस परीक्षण (एक परीक्षण जिसमें एक ही कारक निर्णायक हो) की तरह यह निर्धारित करते हैं कि क्या कोई दर्शन पूर्ण रूप से उनके साथ श्रेणीबद्ध है। षड् दर्शन तथा अन्य विविध दर्शन, उपनिषदों के माध्यम से ही अपना दृष्टिकोण प्रस्तुत करते हैं। यहाँ तक कि भागवद् गीता भी उपनिषदों को स्वीकार करती है और इसके कुछ श्लोक उपनिषद श्लोकों से लगभग समान हैं। सदियों बाद, आदि शंकर, रामानुजाचार्य और माधवाचार्य ने विभिन्न दर्शनों का प्रतिपादन किया। इनमें से प्रत्येक ने उपनिषदों के उद्धरणों के साथ अपने मत या सिद्धान्त को प्रतिपादित किया।

उपनिषदों में किसी भी देव या ईश्वर की उपासना अथवा अनुष्ठान नाममात्र ही हैं। हम जिन्हें देवताओं के अवतारों की तरह जानते हैं, वह सब बहुत बाद में आया। इसमें कहीं मूर्ति पूजा का भी उल्लेख नहीं मिलता। उन दिनों कोई मन्दिर नहीं होते थे। वह सब बाद में ही आया। हालाँकि, ब्रह्मा, विष्णु और शिव अथवा रुद्र के यदा-कदा सन्दर्भ मिलते हैं, परन्तु जैसा कि पहले बताया गया, उनके नाम से कोई मन्दिर अथवा मूर्तियाँ नहीं थे। उपनिषदों में, किसी चिरकालिक स्वर्ग या नरक की अवधारणा नहीं है। उपनिषद मनुष्यों के रूप में, हमसे जुड़े गहन प्रश्नों पर विचार करते हैं और सम्पूर्ण ज्ञान की समाप्ति पर चर्चा होती है।

इनमें से कुछ प्रश्नों में निम्नलिखित शामिल हैं: मन किसके आदेश व निर्देशन पर इसकी वस्तुओं की ओर जाता है? किसके आदेश पर जीवन बल सबसे पहले (कारण) गति होती है? मनुष्य किसकी इच्छा से वाणी का उपयोग करते हैं? कौन सी शक्ति नेत्रों व कानों को निर्देशित करती है?[2] इस विषय में भी प्रश्न हैं कि हम किस जगह से आये हैं, हमारे भीतर जीवन कैसे प्रकट होता है आदि। प्रश्न उपनिषद का शाब्दिक अर्थ है, प्रश्नों का उपनिषद और इसमें छह प्रश्न हैं। मांडूक्य उपनिषद ज्ञान के अन्त से जुड़े प्रश्न के साथ आरम्भ होता है: 'वह क्या है जिसे जानने के बाद यह सब ज्ञात हो जाता है?' यह एक विचारोत्तेजक प्रश्न है। पूर्व समझ के अनुसार

शिष्य ने निष्कर्ष निकाला कि एक के बाद चीज़ों को जानना एक अन्तहीन प्रयास है। उसे यह विश्वास अथवा अन्तर्ज्ञान है कि ऐसा ज्ञान सम्भव है। हालाँकि वह नहीं जानता कि यह क्या है और वह गुरु से उसकी व्याख्या करने को कहता है।

इसमें किसी धर्म, पैगंबर, भगवान या दर्शन तन्त्र का सन्दर्भ नहीं मिलता। ये प्रश्न जिज्ञासु शिष्य की ओर से अपने गुरु से पूछे जाते हैं। उपनिषद शब्द भी इसी विचार से आया है–एक शिष्य गुरु के समीप बैठा है। जब उपनिषद रचे गये, तो उस समय कोई बड़े विश्वविद्यालय नहीं थे और ऐसी शिक्षा बहुत कम जिज्ञासु शिष्यों को दी जाती थी जो ज्ञान की प्राप्ति करना चाहते थे। शिष्य अनेक वर्षों तक गुरु के पास ही रहते थे।

वेदों के ज्ञान कांड में उपनिषद आते हैं। 'ज्ञान' शब्द का अर्थ, पुस्तकों से मिलने वाला ज्ञान, बौद्धिक ज्ञान अथवा किसी चीज़ के विषय में अनिवार्य अवधारणाओं पर गहरी पकड़ नहीं है। यह प्राकट्य में प्राप्त हुए *ज्ञान* की ओर संकेत करता है जिसमें मनुष्यों और के ब्रह्माण्ड से उनके सम्बन्ध के विषय में बात की गयी है जो हमारे मन और इन्द्रियों से परे है–*अवाङ्मनसगोचर*। हालाँकि केवल विशुद्ध चित्त वाले ही ऐसा ज्ञान पा सकते हैं। यह परम ज्ञान कहीं सुदूर नहीं, यह हर ओर है, यह हर ओर व्याप्त है। ईश उपनिषद इस श्लोक से आरम्भ होता है-

ईशावास्यमिदं सर्वं' जड़–चेतन प्राणियों वाली समस्त सृष्टि परमात्मा से व्याप्त है।

यह ज्ञान हमें रूपान्तरित करता है और शान्ति, आनन्द व परमानन्द प्रदान करता है। यह स्थायी है और हमारे साधारण जीवन अनुभवों की तरह अस्थायी नहीं है। यही ज्ञान हमें जीवन और मरण के चक्र से मुक्त करता है और मोक्ष व मुक्ति प्रदान करता है। ध्यान देने योग्य रोचक तथ्य यह है कि इसे यहीं और अभी प्राप्त कर सकते हैं, यह मृत्यु के बाद नहीं, इसी जीवन में प्राप्त होगा। पुरुष सूक्तम में कहा गया है,: *'अमृतम् इह: भवति'*, जिसका अर्थ है, अमरत्व यहीं है। बृहदारण्यक और कठ उपनिषद में कहा गया है:

यदा सर्वे प्रमुच्यन्ते कामा येऽस्य हृदि श्रिता:।
अथ मर्त्योऽमृतो भवत्यत्र ब्रह्मासमश्नुते।।

(जब मनुष्य के हृदय में प्रत्येक कामना की पकड़ ढीली हो जाती है तो वह मनुष्य अमर हो जाता है; वह यहीं इसी मानव शरीर में 'ब्रह्म' का रसास्वादन करता है।)

एक और केन्द्रीय विचार यह है कि म ुष्य दिव्य है क्योंकि वह परम सत्य हमारे भीतर है। कुछ अन्य धर्म भी इस विचार का सन्दर्भ देते हैं: उदाहरण के लिए, ईसा

ने भी कहा है कि परमात्मा का राज्य तुम्हारे भीतर है या फिर फ़ारसी सूफ़ी मंसूर अल-हलज, जिन्होंने कहा, 'अनल हक़' अर्थात, 'मैं सत्य हूँ'।

मनुष्यों को भी परम पद प्रदान किया गया है।

श्वेताश्वतर उपनिषद में कहा गया है,

शृण्वन्तु विश्वे अमृतस्य पुत्रः। अथवा, हे सुनो विश्व के अमृत पुत्र सारांश में, उपनिषद ऐसे ग्रन्थ हैं जिनका आविर्भाव हुआ और वे हिन्दू धर्म के आध्यात्मिक तत्त्व का सार हैं। कई बार उपनिषदों को आत्मविद्या (आत्म ज्ञान) अथवा ब्रह्मविद्या (ब्रह्म का ज्ञान) भी कहते हैं।

आरम्भिक विवरण

संहिता और ब्राह्मणों के विशालकाय ग्रन्थों की तुलना में उपनिषद संक्षिप्त हैं। मांडूक्य उपनिषद में केवल बारह श्लोक हैं और ईशा उपनिषद में अठारह श्लोक लिखे गये हैं। बृहदारण्यक और छांदोग्य उपनिषद सबसे बड़े उपनिषद हैं। शुक्ल यजुर्वेद के मुक्तिका उपनिषद में 108 उपनिषदों का उल्लेख आता है। कई जगहों पर इनकी संख्या 250 दी गयी है जबकि वर्तमान में केवल 108 ही विद्यमान हैं। इनमें से 10 प्रधान उपनिषद कहलाते हैं। इनमें कुल मिला कर, 1500 से भी कम श्लोक हैं। इनकी तुलना में, केवल ऋग वेद संहिता में ही 10,000 से अधिक श्लोक हैं। वेदों के ब्राह्मण और आरण्यक में श्लोकों की संख्या कहीं अधिक है।

यद्यपि इनकी संख्या कम है परन्तु इन उपनिषदों पर अनेक भाष्य लिखे गये। इनमें से सबसे छोटे उपनिषद मांडूक्य उपनिषद में बारह श्लोक हैं–इसका भाष्य *मांडूक्य कारिका* अर्थात 215 श्लोक की व्याख्या के रूप में है, जो कई सदियों के बाद गौडपाद ने किया जो आदि शंकर के गुरु के भी गुरु के रूप में प्रतिष्ठित हैं। आगे चल कर, आदि शंकर ने मांडूक्य उपनिषद और कारिका पर भाष्य लिखा। तत्पश्चात्, आनन्दगिरी ने शंकर के भाष्य का विवरण देते हुए एक विशाल टीका लिखी। इसी प्रकार, सभी प्रधान उपनिषदों के लिए कई आचार्यों और विद्वानों ने भाष्य रचे हैं। इनकी तुलना में, कर्म कांड पर कोई बड़े भाष्य नहीं मिलते। उपनिषद बहुत ही सारगर्भित श्लोक अथवा मन्त्र हैं, जिनके लिए बाद में आने वाले विद्वानों ने लम्बी व्याख्याएँ दीं। परन्तु दूसरे अर्थ में, वे बहुत ही सहज हैं और मन्त्र के सार को सहज बोध से ही पाया जा सकता है। हम आगे चल कर इसके उदाहरण देखेंगे।

सामान्य, शैव, वैष्णव, योग और संन्यास उपनिषद जैसे प्रधान उपनिषदों में 108 उपनिषदों का अस्पष्ट वर्गीकरण मिलता है। उपनिषदों के लेखक अज्ञात हैं।

इस चर्चा में, हम केवल प्रधान उपनिषदों की बात करेंगे। वे ही सबसे अधिक सार्वभौमिक हैं। शैव, वैष्णव और शाक्त उपनिषद एक विशेष इष्ट के माध्यम से सत्य का ज्ञान देते हैं।

विद्वान उपनिषदों के रचनाकाल के विषय में एकमत नहीं हैं। यह भी हो सकता है कि वे मौखिक परम्परा का भाग रहे हों और उन्हें बाद में लिखा गया हो। उसके बाद भी कई ऐसे ग्रन्थ आये जिन्हें उपनिषद कहा गया परन्तु हो सकता है कि उनकी रचना वैदिक काल के बाद हुई हो। परम्परानिष्ठों के बीच आम सहमति के अनुसार, मुक्तिका उपनिषद में दिये गये आरम्भिक उपनिषद, वेदों का ही अंग माने जाते हैं और ज्ञान कांड में शामिल हैं।

कुछ अनिवार्य अवधारणाएँ

इससे पहले कि हम उपनिषदों के सार को समझें, हमें कुछ अनिवार्य अवधारणाओं और शब्दावली को समझना होगा। यह मेधा उपनिषदों द्वारा दिये गये प्रत्यक्ष बोध की तुलना में मानसिक अथवा बौद्धिक है।

इसमें बार-बार आने वाले शब्द ब्रह्म का किसी जाति या व्यक्ति से सम्बन्ध नहीं है जो दैनिक जीवन में प्रयुक्त होता है। मूल शब्द 'बृह' का अर्थ है, विशाल, विस्तृत, सर्वव्यापी। ब्रह्म ही परम सत्य है। इस अर्थ के सन्दर्भ में दो परिभाषाएँ दी जाती हैं। पहली-ब्रह्म सत्-चित-आनन्द है।[3] इसका अर्थ है कि ब्रह्म का सार अथवा प्रकृति ही सत् (अस्तित्व), चित (ज्ञान) और आनन्द (सुख) है। इस प्रकार ब्रह्म अस्तित्व, ज्ञान और सुख है। एक वैकल्पिक अनुवाद के अनुसार, चेतना तथा प्रेम की प्रकृति का अस्तित्व ही ब्रह्म है; चेतना ज्ञान देती है और प्रेम से परमानन्द प्राप्त होता है। यह अस्तित्व-चेतना-परमानन्द ही अस्तित्व का प्रभाव है, जिसका स्वभाव ही प्रेम और चेतना है। एक और सुप्रसिद्ध परिभाषा के अनुसार सत्यम्-ज्ञानं-अनन्तम् ब्रह्म।[4] ब्रह्म ही सत्य, ज्ञान और अनन्त है। इस वाक्य पर अनेक भाष्य किये गये हैं। सत्य वही है, जो सदा रहता है, जो कभी नहीं बदलता, जो शाश्वत है। इसमें निश्चित रूप से सत्यवादन भी सम्मिलित है। आरम्भिक परिभाषा की तरह, इस जगह पर ज्ञान का अर्थ है, सारे ज्ञान का सार अथवा स्रोत-जिसे जानने से बाकी सारा ज्ञान हो जाता है। अनन्त का अर्थ, अनन्त अन्तरिक्ष और समय के अर्थ से कहीं परे है। यह समय और अन्तरिक्ष से सीमित किसी भी मानसिक अवधारणा से परे है।

ब्रह्म के अन्य विवरणों में, अजन्मा, अक्षत, अमर तथा अनश्वर भी शामिल हैं। ब्रह्म उन सबसे परे है जिनके विषय में मन कल्पना कर सकता है। यह शाश्वत,

अचल, अनश्वर, आत्म-प्रकाशित, समय और स्थान से परे तथा अनन्त है। यह वह स्रोत है जिससे संसार जन्मा है, जिसमें इस संसार का वास है और जिसमें इस संसार का विलय हो जाता है।

कहते हैं कि ब्रह्म को परिभाषित नहीं कर सकते क्योंकि इसके कोई लक्षण नहीं हैं। हालाँकि, यह तर्क दे सकते हैं कि अस्तित्व, सत्य, अनन्त, चेतना तथा परमानन्द लक्षण नहीं परन्तु ब्रह्म के स्वरूप हैं। कई अन्य लोगों का कहना है कि ब्रह्म के भी लक्षण पाये जाते हैं। उदाहरण के लिए इनमें निम्नलिखित शामिल हैं–वह सर्वज्ञानी और सर्वशक्तिमान है। इसके साथ ही, उपनिषदों मे बार-बार यह भी कहा गया है कि ब्रह्म का वर्णन नहीं कर सकते। इसका केवल अनुभव हो सकता है या इससे भी परे, एक व्यक्ति उससे एकात्म हो सकता है। यद्यपि ये दो परिभाषाएँ हमें यह समझने में सहायक होती हैं कि उपनिषद क्या कह रहे हैं।

एक और शब्द, आत्मा है, प्राय: अंग्रेज़ी में इसे 'सेल्फ' कहते हैं। आत्मा हमारा अहं अथवा विचार नहीं है। इसका स्वभाव ही ब्रह्म है और इसे प्रत्येक व्यक्ति जान सकता है। एक और शब्द है, 'पुरुष'। यह शब्द वैदिक संहिता और भागवद् गीता में कई बार आता है। सांख्य दर्शन में भी प्रकृति की तुलना में इसका कई बार प्रयोग हुआ है, जहाँ पुरुष का अर्थ है आत्मा तथा प्रकृति 'स्वरूप' की ओर संकेत करती है। पुरुष शब्द का प्रयोग सदियों से, विभिन्न ग्रन्थों में, थोड़े अलग-अलग अर्थों के साथ होता आया है। उपनिषदों के अनुसार, इसका अर्थ है आत्मा। इसके अतिरिक्त और भी शब्द हैं जैसे निर्गुण (गुण रहित) ब्रह्म और सगुण (गुण सहित) ब्रह्म, अलग-अलग तरह के बोध के लिए भिन्न-भिन्न शब्दों का प्रयोग होता है। हालाँकि, ये सभी वर्गीकरण बहुत बाद में आये और इनके बार में तब बात करेंगे, जब हम दर्शनों की चर्चा करेंगे। प्राय: 'तत्' शब्द का प्रयोग 'वह' के रूप में होता है-जो उस परम ब्रह्म के लिए प्रयुक्त होता है।

एक मनुष्य के पास आत्मा* होती है और वह जीव कहलाता है। मनुष्य अपने कामों का फल पाता है। इन्हें कर्म कहते हैं। जैसा कि पहले भी कहा गया, कर्म के कम से कम तीन अतिरिक्त अर्थ हैं। एक, वैदिक कर्म जिनमें संध्यावंदन (सुबह और शाम की प्रार्थना), होम (वैदिक यज्ञ) आदि अनुष्ठान शामिल हैं हालाँकि इन कर्मों से शुद्धि तो होती है परन्तु ये परम ज्ञान की ओर नहीं ले जाते। कर्म का

*वास्तव में, सभी सजीवों में, चाहे वे पशु हों या पौधे, आत्मा पाई जाती है। एक और प्रसिद्ध श्लोक में तो यहाँ तक कहा गया है, सर्व खल्विदं ब्रह्म, अर्थात सब कुछ ब्रह्म है। इसमें निर्जीव वस्तुएँ और सम्भवत: विचार, स्वप्न, युक्ति तथा अवधारणाएँ भी सम्मिलित हैं। दूसरे शब्दों में, ब्रह्म के सिवा कुछ नहीं है।

एक और अर्थ है, कर्म करना और इसमें उन किये गये कर्मों के परिणाम शामिल होते हैं। इन परिणामों से मन पर छाप अंकित होती है जो आगामी कर्मों का कारण बनती है। उदाहरण के लिए, सुखद परिणामों की ओर ले जाने वाला कर्म मन पर अनुकूल छाप अंकित करता है। इसके बाद कहीं आगे जा कर, यही छाप उस कर्म को दोहराने का कारण बनती है। कर्म का तीसरा अर्थ है, किसी व्यक्ति द्वारा किये गये कुल कर्म, जिनके कारण वह उन पर कारवाई करता है या परिणामों का सामना करता है। आमतौर पर यही माना जाता है कि अच्छे कर्म करने से मन पर अच्छी छाप होगी और बुरे कर्म करने से मन पर बुरी छाप अंकित होगी।

मोक्ष का अर्थ है मुक्ति। यह जन्म और मरण से मुक्ति का सूचक है। यह इच्छाओं, इन्द्रियों, मोह से मुक्त करके परमानन्द और सुख प्रदान करता है। मुक्ति का अर्थ काफी हद तक स्वतन्त्रता से मिलता है। ऐसी स्वतन्त्रता जन्म और मरण के चक्र से मुक्ति के साथ इच्छाओं और मोह से मुक्ति की भी सूचक है। इसके अतिरिक्त और भी कई शब्द प्रयुक्त होते हैं, जैसे–कैवल्य (शाब्दिक अर्थ, अपने स्व अथवा ब्रह्म के साथ अकेले होना) यानी मोक्ष; अमृतम् (शाब्दिक अर्थ, जो कभी नहीं मरता)। जैसा कि पहले भी कहा गया, *अमृतम इह: भवति* का अर्थ है, अमरत्व या मुक्ति यहीं और अभी है। इस प्रकार, ऐसे कई शब्द हैं जो एक समान अर्थ देते हैं।

सभी उपनिषद संक्षिप्त वंदनाओं के साथ आरम्भ होते हैं जिन्हें शान्ति मन्त्र कहते हैं। ऐसे मन्त्र वेदों के कर्म काण्ड में भी हैं। ये मन को उपनिषदों के अध्ययन के लिए प्रस्तुत करते हैं। कुछ प्रसिद्ध शान्ति मन्त्र निम्नलिखित हैं, जिन्हें दस प्रधान उपनिषदों से लिया गया है।

प्रधान उपनिषदों में से तीन-तैत्तितरीयोपनिषद, कठ और श्वेताश्वतरोपनिषद- में अन्य वंदनाएँ हैं जिनमें किसी भी प्रकार के वैदिक देवताओं का आवाह्न नहीं मिलता। यह गुरु तथा शिष्य की प्रार्थना है:

ॐ सह नाववतु।
सह नौ भुनक्तु।
सह वीर्यं करवावहै।
तेजस्विनावधीतमस्तु मा विद्विषावहै।।
ॐ शान्तिः शान्तिः शान्तिः।।

इसका सरल अनुवाद कुछ इस प्रकार होगाः ॐ! ईश्वर हम दोनों की रक्षा करें; हम दोनों एक साथ पोषित हों; हम दोनों पूरी ऊर्जा के साथ मिल कर कार्य करें; हमारा अध्ययन तेजस्वी और प्रभावोत्पादक हो; हम परस्पर द्वेष न रखें। ओम, शान्ति! शान्ति! शान्ति

ईशा और बृहदारण्यक उपनिषद में भी एक प्रसिद्ध वंदना मिलती है:

ॐ पूर्णमदः पूर्णमिदम् पूर्णात् पूर्णमुदच्यते।
पूर्णस्य पूर्णमादाय पूर्णमेवावशिष्यते।।
ॐ शान्तिः शान्तिः शान्तिः।।

पूर्ण शब्द का अर्थ है, 'सम्पूर्ण' और यह सम्पूर्ण ब्रह्माण्ड का सूचक है जिसमें इसमें शामिल तथा इससे परे की हर वस्तु सम्मिलित है। प्राय: 'अनन्त' शब्द का प्रयोग 'पूर्ण' के लिए होता है।

इसका सरल अनुवाद होगा: ॐ! वह अनन्त है, यह अनन्त है। अनन्त से ही अनन्त की प्राप्ति होती है। यदि आप अनन्त से अनन्त को निकाल दें तो केवल अनन्त ही शेष रहता है। ओम शान्ति, शान्ति, शान्ति!

इस मन्त्र का उच्चारण प्राय: किया जाता है क्योंकि इसमें किसी देवता या इष्ट का आवाह्न नही किया गया।

उपनिषद अध्ययन के लिए सुझाए गये तरीके

विशाल वैदिक संहिता और ब्राह्मणों की तुलना में, आज भी कुछ संस्कृत शब्दों के अर्थ जानने के बाद उपनिषदों का अध्ययन करना सम्भव है। इनके अनुवाद आसानी से उपलब्ध हैं। सम्भवत: उपनिषदों के अध्ययन का एक तरीका यह हो सकता है कि आपको याद रहे कि वे सार्वभौमिक, शाश्वत और अवैयक्तिक हैं। उदाहरण के लिए, उपनिषदों के महावाक्यों में से एक है, *प्रज्ञानाम् ब्रह्म* (ऋगवेद का ऐतरेय उपनिषद), जिसका सरल सा अर्थ है कि चेतना ही ब्रह्म है। इस एक संक्षिप्त वाक्यांश पर बहुत लम्बे भाष्य लिखे गये हैं। हालाँकि, यह किसी ऐसी चीज़ का उदाहरण है जो सार्वभौमिक, शाश्वत और अवैयक्तिक है। इसकी तुलना में, कोई विशेष अनुष्ठान या पूजा करने का तरीका उपयोगी हो सकता है परन्तु यह आवश्यक नहीं कि वह एक समान रूप से सबको स्वीकार्य हो। उपनिषदों या अन्य ग्रन्थों में जिस भी जगह ऐसे सन्दर्भ हों, हमें उन्हें प्रतीकात्मक उदाहरणों के रूप में लेना चाहिए जो उस समय के लिए उपयुक्त रहे होंगे। उदाहरण के लिए, सूर्य को प्राय: प्रकाश का प्रतीक माना गया है। प्रसिद्ध श्लोक, *वेदाहमेतं पुरुषं महान्तम आदित्यवर्णम्,* का अर्थ है, 'मैंने उस परम पुरुष अथवा आत्मन् को जान लिया है जो सूर्य के समान प्रकाशवान है।' इस जगह सूर्य शब्द का अभिप्राय आकाश में दिखने वाले सूर्य से नहीं। आध्यात्मिक महत्त्व को समझने के लिए इस प्रतीक की उचित रूप से व्याख्या करनी होगी। सौभाग्य से, अधिकतर अनुवाद ऐसा करने में सक्षम रहे हैं। यदि हम उपनिषदों के सार्वभौमिक, शाश्वत और अवैयक्तिक पक्षों को याद

रखें, तो पाठ्यों के अनिवार्य अर्थ को ग्रहण करना सरल हो सकता है।

उपनिषदों की प्रमुख सामग्री

उपनिषदों का एक प्रमुख विचार यह है कि प्रत्येक मनुष्य और प्रत्येक सजीव में आत्मा का वास है। अनेक प्रसिद्ध उपनिषदों से लिए गये श्लोक या वाक्यांश इसकी उद्घोषणा करते हैं। यह विख्यात महावाक्य अथवा महान वाक्य कहता है कि प्रत्येक व्यक्ति के भीतर उसी दिव्यता का अंश है। *अहं ब्रह्मास्मि* (मैं ब्रह्म हूँ') *तत् त्वम् असि* (तुम वही हो) और *अयं आत्मा ब्रह्म* (यह आत्मा ब्रह्म है)। श्वेताश्वतरोपनिषद सारे संसार को संबोधित करते हुए कहता है, श्रृणवन्तु विश्वे अमृतस्य पुत्रः, सुनो सम्पूर्ण संसार में, हे अमर आनन्द के बच्चों!

यह इस विचार के निकट है कि प्रत्येक इस आत्मा या ब्रह्म को जान सकता है। एक अनिवार्य उपनिषद विचार है, 'किसी भी धर्म में सत्य की खोज मत करो; यह यहीं, मनुष्य की आत्मा है।[5] कैवल्य उपनिषद कहता है, तत् त्वम् एव त्वमेव तत्', तू वही है, केवल वही तू है। दोहराव द्वारा इस पर बल दिया गया है। ईशा उपनिषद में कहा गया है:

'हे पोषणकर्ता सूर्य! अपनी किरणें समेट कर, अपना प्रकाश पूंजीभूत करो और सत्य से आवरण हटा दो ताकि मैं उसमें समाए सत्य को देख सकूँ, मैं जान गया हूँ कि उसमें जो सत्य समाया है, मैं वास्तव में वही हूँ। मैं उन किरणों तथा उस महिमा के वास्तविक अर्थ को जान चुका हूँ। जो उसमें प्रकाशित है; वह सत्य जिसे मैं देखता हूँ, और वही सत्य मेरे भीतर समाया है और मैं वही हूँ।'[6] छांदोग्य उपनिषद में भी एक बहुत विख्यात सूत्र अथवा महावाक्य आता है, '*तत्-त्वम्-असि*, मैं वह हूँ।' गुरु उद्दालक अरुणि ने अपने शिष्य और पुत्र श्वेतकेतु से एक बार नहीं कम से कम नौ बार कहा कि वह वास्तव में सार रूप में परम ब्रह्म है। उद्दालक की दी गयी शिक्षाओं ने श्वेतकेतु को स्वयं तक पहुँचने में सहायता की।

उपनिषदों ने जीवन तथा हर वस्तु के ऐक्य पर भी बल दिया है। छांदोग्य उपनिषद में कहा गया है, सर्वं खल्विदं ब्रह्म, जिसका अर्थ है कि सारा जगत ब्रह्म है। ब्रह्म इस पूरे जगत में व्याप्त है। ईशा उपनिषद के वाक्यांश ईशा वस्यम् इदं सर्वं का अर्थ है कि इन सबमें दिव्य ईश्वर का वास है। यदि सबके भीतर आत्मा है और चारों ओर ब्रह्म व्याप्त है, तो हम सबको भी एक होना चाहिए। परवर्ती भाष्यकारों ने कहा है कि सभी नीतियों का आधार इसी ऐक्य की अवधारणा से आया है। चूँकि हम सभी एक हैं, हमें एक-दूसरे की सेवा करनी चाहिए, मदद करनी चाहिए, एक-दूसरे को चोट नहीं देनी चाहिए आदि, क्योंकि दूसरे हमसे अलग नहीं हैं।

कुछ दार्शनिकों का कहना है कि आत्मा और ब्रह्म समान नहीं हैं। वे कहते हैं कि ब्रह्म जगत और जीव से अर्हता प्राप्त करता है। अन्य व्यक्ति कहते हैं कि ब्रह्म जगत और सजीवों से अलग है। यद्यपि सभी इस पर सहमत हैं कि ब्रह्म का अस्तित्व है, इसका स्वभाव अस्तित्व-ज्ञान-परमानन्द है और सजीव इसके समान हैं, इसका अंश हैं या फिर इसका प्रतिबिम्ब हैं।

उपनिषदों के चुने हुए श्लोक

उपनिषदों से लिए गये कुछ श्लोक, वाक्यांश व मन्त्र हमें यह जानने में सहायक होते हैं कि इनमें क्या होता है। कुछ काव्यात्मक श्लोक निम्नलिखित हैं। प्रायः इन्हें उद्धृत किया जाता है क्योंकि माना गया है कि ये आविर्भाव हैं। इन्हें ब्रह्माण्ड के विषय में तत्त्वमीमांसक अनुमानों के रूप में नहीं लिया जाता, ये ऋषियों के प्रत्यक्ष ब्रह्माण्ड सम्बन्धी प्रत्यक्ष बोध हैं जो उन्हें चेतना की चरम अवस्थाओं में प्राप्त हुए। ऐसा बोध किसी भी सच्चे साधक के लिए सम्भव हो सकता है।

न तत्र सुर्यो भाति न चन्द्रतारकं नेमा विद्युतो भान्ति कुतोऽयमग्निः।
तमेव भान्तमनुभाति सर्वं तस्य भासा सर्वमिदं विभाति।।

वहाँ सूर्य नहीं चमकता; न ही चाँद तारे चमकते हैं और न ही बिजलियाँ चमकती हैं। इस अग्नि के लिए क्या कहें। उस एक चमक से सब कुछ चमकता है, उसी के प्रकाश से सब जगमगाता है

–कठ उपनिषद, स्वामी विवेकानन्द द्वारा अनूदित। ऐसा एक समान श्लोक मुण्डक उपनिषद में भी है।

अथ यदतः परो दिवो ज्योतिर्दीप्यते विश्वतः पृष्ठेषु सर्वतः पृष्ठेष्वनुत्तमेषूत्तमेषु लोकेष्विदं वाव तद्यदिदमस्मिन्नतः पुरुषो ज्योतिस्तस्यैषा।।

अब एक प्रकाश इस स्वर्ग से भी परे है, सबसे ऊँचा, हर चीज़ से ऊँचा, सर्वोच्च लोक में, जिससे परे अन्य कोई लोक नहीं, वही प्रकाश मनुष्य के भीतर है।

–छांदोग्य उपनिषद 3.13.7, मैक्समूलर द्वारा अनूदित

यावान्वा अयमाकाशस्तावानेषोऽन्तर्हृदय अकाश उभे अस्मिन्द्यावापृथिवी अन्तरेव समाहिते उभावगिन्श्च वायुश्च सूर्याचन्द्रमसावुभौ विद्युन्नक्षत्राणि यच्चास्येहास्ति यच्च नास्ति सर्वं तदस्मिन्समाहितमिति।। 8.1.3 ।।

हृदय के भीतर का छोटा सा स्थान विशाल ब्रह्माण्ड जितना विशाल है। इसमें स्वर्ग और धरती हैं, सूर्य, चन्द्रमा और सितारे हैं। अग्नि, आकाशीय विद्युत और वायु यहीं है और सब कुछ है जो अभी है और अभी नहीं है।

–छांदोग्योपनिषद, स्वामी प्रभवानन्द द्वारा अनूदित

यो वै भूमा तत्सुखं नाल्पे सुखमस्ति भूमैव सुखं...

वह जो अनन्त है, वहीं सुख है। सीमित में कोई सुख नहीं है। सुख केवल अनन्त के भीतर है।

–छांदोग्य उपनिषद

असतो मा सद्गमय। तमसो मा ज्योतिर्गमय।
मृत्योर्मा अमृतं गमय। ॐ शान्तिः शान्तिः शान्तिः ।।

हमें असत्य से सत्य की ओर, अंधकार से प्रकाश की ओर ले चलो।
मृत्यु से अमरत्व की ओर ले चलो, ॐ शान्ति। ॐ शान्ति। ॐ शान्ति।

–बृहदारण्यक उपनिषद 1.3.28

काममया एवायं पुरुष इति। सा यथाकामो भवति तत्क्रतुर भवति।।
यात्क्रतुर भवति तत कर्म कुरुते। यत कर्म कुरुते तद अभिसम पद्यते।।

आप वही हैं, जो आपकी गहन इच्छा है; जैसी आपकी इच्छा, वैसा आपका संकल्प। जैसा आपका संकल्प, वैसे आपके कार्य; जैसे आपके कार्य, वैसी आपकी नियति।)

–बृहदारण्यक उपनिषद 4.4.5

न जायते म्रियते वा विपश्चिन्नायं कुतश्चिन्न बभूव कश्चित्।
अजो नित्यः शाश्वतोऽयं पुराणो न हन्यते हन्यमाने शरीरे।।

(आत्मा का न तो जन्म होता है, न वह मरती है, यह न तो किसी से जन्म लेती है और न ही इससे कुछ उत्पन्न होता है। यह अजन्मी, शाश्वत, सनातन और प्राचीन है। यद्यपि शरीर मारा जाता है परन्तु यह फिर भी नहीं मरती।*

–कठ उपनिषद, 18

आनन्दो ब्रह्मेति व्यजानात्। आनन्दाध्येव खल्विमानि
भूतानि जायन्ते। आनन्देन जातानि जीवन्ति।
आनन्द प्रयन्त्यभिसंविशन्तीति।

आनन्द ही ब्रह्म है क्योंकि आनन्द से ही ये सभी प्राणी उत्पन्न होते हैं और आनन्द से ही ये प्राणी जीवित रहते हैं। मृत्यु के समय वे इसी परमानन्द में प्रवेश करते हैं।

–तैत्तिरीयोपनिषद 3.6

---

* भगवद् गीता में लगभग ऐसा ही मिलता-जुलता श्लोक है, जो इसके बाद में आई।

उपनिषदों में बार-बार आने वाले विषय

इस भाग में वे महत्त्वपूर्ण विषय दिये गये हैं जो उपनिषदों में बार-बार आते हैं। इस तरह उनके सार को ग्रहण करने में आसानी होगी। इन विषयों में ध्वनि शब्दांश, विशेष तौर पर पवित्र मन्त्र, ओम, प्रबोध के प्रतीक रूप में प्रकाश का विषय, मनुष्य साधक के हृदय में वास करने वाली आत्मा और परमानन्द के पुनरावर्ती सन्दर्भ। इन्होंने ध्यान को भी परम सत्य को साकार करने वाला साधन माना है। यह भी ध्यान देने योग्य है कि ध्वनि, प्रकाश, हृदय, आनन्द, ध्यान तथा सत्य के ये विषय व्यावहारिक साधन भी हैं जिन्हें उपनिषदों ने साधकों को प्रयुक्त करने का सुझाव दिया है। उदाहरण के लिए, ॐ का उच्चारण करते हुए, अपने हृदय के ध्यानमयी प्रकाश पर ध्यान रमाना, ऐसा ही एक उपाय है। व्यक्तिगत आत्मा और ब्रह्म के एक होने की पुष्टि के साथ ही उपनिषद इस बात पर भी बल देते हैं कि ब्रह्म विशाल और सर्व-व्यापी है।

ध्वनि

सभी प्रमुख उपनिषदों ने निरन्तर शब्द प्रतीक, 'ॐ' को दोहराया है। कुछ का मानना है कि ओम ही ब्रह्म है। मांडूक्य उपनिषद कहता है, ॐ-इत्येदत अक्षरम् इदं सर्वम् अर्थात ॐ अक्षर है और यही सब कुछ है। इसी मन्त्र में ॐ शब्द का उच्चारण नौ बार आता है। कठ उपनिषद में कहा गया है कि अक्षर ॐ ही ब्रह्म है। प्रश्न उपनिषद कहता है, 'हे सत्यकाम, यह ही सर्वोच्च और निम्नतम ब्रह्म और ॐ है।' मुंडक उपनिषद में कहा गया है, 'आत्मा पर ॐ की सहायता से ध्यान करो।' मैत्री उपनिषद में लिखा है, 'आत्मा पर ॐ की तरह ध्यान लगाओ।' छांदोग्य उपनिषद कहता है, 'ॐ ही वास्तव में यह सब है।'[7]*

मनुष्य का मन ध्वनियों के प्रति संवेदनशील है। उपनिषदों ने पाया कि सम्पूर्ण ब्रह्माण्ड को अपने भीतर सम्मिलित करने वाले ध्वनि प्रतीक पर ध्यान लगाना, ध्यान के लिए शक्तिशाली रूप से सहायक हो सता है। अन्य धर्मों में भी पवित्र अक्षरों का विचार मिलता है। ॐ का प्रयोग, बौद्ध धर्म तथा उनके सुप्रसिद्ध मन्त्र, *ॐ मणि पदमे हम्*' भी में भी हुआ है, जिसका अर्थ है, 'ॐ, हृदय में स्थित रत्न है, ('हम' एक अन्य पवित्र वर्ण है)। ईसाई 'आमेन' शब्द का प्रयोग करते हैं जिसकी ध्वनि ॐ से मिलती है। इस्लाम और यहूदी धर्म में भी पवित्र अक्षर, 'आमीन' को दोहराने की परम्परा चली आयी है।

---

* बाद में आने वाली भगवद् गीता में कहा गया है, ओम् इति ब्रह्म, जिसका अनुवाद है, 'ॐ ही ब्रह्म है।'

प्रकाश

एक और विषय प्रकाश भी है। कुछ श्लोकों में प्रकाश को प्रत्येक जीव के हृदय में स्थित प्रकाश माना गया है और साधक से कहा जाता है कि वह उस पर ही ध्यान केन्द्रित करे। ईशा उपनिषद में कहा गया है, 'स्वर्ण पात्र में सत्य का मुख है।' यह प्रकाश की उन किरणों का भी सन्दर्भ देता है जो उज्ज्वल हैं। मुंडक उपनिषद में, 'सुनहरे आवरण से परे' तथा *ज्योतिमसम् ज्योति* अर्थात प्रकाशों का प्रकाश जैसे वाक्यांशों का प्रयोग हुआ है। प्रकाश के इस विषय से जुड़े श्लोकों व मन्त्रों का अध्ययन करते हुए, हम उस प्रसिद्ध कथन की ओर आ जाते हैं जिसका सन्दर्भ पहले भी दिया गया था, 'वहाँ सूर्य नहीं चमकता, चन्द्रमा का प्रकाश नहीं, न ही विद्युत और न ही अग्नि है। परन्तु उसी प्रकाश से हर चीज़ प्रकाशित है।' इसमें यह भी कहा गया है कि ब्रह्म हृदय में स्थित है, यह आत्म-प्रदीप्त तथा विचार से परे है। प्रश्न उपनिषद में, 'हज़ार किरणें' तथा 'एक प्रकाश' नामक वाक्यांशों का प्रयोग हुआ है। तैत्तिरीय उपनिषद में कहा गया है, '*अमरता आत्म-प्रदीप्त है।*' छांदोग्य उपनिषद में इस विषय पर एक सुविख्यात श्लोक मिलते हैं जिनमें कहा गया है, 'वह प्रकाश जो स्वर्ग से ऊपर प्रकाशमान है, उन सबसे ऊँचा है, संसार की प्रत्येक ऊँची वस्तु से ऊँचा है, जिससे परे कोई और संसार नहीं हैं, यह वही प्रकाश है जो मनुष्य के भीतर समाया है'। (मैक्समूलर द्वारा अनूदित)[8]*

मनुष्य का मन न केवल ध्वनि बल्कि दृश्य के लिए भी संवेदनशील है। प्रकाश का प्रतीक सार्वभौमिक तथा गैर-साम्प्रदायिक है। उपनिषदों में, प्राकट्य में बसे इस प्रकाश की ओर इंगित किया गया है और संकेत दिया गया है कि यह साधक के लिए ध्यान में भी सहायक हो सकता है। गायत्री मन्त्र भी प्रकाश पर ध्यान साधने का माध्यम है। लोकप्रिय भाषा में, जब हम कहते हैं कि कोई प्रकाशित है, तो यह प्रकाश के सन्दर्भ में भी होता है।[9]

सुख और परमानन्द

सम्भवतः ये उपनिषदों के सबसे आकर्षित करने वाले पक्षों में से हैं-सुख और परमानन्द। तैत्तिरीय उपनिषद में विशेष रूप से एक पूरा भाग इसी विषय पर है जिसे *ब्रह्मानन्दवल्ली* अथवा ब्रह्म का आनन्द कहा गया है। एक वाक्यांश है, *रसो वै सः*, जिसका अर्थ है, वह (ब्रह्म) रस से भरपूर है। 'रस' एक ऐसा शब्द है जिसका कई अलग-अलग सन्दर्भों में प्रयोग होता है। इस स्थान पर, यह इस बात का सूचक है

---

* भगवद् गीता में *ज्योतिषामपि तज्ज्योति*–सभी प्रकाशों का प्रकाश वाक्यांश का प्रयोग हुआ है।

कि ब्रह्म आनन्द से भरपूर है। यह श्लोकों की शृंखला में ब्रह्म के आनन्द को बताने की चेष्टा करता है। बृहदारण्यक उपनिषद में भी लगभग ऐसे ही श्लोक हैं। यह एक स्वस्थ और ओज से भरपूर एक युवक से आरम्भ होता है, जिसके पास संसार का हर वैभव है। यह परमानन्द की एक ईकाई है। दिव्य गंधर्वों का आनन्द उससे सौ गुना है; पितरों का आनन्द उससे सौ गुना है; स्वर्ग में वास करने वाले देवताओं का आनन्द उससे सौ गुना है; कर्मदेवों का आनन्द उनसे भी सौ गुना है; उसका सौ गुना देवों का है; उससे सौ गुना देवों के राजा इन्द्र का है; उससे सौ गुना इन्द्र के गुरु बृहस्पति का है; उससे सौ गुना आनन्द विराट का है जिसकी देह में तीनों लोक समाए हैं, उससे सौ गुना आनन्द हिरण्यगर्भ अथवा प्रकट ब्रह्म का है। यद्यपि विविध देवताओं के प्रति इन संकेतों को वर्तमान में नहीं समझा जा सकता परन्तु श्लोक का प्रधान उद्देश्य स्पष्ट है। हम जिस भी चीज़ का अनुभव या कल्पना कर सकते हैं, ब्रह्म का आनन्द उससे कई-कई गुना परे है। अन्य उपनिषदों में भी कई स्थानों पर इन वाक्यांशों का प्रयोग हुआ है, जैसे 'वह परमानन्द आत्मा' और 'जो ब्रह्म के आनन्द का ज्ञाता है'। यह कहा जा सकता है कि हम उसी परमानन्द से जन्मे हैं, उसी परमानन्द में मग्न रहते हैं और अन्त में उसी परमानन्द में लौट जाते हैं।

बृहदारण्यक उपनिषद कहता है, यही सर्वोच्च परमानन्द है। इसी परमानन्द के एक कण पर जीव वास करते हैं। यह 'ब्रह्म ही ज्ञान व परमानन्द है' नामक वाक्यांश का प्रयोग करता है। मुण्डक उपनिषद में कहा गया है, वह आत्मा अथवा ब्रह्म ही परमानन्द के रूप में प्रकाशित है।[10]

ध्यान

ध्यान के भी सन्दर्भ मिलते हैं। मुण्डक उपनिषद कहता है, अदृश्य को ध्यान के माध्यम से खोजो और सूक्ष्म स्व को विशुद्ध मन अथवा चेतना के माध्यम से पाया जा सकता है। बार-बार यही कहा गया है कि अपने स्व अथवा आत्मा पर ॐ के माध्यम से ध्यान करो। कठ उपनिषद में लिखा है, ध्यान के माध्यम से इस ॐ को जानने से यह अविनाशी हो जाता है और साधक को वह (ब्रह्म) प्रदान करता है।11

सत्य

उपनिषदों में सच या सत्य का बार-बार प्रयोग हुआ है। सत्य शब्द 'सत' मूल शब्द से आया है, जिसका अर्थ है, 'जो है', इसका एक अनुवाद 'अस्तित्व' भी है। मांडूक्य उपनिषद कहता है, '*सत्येन लभ्यः*', सत्य के माध्यम से आत्मा को पा सकते हैं। *सत्यमेव जयते* वाक्य का अर्थ है केवल सत्य की ही जीत होती है।

इसके साथ ही यह भी कहा गया, *सत्येन पंथः* अथवा सत्य का पथ, *सत्यस्य परमं निधानं*, सत्य का पालन करने से उस परम ब्रह्म निधि की प्राप्ति होती हैं एक ही श्लोक में सत्य शब्द की तीन बार आवृत्ति हुई है ताकि सत्य पर बल दिया जा सके। बृहदारण्यक उपनिषद कहता है कि धर्म और सत्य एक ही हैं। इसमें सत्यस्य सत्य वाक्यांश का प्रयोग हुआ है, जिसका अर्थ है, सत्यों का सत्य। तैत्तिरीय उपनिषद में ब्रह्म को परिभाषित करते हुए कहा गया है, सत्यम्, ज्ञानम्, अनन्तम् अथवा सत्य, ज्ञान, अनन्त। इसे एक प्रार्थना में भी स्थान दिया गया है। सत्यम् वद, धर्मम् चर, जिसका अनुवाद होगाः सत्य बोलो, धर्म (उचित आचरण) का पालन करो।

सर्व-व्यापी

ब्रह्म के सर्व-व्यापी होने के भी अनेक सन्दर्भ मिलते हैं। ईशा उपनिषद कहता है, 'ईशा वस्यम् इदम् सर्वम', जिसका अर्थ है, ईश्वर (ब्रह्म का प्राकट्य) हर ओर व्याप्त है। मांडूक्य उपनिषद कहता है कि सर्वम ह्येत्द ब्रह्म, *अयम् आत्म ब्रह्म*', अथवा, 'यह सब वह ब्रह्म ही है।'। इसके बाद मांडूक्य उपनिषद से सुविख्यात महाकाव्य आता है कि आत्मा ब्रह्म है। प्रश्न उपनिषद कहता है, '*विश्वरूपं हरिनाम*' अर्थात, ब्रह्माण्ड का रूप, किरणों से भरा है। मुण्डक कहता है, पुरुष एवेदम् विश्वम, केवल पुरुष ही यह सब है।

निष्कर्ष

सभी उपनिषदों में निरन्तर आने वाले विषय हैं:

1. एक परम सत्य है जिसे ब्रह्म कहते हैं, जो शाश्वत, निरन्तर, सर्व-व्यापी और सर्व-ज्ञाता है। इसका वर्णन करने के लिए सामान्यतः दो तरीकों का प्रयोग किया जाता है। सत्-चित-आनन्द, अर्थात ब्रह्म अस्तित्व-ज्ञान-परमानन्द है, और सत्यम्-ज्ञानम्-अनन्तम, अर्थात ब्रह्म सत्य-ज्ञान-अनन्त है।
2. इच्छुक और निष्ठावान साधक यहीं और अभी इस ब्रह्म को साकार कर सकते हैं। यही बोध हमें परमांनद देते हुए सारे दुःखों से परे ले जाता है। यह हमें जन्म और मरण के चक्र से भी मुक्त करता है।
3. व्यक्तिगत आत्मा का वास प्रत्येक व्यक्ति के भीतर है और इसका बोध पाया जा सकता है
4. यह आत्मा ब्रह्म के समान है। इस जगह माना गया है कि केवल एक ही अनन्त है और ये दो नहीं हो सकते।

उपनिषदों की शिक्षाएँ किसी विशिष्ट जाति के लिए नहीं हैं और न ही इनके लिए किसी पूर्व विश्वास या आस्था का होना आवश्यक है। सत्य को जानने की जिज्ञासा तथा विचारों को लागू करने की इच्छा ही पर्याप्त हैं। इसी चीज़ ने दुनिया भर के लोगों का ध्यान अपनी ओर आकर्षित किया है।*

चूंकि अलग-अलग ऋषियों ने, अलग-अलग काल में, एक समान विचारों को विभिन्न उपनिषदो में प्रकट किया है इसलिए ये उद्घाटन अद्वितीय नहीं हैं। सम्भवतः मुख्य विचार यही है कि किसी ऐसी चीज़ को जानना या साकार करना है जो हमारे दैनिक अनुभव से परे है और हमे दुःख से मुक्त करके, परमानन्द और ज्ञान प्राप्त कर सकती है।

परवर्ती भाष्यकारों ने इन सरल विचारों के प्रतिपादन के लिए तत्त्वमीमांसक सिद्धान्त दिये हैं। हालाँकि उन्होंने यह भी कहा कि जो भी यह सब वास्तव में जान लेता है, सारे तर्क और विवाद वहीं समाप्त हो जाते हैं। तब किसी दर्शन या तत्त्वमीमांसा की आवश्यकता नहीं रह जाती।

इस जगह पर उपनिषद की हल्की झाँकी भर दी गयी है। जिससे हमें यह संक्षेप में यह विचार मिलता है कि हिन्दू धर्म में इन ग्रन्थों का स्थान सर्वोच्च क्यों माना गया है। उपनिषद एक जीवित परम्परा हैं और आज भी गम्भीर साधक इनका पठन-पाठन करते हैं। इन ग्रन्थों पर संस्कृत, अंग्रेज़ी तथा अन्य विविध भाषाओं में अनेक भाष्य लिखे गये हैं। इस जगह पर आपको ग्रन्थों के मूल भाव का परिचय देने का प्रयास किया गया है। इस जगह केवल प्रमुख विचारों को स्थान दिया गया है। हालाँकि, अनेक प्रतिष्ठित विद्वानों और ऋषियों द्वारा रचे गये परवर्ती भाष्यों में इन ग्रन्थों के विषय में यथेष्ट प्रकाश डाला गया है। और अधिक अध्ययन करने के इच्छुक व्यक्तियों को इन ग्रन्थों को भी पढ़ना चाहिए। प्रायः कहा जाता है कि इन ग्रन्थों की गहन शिक्षा किसी विद्वान गुरु से ही लेनी चाहिए।

कुछ टिप्पणियाँ

उपनिषदों के अनेक भाषाओं में अनुवाद किये गये हैं जिनमें अंग्रेज़ी, लैटिन, फ्रेंच, जर्मन, इतालवी, डच, पोलिश, जापानी, रूसी, उर्दू और फ़ारसी भाषा शामिल हैं। दार्शनिक सामग्री के अतिरिक्त, ये गैर-साम्प्रदायिक हैं और सार्वभौमिक व

---

*उदाहरणस्वरूप, भारत से बाहर मैक्स मूलर, पॉल ड्यूसेन, ऑर्थर आवलेन, जॉन वुडरफ, ऑर्थर शॉपेनहॉवर, हरमन हेस, जे. रॉबर्ट ओपनहाइमर, इर्विन श्रोडिंगर, क्रिस्टोफर इशरवुड और रोमां रोलाँ और भारत में आदि शंकर, स्वामी विवेकानन्द, शिवानन्द, अरबिंदो और अन्य कई महान विद्वान।

अवैयक्तिक हैं। सम्भवतः यही कारण है कि ये बाद में आने वाले सांस्कृतिक अभ्यासों पर आधारित हिन्दू रीति-रिवाजों और विभिन्न मन्दिरों, देवों और उपासना आदि की तुलना में संसार को अपनी ओर आकर्षित करने में अधिक सफल रहे। विल डुरांट जैसे इतिहासकार ने माना, "उपनिषद होमर जितने प्राचीन हैं और कांट जितने आधुनिक हैं।"[12] मैक्स मूलर, पॉल ड्यूसेन, ऑर्थर शॉपेनहॉवर, रॉल्फ वाल्डो इमर्सन, रोमां रोलाँ, एल्डस हक्सले, क्रिस्टोफर इशरवुड, सम्राट अकबर, उसका पोता दारा शिकोह और अन्य कई व्यक्ति उपनिषदों के प्रति अत्यधिक सम्मान की भावना रखते आये। कुछ आधुनिक वैज्ञानिक और भौतिकविद् जैसे जे. रॉबर्ट ओपनहाइमर और इर्विन श्रोडिंगर भी उपनिषदों से बहुत अधिक प्रभावित थे।

सत्यमेव जयते का अर्थ है, सत्य की ही जीत होती है। यह वाक्य मुण्डक उपनिषद से लिया गया है जो 10 प्रमुख उपनिषदों में से है। इसे संस्कृत या देवनागरी लिपि में लिखा गया है और यह भारत के प्रतीक के आधार में लिखा रहता है। इसमें चार सिंह हैं जो चारों दिशाओं में देख रहे हैं, इसे सम्राट अकबर ने हज़ारों वर्ष पूर्व बनाया था। यही वाक्य वर्तमान भारत के सभी करेंसी नोट और सिक्कों पर भी देखा जा सकता है।

हिन्दू धर्म की महत्त्वपूर्ण अवधारणाएँ

जब हम वैदिक युग से आगे बढ़ते हैं, तो हम देखते हैं कि ग्रन्थों में तत्त्वमीमांसक और दार्शनिक अवधारणाओं का विवरण मिलने लगता है। उन्हें समझने के लिए, हमारे पास इन अवधारणाओं की स्पष्ट समझ होनी चाहिए। मोटे तौर पर, ये परवर्ती धर्म ग्रन्थ दो प्रकार हैं। इनमें से एक में दर्शन अथवा तत्त्वमीमांसा दी गयी है। दार्शनिक ग्रन्थों में ब्रह्मसूत्र तथा भगवद् गीता हैं और बाद में अद्वैत, विशिष्टाद्वैत तथा द्वैत दर्शनों पर ग्रन्थ मिलते हैं। अन्य शास्त्रीय ग्रन्थ उपासना, अभ्यास, अनुष्ठान व पौराणिक आदि विषयों पर हैं।

इन अवधारणाओं को परिभाषित करने में एक कठिनाई आती है। पिछली सदियों के दौरान इन्हें विभिन्न पाठ्यों में विभिन्न सन्दर्भों में प्रयुक्त किया गया और इनके अर्थ थोड़े विभिन्न हो गये हैं। यद्यपि हम वर्तमान में स्वीकृत अर्थों के अनुसार ही इनकी परिभाषा देने की कोशिश करेंगे।

सबसे पहली महत्त्वपूर्ण अवधारणा ईश्वर की है। उपनिषदों में, ब्रह्म के सन्दर्भ को, सत्-चित-आनन्द (ब्रह्म जैसे अस्तित्व-ज्ञान-परमानन्द) अथवा जैसे सत्यम्-ज्ञानम-अनन्तम ब्रह्म (ब्रह्म जैसे सत्य-ज्ञान-अनन्त) के रूप में परिभाषित किया गया। ये विवरण निराकार और निर्गुण ब्रह्म के हैं जिसके कोई गुण नहीं हैं। इसके पीछे विचार यही है कि जो भी कोई आकार अथवा गुण रखता है, वह सीमित है। ऐसी अमूर्त अवधारणा को शायद ग्रहण करना कठिन है परन्तु ऋषियों ने यही जाना और वर्णन किया। गुरु ग्रन्थ साहिब में 'अलख निरंजन' शब्द का प्रयोग हुआ है, जो सिक्खों का पवित्र ग्रन्थ है, वह भी इसी अवधारणा की पुष्टि करता है। बौद्ध धर्म में भी कहा गया है, निर्वाण-मोक्ष और अहंहीनता की अवस्था का वर्णन नहीं हो सकता।

परवर्ती दर्शनों ने ब्रह्म को सगुण जाना अर्थात वह ब्रह्माण्ड का स्वामी अथवा नियंत्रक, सर्वज्ञ और सर्वशक्तिमान है।

इसके बाद हमारे पास गॉड या ईश्वर की संकल्पना आती है; 'ईश'* का शाब्दिक अर्थ है स्वामी अथवा शासक और 'वर' का अर्थ है, 'श्रेष्ठ अथवा सर्वोच्च'। ईश्वर को सामान्यत: ब्रह्माण्ड का सर्जक और फलदाता यानी फल देने वाला माना जाता है। ब्रह्माण्ड की कार्यविधि को संचालित करने वाले नियम तथा कारण और प्रभाव की शृंखला भी ईश्वर* से ही उत्पन्न हुए हैं। ईश्वर निराकार है परन्तु उसके पास सृजन तथा सभी प्रत्यक्ष अस्तित्व से जुड़े कार्यों का संचालन है। ईश्वर ब्रह्म से उपजा है और उससे अलग नहीं है। दूसरे ग्रन्थों में, शक्ति अथवा दिव्य माँ शब्द उसके लिए प्रयुक्त हुआ है जो संसार का सृजन और संचालन करती हैं। जब ब्रह्म निष्क्रिय हो तो उसे निर्गुण और सक्रिय तो सगुण माना जाता है जो संसार का सृजन व संचालन करता है। एक और दृष्टिकोण के अनुसार, सगुण ब्रह्म ईश्वर है। इस प्रकार ब्रह्म में वही सत्य है जिसके दो पक्ष हैं-सक्रिय और निष्क्रिय। ईश्वर भी निराकार है और बारी-बारी से असंख्य रूप ले सकता है। वैष्णव परम्परा में ईश्वर को 'भगवान' कहते हैं। इसके अतिरित परेमश्वर (परम ईश्वर) और परमात्मा (परम आत्मा) शब्द का प्रयोग भी होता है।

ब्रह्म निराकार, निर्गुण, परम सत्य के रूप में सक्रिय और निष्क्रिय हो सकता है और ब्रह्माण्ड का सर्जक, पालक और संचालक भी हो सकता है यह विरोधाभास भी हिन्दू धर्म में अद्वितीय है कि ब्रह्म निराकार होने के साथ-साथ असंख्य रूपों वाला भी हो सकता है। चूंकि ब्रह्म एक है इसलिए वही सत्य सक्रिय और निष्क्रिय, निर्गुण या फिर ब्रह्माण्ड के सभी रूपों वाला हो सकता है। परवर्ती दर्शनों* ने ईश्वर की अवधारणा पर चर्चा और विचार किया है और उनके बीच परस्पर मतभेद हैं। हम आगे एक अध्याय में इस विषय पर चर्चा करेंगे।

वेदों और उपनिषदों में सर्जक के रूप में ईश्वर का अधिक दार्शनिक विचार मिलता है। ऐत्तरेय उपनिषद दावा करता है, 'ॐ! आरम्भ में, केवल आत्मा का ही

---

* यदि ब्रह्माण्ड का अर्थ सभी अलौकिक अस्तित्वों-भौतिक, लौकिक, स्थानिक, मानसिक, भावात्मक, स्वप्न तथा समय और काल की सीमा से परे बसने वाले अन्य लोकों से है-तो हम अलौकिक अस्तित्व के स्थान पर 'ब्रह्माण्ड' शब्द का प्रयोग कर सकते हैं।

* प्राचीन धर्म ग्रन्थों में, छह प्रमुख दर्शनों में से, केवल दो ने ईश्वर के विचार को सम्पूर्ण हृदय से स्वीकारा है। दर्शन पर आगामी अध्याय में इन पर विस्तार से चर्चा होगी।

* हिन्दू धर्म में, फ़िलॉसफी को ही दर्शन कहते हैं। इनमें से छह ही जीवित हैं और आगे आने वाले एक अध्याय में इन पर विस्तार से चर्चा होगी।

अस्तित्व था। उसके बीच कुछ नहीं था। इसने सोचा, 'मुझे लोकों का निर्माण करना है'। मुंडक उपनिषद कहता है, '*ॐ! ब्रह्म देवानाम् प्रथमा स्वयंभू, विश्वस्य कर्ता भुवनस्य गोप्ता*' जिसका अर्थ है, 'ॐ! ब्रह्म ही संसार की सबसे पहली अभिव्यक्ति, सर्जक और संरक्षक है।' मुंडक उपनिषद कहता है कि आत्मा ही सारे प्रकट जगत और प्रत्यक्ष अस्तित्व का मूल है। इस प्रकार, यहाँ यह विचार दिया गया है कि ईश्वर ब्रह्म से उपजा है।

ईश्वर के विषय में दर्शन की विभिन्न शाखाओं के भिन्न-भिन्न मत हैं। सांख्य, वैशेषिक और पूर्व मीमांसा या तो ईश्वर के बारे में चुप हैं, इस विचार को प्रासंगिक नहीं मानते अथवा पूरी तरह से खण्डन करते हैं। न्याय ने इस संकल्पना पर चर्चा की है, और फिर आगे आने वाले विद्वानों ने ईश्वर के विचार को स्वीकार किया है। योग और उत्तर मीमांसा दर्शनों ने स्पष्ट तौर पर ईश्वर के विचार को स्वीकार किया है। इस प्रकार, छह दर्शन ईश्वर के विषय में एकमत नहीं हैं। बाद में आने वाले दर्शन जैसे अद्वैत, विशिष्टाद्वैत और द्वैत भी ईश्वर की अवधारणा पर अलग-अलग राय रखते हैं। 'दर्शन' नामक अध्याय में इस विषय पर विस्तार से चर्चा की गयी है। यद्यपि चार्वाक जैसे अन्य दर्शन भौतिकवादी हैं जिन्होंने ईश्वर की अवधारणा का खण्डन किया।

यहाँ देखा जा सकता है कि धर्मग्रन्थों के अनुसार, निश्चित रूप से ईश्वर को परिभाषित करना कितना कठिन है। हालाँकि, सामान्यतः अधिकतर लोग ईश्वर में विश्वास रखते हैं। ईश्वर के तीन पक्ष हैं: ब्रह्मा (उपनिषदों के परम ब्रह्म से भिन्न) ब्रह्माण्ड के सर्जक हैं, विष्णु ब्रह्माण्ड के पालक और रुद्र अथवा शिव ब्रह्माण्ड के संहारक हैं। शैव परम्परा में, शिव को योगियों के ईश्वर के रूप में देखा जाता है जो हमारे भीतर बसी बुराई को नष्ट कर, शुद्धि करते हैं और ब्रह्म की ओर ले जाते हैं। ब्रह्मा, विष्णु और महेश तीनों संयुक्त रूप से त्रिदेव या त्रिमूर्ति कहलाते हैं। इनके आसपास अनेक कथाओं, किंवदन्तियों तथा पौराणिक प्रसंगों का ताना-बाना गुँथा है जिन्हें पुराण नामक धर्मग्रन्थों में विस्तार से दिया गया है। इसके अतिरिक्त, अन्य कई देवी-देवता भी हैं। इन तीनों देवताओं की पत्नियाँ-सरस्वती (ज्ञान की देवी), लक्ष्मी (धन की देवी), पार्वती (शक्ति व ऊर्जा की प्रतीक दिव्य माँ)-भी अपने दैवीय रूप में पूजी जाती हैं। इसके अतिरिक्त करोड़ों अन्य देवता हैं। यद्यपि ये देवी और देवता धरती पर कभी नहीं जन्मे, परन्तु फिर भी इनके मानवीय पक्ष, आकार और गुण हैं। इन्हें पूजा जा सकता है और इनके लिए अनेक मन्दिर बनवाए गये हैं। इसके अतिरिक्त भी अन्य देवी और देवता हैं जिनका उल्लेख किन्हीं

प्राचीन ग्रन्थों में नहीं मिलता परन्तु विभिन्न प्रान्तों में स्थानीय लोक आस्थाओं और परम्पराओं के अनुरूप उनके भी मन्दिर बनवाए गये हैं। आधारभूत विश्वास यही है कि ईश्वर के असंख्य रूप और गुण हैं इसलिए वह स्वयं को असंख्य रूपों में अभिव्यक्त कर सकता है।

वेदों में, इन्द्र, अग्नि और सूर्य आदि अनेक देवों के सन्दर्भ मिलते हैं। देव का शाब्दिक अर्थ है, 'जो उज्ज्वल है'। ये देव संसार के सर्जक नहीं और करोड़ों पौराणिक देवी और देवताओं से भी अलग हैं। ये वैदिक देव मनोवैज्ञानिक बल अथवा ऊर्जायें हैं जिनका प्राय: वैदिक अनुष्ठानों के माध्यम से आवाह्न किया जाता है जिसके लिए उपयुक्त मन्त्रों अथवा पवित्र वर्णों का प्रयोग होता है। इन्हें एक व्यक्ति अपने भीतर प्रकट भी कर सकता है। यद्यपि, ये निराकार हैं और इन वैदिक देवताओं के नाम कोई मन्दिर समर्पित नहीं किये गये। भले ही प्रतिदिन इनकी पूजा न होती हो, परन्तु वैदिक अनुष्ठान करते समय इनका आवाह्न अवश्य होता है।

भगवद् गीता में कहा गया है कि अप्रकट को जानना बहुत कठिन है और प्रकट अथवा निजी देवता को जानना सरल है। *क्लेशोऽधिक्तरस तेषाम् अव्यक्तसक्त-चेतसाम्; अव्यक्त हि गतिर दु:खं देहवद्धिर अवाप्यते।।* इसका अर्थ है कि जिन लोगों का मन अव्यक्त से जुड़ा है, उनके लिए प्राप्ति का मार्ग कष्टों से भरा है। देहधारी प्राणियों के लिए उस अव्यक्त की पूजा करना अत्यंत कठिन है। यह भी कहा जा सकता है कि इस निजी देवता के माध्यम से एक व्यक्ति अव्यक्त ब्रह्म तक पहुँच सकता है। निजी देवता की परिभाषा नहीं दी गयी, उसे साधक की व्याख्या पर छोड़ दिया गया है। चूंकि एक ईश्वर का रूप व आकार होता है, तो भक्तों को उसका पूजन करना आसान लगता है।

हिन्दू धर्म के विशिष्ट लक्षणों में ईश्वर के अवतार की अवधारणा भी अनूठी है। *अवतार* का शाब्दिक अर्थ है, 'अवतरित होना', यह ईश्वर के अवतरण का प्रतीक है। निराकार, निर्गुण ब्रह्म धरती पर जन्म ले कर अवतार के रूप में वास करते हैं। केवल एक और धर्म ऐसा है जिसमें ईसाई धर्म जैसी अवधारणा है जहाँ ईसा मसीह को भगवान का अवतार माना जाता है, वे *परमेश्वर के पुत्र* कहलाते हैं। हालाँकि हिन्दू धर्म में अनेक अवतार हुए हैं। गरुड़ पुराण से हमें दस अवतारों का विवरण मिलता है परन्तु दस अवतारों की इस सूची में कई रूपान्तर मिलते हैं। कुछ जगहों पर बुद्ध को अवतार के रूप में सम्मिलित किया गया है और कुछ जगह पर नहीं लिया गया। भागवतम् या भागवत पुराण (भगवद् गीता से अलग) में चौबीस अवतारों का वर्णन आता है। कहीं-कहीं अन्य अवतारों का भी सन्दर्भ मिलता है। दो सुप्रसिद्ध

अवतार राम और कृष्ण हैं; राम ऐतिहासिक महाकाव्य रामायण से सम्बन्धित हैं और कृष्ण भगवद् गीता, महाभारत और भागवत् पुराण में आते हैं।

यद्यपि अवतार के पीछे का विचार अधिक महत्त्वपूर्ण है। अवतार पूर्ण रूप से प्रबुद्ध जीव है जो पूरी तरह से ब्रह्म के समान है। उनके पास ऐसी असाधारण अलौकिक शक्तियाँ होती हैं जो अन्य प्रबुद्ध ऋषियों के पास नहीं। स्वामी विवेकानन्द, आधुनिक युग के सन्त-विद्वान, कहते हैं, 'अवतार कपालमोचन हैं यानी वे लोगों के भाग्य बदल सकते हैं...मनुष्य का भाग्य केवल ईश्वर ही बदल सकता है। भले ही कोई साधु कितना भी उन्नत क्यों न हो, वह इस अद्वितीय पद को प्राप्त करने का दावा नहीं कर सकता।[1] इस अर्थ में, अवतार ईश्वर की भान्ति ही भूमिका निभाते हैं, संसार के स्वामी-फलदाता, जो मनुष्य को उसके कर्मों का फल देते हैं। अवतार केवल इच्छा मात्र, दृष्टि अथवा स्पर्श से आध्यात्मिकता का वरदान देते हुए चेतना को जाग्रत कर सकते हैं। उदाहरण के लिए, कृष्ण भगवद् गीता में अर्जुन को अपने दिव्य रूप का दर्शन करवाते हैं, जिसे देख कर वह अभिभूत हो उठता है। उनकी आध्यात्मिक शक्ति का एक और पक्ष यह है कि वह सदियों तक बनी रहती है। विवेकानन्द कृष्ण के सन्दर्भ में कहते हैं, 'पाँच हज़ार वर्ष बीत चुके हैं और उन्होंने करोड़ों और करोड़ों लोगों को प्रभावित किया है।'[2] वे बुद्ध को, 'मनुष्य के समाज पर छाने वाली सबसे विशाल आध्यात्मिक लहर[3] की संज्ञा देते हैं और ईसा मसीह के विषय में कहते हैं, 'उनके तीन वर्ष के मन्त्रालय एक दबे हुए केन्द्रित युग के समान थे, जिसने खुल कर प्रकट होने में 1900 वर्ष का समय लिया।'[4] अवतार मानवजाति का मोक्षदाता भी होता है। एक और अवतार, राम को प्रायः *पतित पावन* कहते हैं, जो गिरे हुओं को पवित्र कर देते हैं। जीसस भी गिरे हुओं के मुक्तिदाता हैं। कृष्ण कहते हैं (गीता में, अध्याय-18, श्लोक 66), 'मेरी शरण में आओ और मैं सभी पापों से तुम्हारा उद्धार कर दूँगा।' सदियों और सहस्राब्दियों से साधक उन्हें पूजते आये हैं, उनकी शिक्षाओं का पालन करते आये हैं। अन्य सन्तों के विषय में ऐसा नहीं हुआ। विवेकानन्द कहते हैं, 'ब्रह्माण्ड के सर्वव्यापी ईश्वर को तब तक नहीं देखा जा सकता, जब तक वह पृथ्वी के इन विशाल दीपकों–पैगंबरों, मनुष्य-देवताओं, अवतारों व ईश्वर के मूर्तिमान रूपों में प्रतिबिंबित न हो।'[5] अवतार एक प्राचीन सातत्य का अंग हैं। कृष्ण प्राचीन ऋषियों का हवाला देते हुए कहते हैं, 'मैंने यह ज्ञान विवस्वान् को दिया, जिसने इसे मनु को और मनु ने इक्ष्वाकु को दिया।' बुद्ध अपने से पूर्व चौबीस बुद्धों का सन्दर्भ देते हैं। ईसा मसीह प्राचीन पैगंबर अब्राहम का हवाला देते हुए कहते हैं, 'अब्राहम से पहले मैं हूँ।' और वे यह भी

कहते हैं, 'यह मत सोचो कि मैं पैगंबरों के नियम समाप्त करवाने आया हूँ; मैं उन्हें समाप्त करवाने नहीं, पूरा करवाने आया हूँ।*

विविध धर्मग्रन्थों में *ज्ञान, भक्ति, योग, संन्यास, त्याग, मन्त्र, जीव, जप, संस्कार* और *तपस्* जैसे शब्दों का प्रयोग होता है। *ज्ञान* शब्द का प्रयोग वेदों और उपनिषदों तथा उनके बाद आने वाले ग्रन्थों में भी हुआ है। इसके विभिन्न अर्थ अथवा निहितार्थ हैं, जो प्राय: सन्दर्भ पर निर्भर करते हैं। यदि गहन रूप से देखें तो इसका अभिप्राय दैवीय ज्ञान या ईश्वरीय बोध अथवा ब्रह्म से है। ज्ञान शब्द किसी विषय के ज्ञान या जानकारी के लिए भी प्रयुक्त होता है, चाहे वह सांसारिक हो या आध्यात्मिक। भक्ति का सम्बन्ध ईश्वरीय भक्ति से है, जो प्राय: एक निजी देवता होता है। योग शब्द का प्रयोग सन्दर्भों की व्यापक विविधता में होता है। मूल शब्द है, 'युज्', जिसका अर्थ है, 'संयोग', इस प्रकार योग का अर्थ हुआ, संयोग। यह शब्द अनेक दर्शनों के साथ भी प्रयुक्त होता है जैसे सांख्य, ज्ञान, भक्ति, राज और कर्म योग। योगासनों के माध्यम से किये जाने वाले शारीरिक व्यायाम को हठयोग कहते हैं। यद्यपि लोकप्रिय कल्पना में इस तरह के शारीरिक व्यायाम को ही 'योग' समझ लिया गया है, आध्यात्मिक ग्रन्थों में इसका प्रयोग इस सन्दर्भ में नहीं किया गया। इसी प्रकार 'योगी' शब्द भी आता है, जो किसी ऐसे व्यक्ति के लिए प्रयुक्त होता है जो किसी एक योग का अभ्यास करता है अथवा उसने संयोग का लक्ष्य प्राप्त कर लिया है।

'संन्यास' भी एक और महत्त्वपूर्ण शब्द है। इसका अर्थ है कि एक आध्यात्मिक साधक ने सांसारिकता का त्याग कर दिया है। संन्यास की यह परम्परा अन्य धर्मों में भी रही है जैसे बौद्ध धर्म में भिक्खु,* जैन धर्म में साधु (और हिन्दू धर्म में भी), जैन धर्म में साध्वियाँ और ईसाई धर्म में मॉन्क और नन्स। संन्यास का अर्थ बहुत गहरा और इसकी अनेक परिभाषाएँ हैं। वेदों ने सांसारिक क्रिया-कलापों का त्याग कर, आध्यात्मिक सत्य का संधान करने वाले व्यक्ति को मुनि कहा है। मुंडक उपनिषद में, मुंडक शब्द का अर्थ है, 'मुंडा हुआ सिर', यह उन व्यक्तियों की ओर संकेत करता है जिन्होंने सांसारिक जीवन का त्याग किया है। भवगद् गीता में इसका

---

* पैगंबर मुहम्मद, गुरु नानक और महावीर ने स्वयं को अवतार नहीं कहा, यही कारण है कि इस स्थान पर उनका उल्लेख नहीं है। यद्यपि बुद्ध भी स्वयं को अवतार की श्रेणी में नहीं मानते परन्तु कुछ हिन्दू ग्रन्थों ने उन्हें भी अवतार रूप में लिया है।

---

* 'भिक्खु' शब्द 'भिक्षु' से मिला है, यह एक संस्कृत शब्द है जिसका अर्थ है, 'भिक्षा पर पलने वाला संन्यासी'।

उल्लेख बार-बार हुआ है। व्युत्पत्ति के अनुसार, मूल शब्द *'सम्-नि-असा'* से आया है जिसमें *सम्* यानी सभी, *नि* यानी निकट अथवा नीचे, और असा का अर्थ फेंकने के सदंर्भ में आया है।

इसका सम्बन्ध पूर्ण त्याग से है। उपनिषदों का एक समूह संन्यास उपनिषद कहलाता है। संसार का परित्याग करने वाला व्यक्ति 'संन्यासी' कहलाता है। सामान्यत: गुरु द्वारा एक औपचारिक समारोह आयोजित किया जाता है जिसके बाद औपचारिक रूप से संन्यास की दीक्षा दी जाती है। संन्यासी प्राय: भगवा वस्त्र धारण करता है।* यद्यपि, वस्त्र, मुंडा हुआ सिर आदि बाह्य छवि से जुड़े नियमों को थोपा नहीं जाता या उनका कड़ाई से पालन नहीं होता।

गीता में, *संन्यासी* और *योगी* शब्द का उल्लेख बार-बार आया है। कुछ विवरणों में निम्नलिखित अंश सम्मिलित हैं:

अनाश्रित: कर्मफलं कार्य कर्म करोति य: ।
स संन्यासी च योगी च न निरग्निर्न चाक्रिय: ।। (6.1)

(वह मनुष्य जो कर्मफल की कामना से रहित हो कर अपने नियत कर्मों का पालन करता है, वही वास्तव में संन्यासी और योगी है। वह नहीं, जो अग्नि नहीं जलाता और शारीरिक कर्म नहीं करता।)

इस जगह 'अग्नि' से तात्पर्य उस परम्परा से है जहाँ संन्यासी अग्निहोत्र करते हुए भी उसके सांसारिक कर्मफल की कामना रखता है। इस जगह केवल अनुष्ठान अथवा कर्म करने के बजाये आन्तरिक त्याग पर बल दिया गया है। निम्नलिखित श्लोक में यही कहा गया है:

यं संन्यासमिति प्राहुर्योगं तं विद्धि पाण्डव।
न ह्यसंन्यस्तसंकल्पो योगी भवति कश्चन।। (6.2)

(हे पांडव (अर्जुन), यह जान लो कि संन्यास किसे कहते हैं! कोई भी सांसारिक कामनाओं का त्याग किये बिना योगी नहीं हो सकता।)

हालाँकि संकल्प शब्द का अनुवाद होता है, 'सांसारिक इच्छाएँ', इसका शाब्दिक अर्थ होगा, 'कोई उद्देश्य प्राप्त करने का दृढ़ संकल्प'। चूंकि सारे उद्देश्य आत्मबोध को साकार करने के लिए अप्रासंगिक हैं इसलिए हमें ऐसे किसी भी अभिप्राय का त्याग करना चाहिए। यद्यपि हम फिर भी सहज भाव से सामने आने वाला कार्य कर सकते हैं, जैसे कि पिछले श्लोकों में बताया गया है। गीता में यह भी

* बौद्ध, ईसाई और जैन भिक्षु-भिक्षुणियों का एक सम्प्रदाय (श्वेतांबर) श्वेत या रंगीन वस्त्र धारण करता है।

कहा गया है, '*ज्ञेय: स नित्यसंन्यासी, यो न द्वेष्टि न काङ्क्षति*', जिसका अनुवाद इस प्रकार हो सकता है, 'उसे संन्यासी के रूप में जानें जो न कभी घृणा करता है और न ही कामना करता है।' संन्यासी और योगी के लिए सांसारिक कामनाओं के त्याग पर बल दिया गया है। अन्य कलापों की ओर निरन्तर आकर्षित रहने वाला मन सरलता से ईश्वर अथवा ब्रह्म पर ध्यान नहीं लगा सकेगा।

इससे सम्बन्धित शब्द है, 'त्याग', जिसका अर्थ भी यही है, 'त्याग करना अथवा छोड़ देना'। गीता में बार-बार इसका उल्लेख आता है, '*सङ्गं त्यक्त्वा फलं चैव*' (आसक्ति और कर्म फल का त्याग) और '*सर्वधर्मम परित्यजय*' (सभी धर्मों का परित्याग)। सङ्गं त्यक्तवा यानी आसक्ति के त्याग के विषय में बार-बार कहा गया है। इसके अतिरिक्त कर्म फल त्यक्त्वा यानी कर्मफल के त्याग का भी निरन्तर उल्लेख है। कैवल्य और महानारायण उपनिषद में एक प्रसिद्ध श्लोक है जो कहता है, त्यागेनैके अमृतत्व, जहाँ त्यागेन से तात्पर्य है, त्याग से ही और एका: अमृतत्व अर्थात, अकेले ही आप मोक्ष प्राप्त कर सकते हो। इस प्रकार त्याग का अर्थ हुआ छोड़ना जबकि संन्यास में सांसारिक क्रिया-कलापों के और अधिक औपचारिक व सम्पूर्ण परित्याग का उल्लेख है।[6]

धर्मग्रन्थों में प्राय: 'मन्त्र' शब्द का प्रयोग होता है। कई बार मन्त्र की परिभाषा देते हुए कहा जाता है, '*मननात् त्रायते इति मन्त्र:*' अर्थात, जिसके निरन्तर चिन्तन, मनन और ध्यान से मन को सुरक्षा मिले, वही मन्त्र है। यह किसी पवित्र मन्त्र अथवा वर्ण पर निरन्तर मनन का सूचक है जो मन को सुरक्षा प्रदान करते हुए, अन्तत: प्रबोधन की ओर ले जाता है। मान्यता है कि मन्त्रों में आध्यात्मिक शक्ति पाई जाती है। उपनिषदों, भगवद् गीता तथा ब्रह्म सूत्रों में 'ॐ' मन्त्र का बार-बार उल्लेख हुआ है। वेदों में सम्मिलित सुप्रसिद्ध मन्त्रों में, चौबीस वर्णों वाले गायत्री मन्त्र तथा 'ओम नम: शिवाय' व 'ॐ नमो नारायणाय' जैसे छोटे मन्त्र भी शामिल हैं। वास्तव में, मन्त्रों के पीछे एक सम्पूर्ण गुह्य विज्ञान छिपा है जो प्राय: गुरु द्वारा शिष्य को निजी रूप से सौंपा जाता है। केवल प्रबुद्ध और अधिकारी व्यक्ति ही शिष्य को पवित्र व शक्तिशाली मन्त्र की दीक्षा दे सकता है। जब गुरु अपने शिष्य को पवित्र मन्त्र की दीक्षा देता है, तभी उस मन्त्र में वास्तविक शक्ति का संचार होता है। यद्यपि, कुछ मन्त्र जैसे 'ॐ' आन्तरिक रूप से ही शक्तिशाली होते हैं।

पवित्र शब्द अथवा ध्वनि का विचार बहुत महत्त्वपूर्ण है। बाइबिल में कहा गया है, 'आरम्भ में केवल शब्द था और शब्द परमेश्वर के पास था, और शब्द परमेश्वर था।' ऐसा ही एक और पवित्र शब्द है, 'एमन', जो सुनने में 'ॐ' जैसा

लगता है। इस्लाम और यहूदी धर्म में, कई बार 'आमीन' शब्द का प्रयोग होता है। जैसा कि पहले भी कहा गया, उपनिषद और भगवद् गीता में बार-बार कहा गया है कि ध्वनि प्रतीक 'ॐ' ब्रह्म है, प्रकट तथा अप्रकट जगत। यह भी माना जाता है कि कुछ शब्द प्रतीकों अथवा मन्त्रों में आध्यात्मिक शक्ति पाई जाती है। हिन्दू धर्म में, अनेक मन्त्र हैं। इनमें से कुछ धर्म ग्रन्थों में उपलब्ध हैं जबकि कुछ गुरु-शिष्य परम्परा से प्रेषित होते हैं। कहते हैं कि यदि किसी प्रबुद्ध गुरु से मन्त्र दीक्षा मिले तो वह विशेष रूप से शक्तिशाली होता है और आध्यात्मिक पथ पर साधक की यात्रा को गति प्रदान कर सकता है।

मन्त्र के साथ ही 'जप' की अवधारणा भी निकट सम्बन्ध रखती है, जिसमें मन्त्र को बार-बार दोहराया जाता है।* मन्त्र के जाप से सांसारिक, भौतिक, मनोवैज्ञानिक, मानसिक, भावात्मक और आध्यात्मिक लाभों की प्राप्ति होती है। इसका एक तरीका तो यह है कि आप शान्त भाव से बैठ कर मन्त्र जाप करें, मन्त्र के अर्थ पर ध्यान एकाग्र करें। कहते हैं कि इससे मन को शान्त और केन्द्रित करने में सहायता मिलती है और यही ध्यान के चरणों में से एक भी है। पतंजलि योग सूत्रों में, 'तदर्थभावनाम्' शब्द के साथ, जप अथवा मन्त्र के दोहराव की ओर संकेत किया है, जिसमें कहा गया है कि हमें मन्त्र के अर्थ पर ध्यान देना चाहिए। भगवद् गीता कहती है, यज्ञ नाम जप यज्ञोस्मि अथवा यज्ञों में, मैं जप हूँ।

इसके साथ ही, जप के उद्‌देश्य अथवा अभिप्राय की भी निरन्तर जांच की जानी चाहिए। किसी भौतिक अथवा सांसारिक उद्‌देश्य अथवा किसी गुप्त इच्छा के साथ किया गया जप भले ही उद्‌देश्य पूर्ण कर दे परन्तु यह मन को भ्रष्ट कर देता है। यद्यपि, यदि जप को आध्यात्मिक उद्‌देश्य के साथ करें तो यह आध्यात्मिक प्रगति अथवा प्रबोधन के भी योग्य होता हैं हालाँकि जप ही आध्यात्मिक प्रगति का मार्ग नहीं है। इसके लिए आध्यात्मिक जीवन में अन्य उपाय भी किये जा सकते हैं।

वेदों तथा उसके परवर्ती धर्म ग्रन्थों में 'यज्ञ' शब्द का प्रयोग भी हुआ है। प्राय: इसे 'बलिकर्म' भी कहते हैं। हालाँकि इन शब्दों में थोड़ी अर्थ-भिन्नता हो सकती है। इसका वेदों में प्रयोग हुआ और इसका सम्बन्ध अग्नि अथवा अग्नि बलिकर्म से है। परन्तु यह बलिकर्म क्या है? इस बलिकर्म में अनुष्ठानों व पवित्र मन्त्रों के उच्चारण के साथ सर्वोच्च शक्तियों अथवा देवताओं का बाह्य रूप से आवाह्न किया जाता है, उसी बलिकर्म के माध्यम से इन शक्तियों को अपने भीतर जागृत करना भी इसमें

---

* बौद्ध व ईसाई धर्म में भी पवित्र मन्त्र अथवा वर्णों का उच्चारण होता है, पवित्र मन्त्रों को जपने के लिए माला का प्रयोग किया जाता है। इस्लाम में भी मिस्बाह या तबीश का इस्तेमाल होता है।

ही शामिल है। कांची मठ के भूतपूर्व प्रमुख आदरणीय चन्द्रशेखर सरस्वती कहते हैं, 'यज्ञ कर्म में वेद मन्त्रोच्चार के साथ अग्नि के माध्यम से कुछ अनुष्ठान किये जाते हैं।'[7] इसे पूर्ण श्रद्धा और एकाग्रता से किया जाता है।

धर्म ग्रन्थों में, यज्ञ शब्द का प्रयोग भी विविध सन्दर्भों में हुआ है। भगवद्गीता में, इस शब्द का प्रयोग निरन्तर हुआ है। कहा गया है, 'यज्ञार्थात् कर्मणो' (कर्म को यज्ञ अथवा समर्पण जान कर करो), 'यज्ञः कर्म समुद्भवः (यज्ञ कर्म से ही उत्पन्न होता है अथवा जन्म लेता है।) गीता के एक और श्लोक में यज्ञ शब्द का प्रयोग बार-बार हुआ है:

द्रव्ययज्ञास्तपोयज्ञा योगयज्ञास्तथापरे।
स्वाध्यायज्ञानयज्ञाश्च यतयः संशितव्रताः।।

(4.28)

(कुछ लोग यज्ञ के रूप में अपनी संपत्ति अर्पित करते हैं, जबकि कुछ दूसरे यज्ञ के रूप में कठोर तप करते हैं। कुछ यज्ञ के रूप में योग का अभ्यास करते हैं, कुछ धर्मग्रन्थों का अध्ययन करते हैं और कठोर संकल्प करते हुए ज्ञान अर्पण करते हैं।)

इस जगह सम्पदा, संयम, तप, योग अभ्यास, ज्ञान आदि सभी यज्ञ के रूप में समर्पित हैं। अंग्रेज़ी में 'बलिदान' शब्द का अर्थ बहुत सीमित रूप में है।

बृहद सामाजिक अथवा राजनीतिक उद्देश्य से की गयी कोई भी गतिविधि यज्ञ ही कहलाती है ओर वेदों में अनेक यज्ञों के प्रसंग मिलते हैं जैसे अश्वमेधयज्ञ और राजसूय यज्ञ; जो सम्राटों व राजाओं द्वारा सम्पन्न किये जाते थे। इस प्रकार 'यज्ञ' शब्द को अंग्रेज़ी में सटीक रूप से परिभाषित करना कठिन है। यज्ञ अनेक रूप लेता है और यह एक व्यक्ति के प्रयास, ज्ञान, कार्य, संयम, ईश्वर या ब्रह्म के प्रति मन का अर्पण है। माना गया है कि उचित रीति से किया गया यज्ञ न केवल साधक के उद्देश्य को पूर्ण करता है अपितु साधक की आन्तरिक शुद्धि का माध्यम भी बनता है।

तपस् का विचार भी इससे ही जुड़ा है, जिसका शाब्दिक अर्थ है, 'ताप' या 'जलना'। यह संयम व तप की ओर संकेत करता है। इसमें साधक द्वारा उद्देश्य प्राप्ति के लिए किये गये सभी प्रयास भी शामिल हैं। यह मन को निरन्तर एकाग्र रखने का भी सूचक है, कई बार मानसिक और शारीरिक कठिनाईयों को भी उपेक्षित किया जाता है। कुछ साधक शारीरिक रूप से तपस्या करते हैं, हालाँकि अन्य धर्मग्रन्थों में इसे निरुत्साहित किया गया है। तपस् में अनुशासन, वाणी पर संयम, खान-पान, निद्रा तथा मन का नियन्त्रण भी शामिल है। तपस्या करना ही तपस् है। प्रायः यही

माना जाता है कि आध्यात्मिक साधक को तपस् के माध्यम से प्रयत्न करने होते हैं। आमतौर पर, साधक वही करता है, जो उसकी प्रवृत्ति उसे भीतर से करने को प्रेरित करती है, कई बार वह ऐसा करने के लिए अपने गुरु का मार्गदर्शन भी लेता है। एक लोकप्रिय वाक्य है, 'जप-तप'; जिसका अर्थ है तपस्या के रूप में जप करना।

'संस्कार' शब्द के कम से कम अन्य दो अर्थ हैं। वैदिक सन्दर्भ में, यह जीवन की अवस्थाओं से जुड़े संस्कारों या अनुष्ठानों से सम्बन्ध रखता है जिनमें विवाह, बच्चे का नामकरण, अन्नप्राशन समारोह, छात्र जीवन में प्रवेश आदि सम्मिलित हैं। बृहद अर्थ में, 'संस्कार' शब्द का अर्थ है, मन पर पड़ी हुई छाप। सारी क्रिया, प्रतिक्रिया, विचार, स्वप्न, भाव व अनुभव मन में छाप या संस्कार अंकित करते हैं। इनमें से कुछ व्यक्ति को ज्ञात होते हैं जिन्हें चेतन कहा जाता है, परन्तु इनमें से अधिकतर अर्द्धचेतन या अवचेतन होते हैं। ये संस्कार हमारी वैयक्तिक्ता तथा चरित्र को परिभाषित करते हैं और हमसे ऐसे कार्य करवाते हैं, जिन्हें करने के बाद हम स्वयं ही आश्चर्यचकित हो जाते हैं। हालाँकि जीव नये संस्कार पैदा कर सकते हैं। अच्छे संस्कारों से अच्छे कर्म उपजते हैं। अच्छे संस्कार बना कर और बुरे संस्कारों को दुर्बल बनाते हुए मन को नियन्त्रित कर सकते हैं, अन्ततः मन से अच्छे और बुरे, सभी संस्कारों को मिटाने के बाद, सत्य को जान कर प्रबुद्ध हो सकते हैं।*

कर्म भी ऐसा ही एक शब्द है जिसका प्रयोग निरन्तर वेदों से ले कर उपनिषदों और परवर्ती भाष्यों और टीकाओं आदि सभी ग्रन्थों में होता आया है। वैदिक ग्रन्थों में, प्रायः इसका अर्थ वैदिक कर्म अथवा अनुष्ठानों के रूप में होता है और 'वैदिक कर्म' वाक्यांश अब भी प्रचलन में है।

वेदों के पहले दो भाग, कर्म कांड कहलाते हैं। वैदिक कर्म करने से स्वास्थ्य, संपदा, धन, सफलता, मानसिक शान्ति व शुद्धि आदि लाभ प्राप्त होते हैं। यद्यपि केवल उन्हें संपादित करने से ही परम यथार्थ को नहीं पाया जा सकता। इस प्रकार इन्हें ज्ञान की तुलना में, 'कर्म' कहा गया, जो हमें परम बोध की ओर ले जाता है। पारंपरिक रूप से, संन्यासी अपनी जाति के साथ-साथ सभी वैदिक कर्मों व अनुष्ठानों का भी त्याग करता है।

---

* बाइबिल में भी एक ऐसी ही अवधारणा आती है जिसमें ईसा किसी से कहते हैं, 'इस उपहार को बलिवेदी के पास ही छोड़ कर जाओ, पहले अपने भाई के समझौता करो और फिर ईश्वर को चढ़ावा दो।' (मैथ्यू 5.24)। किसी के साथ विवाद का नकारात्मक संस्कार उपासक को चिंतित करता है। ईश्वर भी ऐसे व्यक्ति का चढ़ावा स्वीकार नहीं करता। हिन्दू धर्म में, कहते हैं किनकारात्मक संस्कारों को हटा देना चाहिए या उन्हें हल कर देना चाहिए।

'कर्म' शब्द के कम से कम दो अन्य अर्थ हैं। एक स्तर पर, इसका सीधा सा अर्थ है, कार्य। उदाहरण के लिए, ईशा उपनिषद में कहा गया, *'कुर्वन्नेवेह कर्माणि* अथवा केवल कर्म मात्र करने से' और 'न कर्मः लिप्यते नरे', जिसका अर्थ है कि कर्म (इस जगत में व्याप्त प्रभु की चेतना के साथ कर्म करना) करने से मनुष्य बद्ध नहीं होता। यहाँ तक कि परवर्ती ग्रन्थों जैसे भगवद् गीता में भी, कर्म का अर्थ कार्य करने से ही लिया गया। एक और स्तर पर, कर्म' कारण और प्रभाव के सुविज्ञ नियम का भी सूचक है जो उस कर्म के कारण हमारे ऊपर आता है। भगवद् गीता में इसे विस्तार से बताया गया है। प्रायः कर्म का प्रभाव हमें बाँधता है क्योंकि इससे कारण और प्रभाव की शृंखला आरम्भ होती है, हर कर्म दूसरे कर्म की ओर ले जाता है जिससे अगला कर्म आरम्भ होता है। हालाँकि उचित आचरण के साथ किया गया कर्म-फल की इच्छा के त्याग के साथ किया गया कर्म-हमें नहीं बाँधता। कर्म में हमारे कर्मों के फल शामिल हैं जैसे आनन्द, दुख, विजय, पराजय, पुरस्कार और दंड जिससे मन पर छाप अंकित होती हैं यही छाप आनन्द, विजय व पुरस्कार आदि के अन्य कर्मों की ओर ले जाती है। यहाँ तक कि असफलता, अरुचि और दंड के असुखद परिणामों से बचाव भी एक कर्म माना जाता है। जब कर्मफल त्याग दिया जाता है और कर्म को अनासक्त भाव से किया जाये या किसी आवश्यक कर्म के रूप में किया जाता है तो इससे मन पर गहरी छाप अंकित नहीं होती। इससे आगे होने वाले कर्मों की शृंखला टूटती है और अन्ततः हम मुक्त होते हैं।

कई बार *कर्म* शब्द का अभिप्राय, किसी मनुष्य द्वारा किये गये कुल कर्मों से भी लिया जाता है। प्रचलित रूप में, कर्म शब्द को भाग्य अथवा व्यक्ति के पिछले कर्मों की तरह भी माना जाता है जिनके माध्यम से मनुष्य का वर्तमान बनता है। अगर वह बहुत शक्तिशाली हो या कष्ट का कारण बने तो लोग कहते हैं, 'मेरे कर्म या भाग्य'। परन्तु धर्म ग्रन्थों में इसका ऐसा अर्थ नहीं है। कुछ विद्वान-सन्तों का कहना है कि कर्म कोई भाग्यवादी सिद्धान्त नहीं बल्कि यह इसके ठीक विपरीत है। अगर हमारे वर्तमान कर्म हमें इस अवस्था तक लाए हैं, तो हमारे मौजूदा और भावी कर्म एक कहीं बेहतर अवस्था बना सकते हैं।

'जीव' एक और शब्द है जो प्रायः व्यक्तिगत आत्मा की ओर संकेत करता है। यह उस साधारण व्यक्ति का सूचक है जिसे अभी तक प्रबोध नहीं मिला और अपने भीतर बसी आत्मा से अनजान है।

निष्कर्ष

इस अध्याय में हिन्दू धर्म से सम्बन्धित कुछ महत्त्वपूर्ण अवधारणाओं तथा संकल्पनाओं को प्रस्तुत किया गया। वेदों के बाद, विविध दार्शनिक ग्रन्थ, भाष्य तथा अन्य ग्रन्थ लिखे गये। इस जगह दिये गये पारिभाषिक शब्दों से हमें आगामी पाठ्य समझने में सहायता मिलेगी। वेदों और उपनिषदों में पहले आने वाले कुछ शब्द जैसे, *ब्रह्म*, *आत्मा* और *पुरुष* आदि पर पिछले अध्यायों में चर्चा की गयी थी। इस अध्याय में, *ईश्वर के विचार, अवतार तथा यज्ञ, तपस्, मन्त्र, जप, कर्म, संस्कार तथा जीव* आदि शब्दों पर चर्चा की गयी। कई बार इन शब्दों की सटीक परिभाषा देना कठिन होता है और धर्म ग्रन्थों ने भी इन्हें विभिन्न अर्थों के साथ, अलग-अलग सन्दर्भों में प्रयुक्त किया है। विद्वान और भाष्यकार भी अलग-अलग तरह से इन शब्दों की व्याख्या करते हैं। कई बार लोकप्रिय अवधारणा, विद्वानों की राय से अलग होती है। यद्यपि हमेशा एक व्यापक तथा अन्तर्निहित अर्थ होता है, जिनके बीच अन्तर किया जा सकता है। इस स्थान पर वही अर्थ दिये गये हैं जो सर्वसम्मति से स्वीकृत हैं।

छह दर्शन

यह अध्याय षड् दर्शनों अथवा छह दर्शनों के विषय में है, जिन्हें पवित्र ग्रन्थों क़ा एक भाग माना जाता है। ये वेदों तथा उपनिषदों की भान्ति कोई प्राकट्य या आविर्भाव नहीं हैं। इन्होंने अपने दर्शनों की स्थापना के लिए तर्क, मान्यताओं और स्वयंसिद्ध सत्यों का आश्रय लेते हुए ऐसे आधारभूत प्रश्नों के उत्तर दिये जैसे अस्तित्व का सामान्य आधार क्या है? यथार्थ क्या है? क्या यथार्थ साकार है या यह निराकार है? पदार्थ, जीवन और आत्मा की प्रकृति क्या है? एक व्यक्ति की नियति क्या है? क्या आत्मा का अस्तित्व होता है? यदि ऐसा होता है, तो इसकी अनिवार्य प्रकृति क्या है? क्या इन सब बातों का कोई उद्देश्य है?

दर्शन शब्द का मूल शब्द *'दृश'* है यानी देखना। इस सन्दर्भ में, दर्शन का अर्थ है, सत्य या दर्शन को देखना अथवा उसकी कल्पना करना।

ये छह दर्शन *आस्तिक* कहलाते हैं, जिसका अर्थ है, 'जिन्होंने वेदों की प्रधानता स्वीकार की है'। अन्य दर्शन जैसे चार्वाक (इसे भौतिकवाद के नाम से भी जाना जाता है), बौद्ध और जैन, जो वेदों की प्रधानता स्वीकार नहीं करते, वे *नास्तिक** कहलाते हैं। फ़िलॉसफी शब्द को दर्शन का सटीक अनुवाद नहीं कहा जा सकता, दर्शन कभी-कभी, फ़िलॉसफी के अन्तिम लक्ष्य को प्राप्त करने की शिक्षा भी देते हैं। उदाहरण के लिए, कुछ दर्शनों में निर्देश दिये गये हैं कि निर्वाण कैसे प्राप्त कर सकते हैं।

छह दर्शन हैं—न्याय, वैशेषिक, सांख्य, योग, पूर्व मीमांसा और उत्तर मीमांसा। उत्तर मीमांसा को कई बार *वेदान्त* भी कहते हैं, यही कारण है कि मीमांसा शब्द को ही पूर्व मीमांसा के सन्दर्भ में लिया जाने लगा है। कुछ आस्तिक दर्शन भी या तो

---

*वर्तमान में यही माना जाता है कि नास्तिक यानी ईश्वर में विश्वास न करने वाला और आस्तिक यानी ईश्वर में विश्वास करने वाला। यद्यपि इस सन्दर्भ में यह थोड़ा समस्याजनक है क्योंकि पूर्व मीमांसा को आस्तिक माना गया है जबकि यह ईश्वर की भूमिका का अस्वीकार करती है।

अनीश्वरवादी हैं या फिर नास्तिक हैं। छह दर्शनों में से एक, योग का अर्थ, शारीरिक व्यायामों और गहन श्वसन के सन्दर्भ में नहीं है यह एक प्रमुख आध्यात्मिक ग्रन्थ है जो व्यक्ति की आत्मा के उस दिव्यता से संयोग पर चर्चा करता है। छह दर्शनों में वेदान्त या ब्रह्म सूत्रों को भी सबसे उच्चतम पद दिया गया है। *प्रस्थान त्रय*–पहले तीन पवित्र ग्रन्थो में इनके अतिरिक्त वेद और भगवद् गीता सम्मिलित हैं।

मध्यकाल में जो दूसरे दर्शन सामने आये, विशेष तौर पर अद्वैत, विशिष्टाद्वैत, द्वैत, द्वैत-अद्वैत, शुद्धाद्वैत और अचिंत्य भेदाभेद पवित्र ग्रन्थों की शास्त्रसम्मत सूची का भाग नहीं हैं। हालाँकि आज भी उनके अनुयायी उनका पालन करते हैं। असल में, कुछ प्राचीन दर्शनों की तुलना में, आज उन दर्शनों के अधिक अनुयायी हो सकते हैं, भले ही वे कई सदियों बाद अस्तित्व में आये। हम आगामी अध्याय में इस विषय पर चर्चा करेंगे।

ये छह दर्शन अचल नहीं थे, बीतती सदियों के दौरान अतिरिक्त ग्रन्थ और भाष्य भी लिखे गये। हालाँकि विद्वान इन ग्रन्थों की व्याख्या में एकमत नहीं परन्तु वे कुछ अनिवार्य बिन्दुओं पर सहमति रखते हैं। पहला, सभी वेदों की श्रेष्ठता स्वीकार करते हैं। एक अ-भौतिक आत्मा का अस्तित्व भी सहमति का बिन्दु है, जिसे आत्मा या पुरुष कहा गया है यह चेतना के अस्तित्व की ओर संकेत करता है।

इन दर्शनों में से चार–न्याय, वैशेषिक, सांख्य और योग-अपने दर्शन की स्थापना के लिए वेदों का प्रत्यक्ष सन्दर्भ नहीं देते। हालाँकि, उनमें से सभी ने वेदों को परम सत्ता के रूप में माना है। उदाहरण के लिए, ज्ञान के साधनों मे से एक को, शब्द प्रमाण कहा गया है जिसका अनुवाद हो सकता है, 'शब्द ज्ञान प्राप्त करने के साधनों में से है'। प्राय: इसकी व्याख्या वेदों के शब्द के रूप में की जाती है। दूसरे विद्वानों का मानना है कि 'शब्द' से तात्पर्य 'आप्त' अथवा ज्ञानी व्यक्ति से है। आधुनिक अर्थों में, हममें से अधिकतर सापेक्षता के सिद्धान्त को मानते हैं क्योंकि सबका कहना है कि आइंस्टाइन एक महान वैज्ञानिक थे, दूसरे वैज्ञानिक भी यही कहते हैं कि उनका सिद्धान्त सही है परन्तु बहुत कम लोगों ने असल में उसे पढ़ा है और उनसे भी कम लोगों ने उसे समझा है। ठीक उसी तरह, प्राचीन दर्शन कहते हैं कि शब्द ज्ञान का वैद्य साधन है।

दर्शनों के बीच के अन्तर, आत्मा की परम नियति, ईश्वर की अवधारणा, व्यक्ति तथा ईश्वर के बीच के सम्बन्ध, जीवन के लक्ष्य तक पहुँचने के साधन तथा ब्रह्माण्ड, व्यक्ति तथा ईश्वर के बीच सम्बन्ध के बारे में है। ईश्वर की संकल्पना, विशेष रूप से, अलग तरह से की गयी है। उदाहरण के लिए, ईश्वर उस पार ब्रह्म

की अभिव्यक्ति है, वह सर्वज्ञ और शक्तिशाली है। ब्रह्माण्ड के रचियता के रूप में, उसके अपने गुण हैं। वह मिट्टी से पात्र बनाने वाले कुम्हार की तरह ब्रह्माण्ड का कुशल कारण हो सकता है, और वह अपना ही जाल बुनने वाले मकड़े की तरह ब्रह्माण्ड का भौतिक कारण भी हो सकता है। ईश्वर मनुष्यों को कर्म, कारण और प्रभाव, क्रिया और प्रतिक्रिया के नियमों के आधार पर कर्मों का फल देता है। हालाँकि दर्शन ईश्वर की एक या एक से अधिक अवधारणाओं को स्वीकार करता है या अस्वीकार है। परन्तु यदि ईश्वर का अस्तित्व है तो वह चेतना से भरपूर है। कई बार इन दर्शनों के बीच का अन्तर इतना कड़ा है कि परवर्ती भाष्यों ने उनका पूरी तरह से खण्डन करते हुए, अपना दृष्टिकोण स्थापित किया।

कई बार कुछ दर्शन दूसरे दर्शनों के तर्क या कार्यप्रणाली को स्वीकार करते हैं और अन्य तरीकों से मतभेद रखते हैं। उदाहरण के लिए, हालाँकि अन्य दर्शनों ने न्याय और वैशेषिक दर्शनों के तार्किक आधारां को स्वीकारा है, उनके निष्कर्ष हमेशा स्वीकृत नहीं होते। उदाहरण के लिए, आत्मा अथवा पुरुष का सांख्य सिद्धान्त भगवद् गीता के साथ-साथ अन्य दर्शनों ने भी स्वीकार किया है। यद्यपि सांख्य कहता है कि प्रत्येक व्यक्ति में एक अलग पुरुष है, जबकि दूसरे दर्शन कहते हैं कि केवल एक ही पुरुष, आत्मा या ब्रह्म है जो प्रत्येक सजीव प्राणी में प्रकट होता है। अन्य दर्शनों ने भी सांख्य दर्शन को स्वीकार किया है परन्तु उनके निष्कर्ष अलग-अलग हैं। हालाँकि ये छह दर्शन पवित्र ग्रन्थों की तरह स्वीकार किये जाते हैं और उनके बीच के अन्तर, सत्य को अलग तरह से समझने और उसका अनुभव पाने के कारण हैं। निजी स्तर पर, प्रत्येक एक या एक से अधिक दर्शनों को स्वीकार या अस्वीकार करने के लिए मुक्त है।

इनमें से प्रत्येक एक तार्किक आधार के साथ आरम्भ करता है। वे इस प्रश्न को सम्बोधित करते हैं कि ज्ञान के वैद्य साधन क्या हैं? ज्ञान अथवा सत्य क्या है? दर्शन में 'प्रमाण' शब्द का भी प्रयोग होता है जिसका अर्थ है, सटीक और वैद्य ज्ञान प्राप्त करना। लोकप्रिय अर्थों में, अब इसे सुबूत या प्रमाण कहा जाने लगा है। वे प्रमाण के आधार का वर्णन करते हैं और फिर अपने दर्शन की स्थापना करते हैं।

इनमें से प्रत्येक दर्शन, अपने विविध मौलिक सूत्रों, भाष्यों और परवर्ती ग्रन्थों के साथ मिल कर, विस्तृत और सूक्ष्म तर्कों में बदल जाता है।

हालाँकि हर दर्शन को पूरी तरह से समझने के लिए लम्बे और समर्पित अध्ययन की आवश्यकता होगी, इनका संक्षिप्त और अनिवार्य अवलोकन प्रस्तुत है:

न्याय

न्याय का संस्कृत में शाब्दिक अर्थ है, 'शासन करना' अथवा तर्क करने की विधि।* यह तर्क और पदार्थवाद पर आधारित है। दार्शनिक अर्थ में, पदार्थवाद का अर्थ है, हम अपनी इन्द्रियों के माध्यम से जो देखते हैं या अनुभव करते हैं; उसे स्वीकार करना। न्याय में, यह संसार वास्तविक और सत्य है और मन से स्वतन्त्र सत्ता रखता है। मौलिक सूत्र या ग्रन्थ गौतम द्वारा 4 ई.पू. में रचा गया (गौतम बुद्ध न समझें)। आने वाली सदियों में इस पर अनेक भाष्य लिखे गये और ऐसा 1650 सामान्य युग तक जारी रहा।

न्याय चार प्रमाणों का प्रयोग करता है, जो ज्ञान और सत्य के लिए अनिवार्य आधार या वैद्य साधन हैं। पहला *प्रत्यक्ष प्रमाण* या इन्द्रियों के माध्यम से प्रत्यक्ष अनुभव कहलाता है।* दूसरा अनुमान अथवा *तार्किक अनुमान* है। उदारहण के लिए, अग्नि के अस्तित्व का निष्कर्ष निकालने के लिए धुएँ की उपस्थिति का प्रयोग किया जाता है, क्योंकि आग के बिना धुआँ हो ही नहीं सकता। तर्क ज्ञान प्राप्त करने के प्रमुख साधनों में से है। तीसरे प्रमाण को उपमान या तुलना कहते हैं। उदाहरण के लिए, जिसने कभी कोई जंगली गाय नहीं देखी, उसे दूसरा व्यक्ति बताता है कि वह जंगल में रहती है। जब वह व्यक्ति जंगल में ऐसा जानवर देखता है तो वह निष्कर्ष निकालता है कि वही जंगली गाय है। चौथा प्रमाण शब्द है। 'शब्द' का शाब्दिक अर्थ है, वेदों के वचन की व्याख्या, इसमें योग्य व्यक्ति, आप्त पुरुष का साक्ष्य अथवा वचन भी शामिल है।

यहीं से प्रश्न पैदा होता है: वैद्य ज्ञान क्या है? क्या यह मन में सत्य के लिए बनी अवधारणा या विचार से मेल खाता है। हम यह कैसे जान सकते हैं? न्याय इस कठिनाई को स्वीकार कर कहता है कि सत्य की परीक्षा यही कि क्या इसको दोहरा कर अभ्यास हो सकता है या फिर यह किसी उपयोगी कर्म की ओर ले जाता है। इस अर्थ में सत्य को उपयोगिता के माध्यम से जाना जाता है।

न्याय या *तर्क शास्त्र*, जैसा कि इसे कहा जाता है–तर्क का एक विस्तृत तन्त्र है। यह तर्कणा के सोलह पदार्थों का विस्तृत वर्णन करता है। इनमें संशय,

---

*आधुनिक भाषा में, न्याय का प्रयोग कानून के रूप में विभिन्न प्रकार से होता है, कुछ ऐसा जो उचित हो। धारणा यह है कि यह तर्क पर आधारित है।

*कुछ विद्वानों के लिए, 'प्रत्यक्ष' का अर्थ भी यही है कि ईश्वर अथवा परम चेतना की उच्चतम अवस्थाओं का प्रत्यक्ष अनुभव। यद्यपि, न्याय में 'प्रत्यक्ष' का अर्थ है, इन्द्रियों से प्राप्त ज्ञान। उसके बाद न्याय के भाष्यकारों ने भी प्रत्यक्ष बोध को इन्द्रियों के बोध से परे होना शामिल किया।

रचनात्मक अथवा विध्वंसात्मक रूप से तर्क देना, गम्भीर तर्क, सामने वाले के तर्क के असुरक्षित बिन्दुओं पर हमला करना और स्थापित तथ्यों का प्रयोग करना आदि सम्मिलित है। परवर्ती न्याय भाष्यों में ईश्वर के अस्तित्व को प्रमाणित करने की भी खोज हुई है। इसके सुप्रसिद्ध तर्क आज भी प्रयुक्त होते हैं-यह संसार कहीं से तो आया होगा; इस ब्रह्माण्ड की एक व्यवस्था है; ब्रह्माण्ड अराजक नहीं है; इसमें एक नैतिक व्यवस्था है; और कभी कोई प्रमाणित नहीं कर पाया कि ईश्वर का अस्तित्व नहीं होता।

ईश्वर अ–भौतिक और आत्मा है। वही रचता है, रक्षा करता है, विध्वंस करता है और फिर नये सिरे से संसार की रचना करता है। आत्मा की तरह, ईश्वर भी शाश्वत है परन्तु हमेशा सजग है। व्यक्तिगत आत्मा सदा सजग नहीं होती और उसके पास ब्रह्माण्ड रचने की शक्ति नहीं। अन्य दो दर्शनों, वैशेषिक और सांख्य की तरह, न्याय कहता है कि अनेक आत्माएँ हैं। हर आत्मा अपने कर्मों के आधार पर जन्म और मरण के चक्र से गुज़रती है। यह ज्ञान प्राप्त करने के बाद मुक्त होती है। पीड़ा की अनुपस्थिति ही इस मुक्ति का प्रमाण है। न्याय का कहना है कि मोक्ष को प्रसन्नता के रूप में परिभाषित करना उचित नहीं क्योंकि यह हमेशा दुख अथवा पीड़ा में बदलता रहता है।

न्याय के लिए हमारा प्रमुख योगदान यही कि हम तर्क का प्रयोग करें। हो सकता है कि अन्य विचार परम्पराओं में इसके निष्कर्ष और दर्शन न स्वीकारे गये हों परन्तु तर्क का प्रयोग सदा रहा है। इसे सभी दर्शनों तथा परवर्ती दर्शनों ने आज तक स्वीकार किया है।

वैशेषिक

'वैशेषिक' शब्द का शाब्दिक अर्थ है, विशिष्ट अथवा सुनिश्चित। वैशेषिक के अनूठे लक्षणों में से एक यह है कि इसे श्रेणियों में वर्गीकृत किया गया है। इनमें से एक 'विशेष' है। कणाद का वैशेषिक सूत्र मौलिक सूत्र है। इसकी रचना न्याय की रचना के आसपास ही हुई या फिर शायद थोड़ा पहले।

वैशेषिक भी ब्रह्माण्ड तथा ईश्वर के सन्दर्भ में वैसे ही तर्क और तत्त्वमीमांसक सिद्धान्तों का प्रयोग करता है। वैशेषिक और न्याय आपस में बँधे हैं। परवर्ती भाष्यों ने दोनों मूल ग्रन्थों की अवधारणाओं का प्रयोग किया।

वैशेषिक के अनुसार ज्ञान के सिद्धान्त के केवल दो प्रमाण हैं–प्रत्यक्ष और अनुमान। परवर्ती ग्रन्थों में तर्क दिया गया कि न्याय के अन्य दो प्रमाण-सत्ता की

तुलना तथा साक्ष्य-ये तार्किक अनुमान पर आधारित हैं और इस प्रकार उन्हें अलग से सम्मिलित करने की आवश्यकता नहीं है।

वैशेषिक उनके विषय में प्रश्न करता है जिन सबको जाना जा सकता है। एक पदार्थ को जाना जा सकता है (ज्ञेय), वैद्य रूप से पहचाना जा सकता है (प्रमेय), और उचित रूप से वर्णित होता है (अभिदेय)। पहले केवल छह श्रेणियों को ही जोड़ा गया था, सातवीं श्रेणी को बाद में शामिल किया गया। छह वर्गीकरण दो पदार्थों के बीच का सहज समन्वय, द्रव्य, गुण, कर्म, सामान्य तथा विशेष हैं। उसके बाद 'अभाव' को शामिल किया गया। इस प्रकार, इन श्रेणियों के माध्यम से कुछ भी जाना जा सकता है। यही वर्गीकरण सम्भवत: वैशेषिक के सबसे विशेष लक्षणों में से है।

भौतिक संसार को अन्तत: अणुओं में स्थित किया जा सकता है जिससे परे पदार्थ को और नहीं तोड़ा जा सकता। ये अणु विभिन्न रूप से जुड़ते हुए चीज़ों को उत्पन्न करते हैं। ये इस आधार को स्थापित करने के लिए तर्क का प्रयोग करता है। आत्मा की अन्तिम नियति के लिए इसकी तत्त्वमीमांसा न्याय के समान है। वैशेषिक के अनुसार, अनेक आत्माएँ हैं और वे अपने कर्मों के अनुसार जन्म और मरण के निरन्तर चलने वाले चक्रों को दोहराने के बाद ज्ञान प्राप्त करते हुए मुक्त होती हैं। यह मोक्ष अथवा निर्वाण पूरी तरह से पीड़ारहित है, जैसा कि न्याय में माना गया है।

सांख्य

सांख्य एक महत्त्वपूर्ण दर्शन है और इसने हिन्दू मनोविज्ञान को प्रभावित किया है, विशेषतौर पर जब आध्यात्मिक साधकों की बात आती है। उदाहरण के लिए, भगवद् गीता में सांख्य योग नाम से एक अध्याय है। पतंजलि योग सूत्रों में सांख्य के आधारभूत विचारों का प्रयोग करते हुए अहं, मन और इसमें छिपे प्रभावों की बात की गयी है। वेदों में भी, सांख्य से मिलते-जुलते विचारों के सन्दर्भ आते हैं। सांख्य का परवर्ती दर्शनों पर भारी प्रभाव रहा और उन्होंने इसके कुछ आधारभूत नियमों को स्वीकारा। आज भले ही आध्यात्मिक साधक सांख्य का अध्ययन न करें, परन्तु वे इससे प्रभावित परवर्ती ग्रन्थों का अध्ययन करते हैं।

सांख्य का सम्बन्ध कपिल मुनि से जोड़ा जाता है। सांख्य शब्द का शाब्दिक अर्थ है, गणना करना या एक-एक कर बताना। मूल सांख्य (इसे साम्ख्या भी कहते हैं) सूत्र कपिल ने लिखे थे जो कहीं खो गये। ईश्वरकृष्ण ने बहुत बाद में जा कर सांख्य कारिका लिखी, सम्भवत: 350 सामान्य युग के आसपास। तब तक बौद्ध

और जैन धर्म स्थापित हो चुके थे और सांख्य के कुछ विचार इनके सिद्धान्तों से मेल खाते हैं।

संक्षेप में, सांख्य कारिका कहती है कि मनुष्य नाना प्रकार के कष्टों का सामना करते हैं जिनकी वजह से उनसे मुक्त होने की इच्छा उत्पन्न होती हैं। ऐसे कष्टों से मुक्त होने का एक उपाय यह हो सकता है कि वेदों का पालन किया जाये, परन्तु केवल वेदों का अध्ययन करना ही पर्याप्त नहीं है। मोक्ष पाने के लिए हमारे आसपास के ब्रह्माण्ड का ज्ञान होना ही पहला चरण है। इस ब्रह्माण्ड से पृथक एक पुरुष है, जो प्रत्येक व्यक्ति में उपस्थित है। ये दो, पुरुष और प्रकृति ही सत्यता के मूल या आधार हैं। बोध, तर्क और वैद्य साक्ष्य के माध्यम से ज्ञान प्राप्त होता है। केवल इन्द्रियों से मिलने वाला ज्ञान सीमित होता है और पर्याप्त नहीं है। इन्द्रियों से परे ज्ञान पाने के लिए, कोई प्राकट्य या फिर ज्ञानियों का वैद्य साक्ष्य चाहिए। फिर यह कहता है कि इस ब्रह्माण्ड में सब कुछ कारण और प्रभाव पर आधारित है। इन्हें सत्व, रजस और तमस के माध्यम से पाया जा सकता है। यह प्रसिद्ध त्रिपक्षीय वर्गीकरण, न केवल परवर्ती दर्शनों में प्रयुक्त हुआ बल्कि आज भी विद्यमान है।

सत्व से तात्पर्य, ऐसे मन से है जो शान्त, सन्तुलित और उज्ज्वल है; रजर्स ऊर्जा, आवेग और गतिविधि की विशेषताओं का सूचक है और तमस नीरसता, आलस्य और निष्क्रियता का सूचक है। हम अपने आसपास की प्रकृति का बोध अपने मन से करते हैं जिसमें अलग-अलग समय पर, सत्व, रजस और तमस के गुण अलग-अलग स्तर पर पाये जाते हैं। इस स्थान पर 'प्रकृति' का अर्थ है, वह सब कुछ जो चेतना नहीं है, इसमें शारीरिक, मानसिक, भावात्मक और स्वप्न, अवचेतन मन की छाप से उत्पन्न प्रवृत्तियों जैसे सूक्ष्म तत्त्व भी शामिल हैं। चूंकि मन विभिन्न होते हैं इसलिए इनसे मिलने वाला बोध भी अलग-अलग होता है।

यह सब, चाहे वह शारीरिक ब्रह्माण्ड हो या मानसिक, उस अप्रकट पर ही आधारित है। यह इस बात का सूचक है कि हम जो भी देखते हैं, उस पर विचार करते हैं, जो अपने कारण में एक प्रभाव है और प्रत्येक कारण अपने कारण में है और इस तरह, यह एक परम स्रोत की ओर ले जाता है जिससे हम हर चीज़ देखते हैं और जो अनुभव उत्पन्न होता है, वह अव्यक्त है। अव्यक्त को 'महत् भी कहा गया है, यह वह सम्भावना बिन्दु है जिससे ब्रह्माण्ड की हर चीज़ उत्पन्न होती है।* फिर यह कहता है कि चूँकि एक निरीक्षक और अनुभवकर्ता है, तो एक अलग

*कुछ विद्वानों का कहना है कि महत् ईश्वर की अवधारणा है। कुछ इससे असहमत हैं और कहते हैं कि सांख्य अनीश्वरवादी और नास्तिक है।

यथार्थ उपस्थित है जिसे पुरुष कहते हैं। यह पुरुष चेतना है और प्रकृति से भिन्न है। प्रत्येक व्यक्ति का एक विशिष्ट पुरुष है, हालाँकि सभी अनिवार्य रूप से समान हैं। अन्य दर्शन कहते हैं कि केवल एक पुरुष, केवल एक चेतना है जो स्वयं को विभिन्न सजीवों में व्यक्त करती है।

पुरुष और प्रकृति के संयोग से जीव का जन्म होता है। इससे बुद्धि और अहंकार जन्म लेते हैं। चेतन या पुरुष के अतिरिक्त बाकी सबको प्रकृति का हिस्सा माना जाता है, जिसमें पदार्थ, ऊर्जा व यहाँ तक कि अहं, भाव और विचार जैसी आन्तरिक वस्तुएँ भी सम्मिलित हैं।

सांख्य चौबीस तत्त्वों या सिद्धान्तों का वर्णन करता है। पुरुष पूर्ण चेतना तथा कारणरहित है और तत्त्व रूप में नहीं गिना जाता। पहला तत्त्व प्रकृति है, जो कारणरहित है और यह वर्णन करती है कि विकास कैसे होता है। पुरुष और प्रकृति के सम्बन्ध से महत् अथवा सम्पूर्ण ब्रह्मण्ड अपने सशक्त रूप में आता है। इसी से आधार बनता है जिससे हर चीज़ उत्पन्न होती है। यह महत् सुप्तावस्था में है और उस संसार में प्रकट होता है जिसे हम देखते हैं। अपने व्यक्तिगत रूप में, यह सम्बन्ध पहले बुद्धि को जन्म देती है, प्राय: जिसे बुद्धिमता और भेदभाव कहते हैं। महत् (ब्रह्माण्डीय पक्ष) अथवा बुद्धि (व्यक्तिगत पक्ष) दूसरा तत्त्व है। इसके बाद, अहंकार का जन्म होता है और इसे तीसरा तत्त्व माना जाता है। अहंकार जीव के विचारों और भावों से पहचान की ओर संकेत करता है और यह केवल अहं या वैयक्तिकता पर बल मात्र नहीं है। मनस् या मन से चौथा तत्त्व बनता है।

सांख्य स्पष्ट तौर पर कहता है कि प्रकृति व्यक्तिगत पुरुष के लिए होती है ताकि अनुभव पा सके, इसके अतिरिक्त उसका कोई और उद्देश्य नहीं होता। पुरुष प्रकृति से मिलने के बाद अपना सच्चा स्वभाव भूल जाता है और अहंकार व बुद्धि* से नाता जोड़ लेता है–जब पुरुष को अपनी सच्ची प्रकृति का ज्ञान होता है, तभी उसका मोक्ष सम्भव हो पाता है।

सांख्य कहता है कि हम जिस प्रकार ब्रह्माण्ड का अनुभव करते हैं, ज्ञान प्राप्ति से जुड़े प्रश्नों का संधान करते हुए कर्म करते हैं, उससे ही इसका वर्णन हो सकता है। यह बताता है कि ज्ञान और कर्म की छाप किस तरह हमारे भीतर जमा रहती है। इसने बाह्य ब्रह्माण्ड का भी वर्णन किया है। ज्ञान के पाँच साधन ज्ञानेंद्रियाँ कहलाते हैं,

---

* कुछ शताब्दियों के पश्चात, महान अद्वैत दार्शनिक आदि शंकर ने निर्वाण षटकम् की रचना की जिसे 'द सॉन्ग ऑफ निर्वाणा' भी कहा गया। उसक आरम्भ में कहा गया है, 'मैं न तो मन हूँ, न बुद्धि, न अहंकार और न ही चित्त हूँ। मैं विशुद्ध चेतना हूँ।'

कर्म के पाँच साधन कर्मेंद्रियाँ[1] कहलाते हैं और जिस साधन से मनुष्यों के अन्दर वह छाप अंकित होती है, वे पाँच तन्मात्रा हैं। बाह्य जगह को पंच महाभूतों से वर्णित कर सकते हैं।

प्रकृति का बोध पाने के लिए पाँच ज्ञानेंद्रियों और पाँच कर्मेंद्रियों का प्रयोग हो सकता है। सांख्य कहता है कि वे अहंकार से उपजे हैं। मन को मिला कर इन्हें ग्यारह साधन कहते हैं। ज्ञानेंद्रियों का शाब्दिक अर्थ है, 'ज्ञान के अंग'। वे हैं–कान, नाक, जीभ, चमड़ी और आँख। कर्मेंद्रियाँ कर्म के साधन हैं। वे वाणी, हाथ, पैर, मल विसर्जन और प्रजनन के साधन हैं। कहते हैं कि ये ग्यारह साधन सत्व से उपजे हैं। मन या महत् में इन दोनों की ही प्रकृति विद्यमान है। ज्ञानेंद्रियाँ केवल निरीक्षण के लिए हैं, कर्मेंद्रियों के माध्यम से कर्म होता है। बुद्धि, मन और अहं के तीन तत्त्व अन्त:करण कहलाते हैं, जबकि ज्ञानेंद्रियाँ और कर्मेंद्रियाँ बाह्य हैं। ये दसों इन्द्रियाँ मिल कर प्रकृति या बाहरी प्रकृति हैं जो इसलिए बनी हैं ताकि पुरुष अनुभव पा सके और अनुभव से मोक्ष तक जा सके।

इसके अतिरिक्त पंच महाभूत भी हैं जो तमस् से उपजे हैं। इनमें पृथ्वी, जल, वायु, अग्नि व आकाश शामिल हैं जो तमस् से उपजे हैं क्योंकि ये जड़ हैं। यह एक रोचक तथ्य है कि पाँच इन्द्रियाँ हमारे सांसारिक बोध से जुड़ी हैं। हमें पाँच इन्द्रियों से सुनने, छूने, देखने, चखने और सूंघने के माध्यम से ज्ञान मिलता है। इन्हीं इन्द्रियों से पंच महाभूत की प्राप्ति होती है। अन्तरिक्ष को केवल सुनने से जाना जा सकता है (जब सांख्य रचा गया, तब यही माना जाता था)। वायु को छूने और सुनने से, अग्नि को छूने, सुनने और देखने से तथा जल को गंध के अलावा बाकी सभी इन्द्रियों से जान सकते हैं और अन्त में धरती को जानने के लिए पाँचों इन्द्रियाँ साधन बन सकती हैं।

इसके अलावा पाँच तन्मात्रा अथवा सूक्ष्म तत्त्व हैं। अपने आसपास की वस्तुओं को ज्ञानेंद्रियों के माध्यम से निरीक्षण करने से मन पर जो छाप पड़ती है, वे *तन्मात्रा* कहलाती हैं जो शब्द, स्पर्श, रूप, रस और गंध से अनुभव करते है। हम इन्हें बाहरी उत्तेजन के बिना, केवल अपनी कल्पना, विचार और स्वप्न के माध्यम से भी अनुभव कर सकते हैं।* तन्मात्रा अपने सूक्ष्म रूप में, उन अनुभवों का कारण हैं जिन्हें हम अपनी ज्ञानेंद्रियों और कर्मेंद्रियों से प्राप्त करते हैं। सांख्य के सहज ज्ञान के अनुसार कर्म और इन्द्रियों से प्राप्त छाप, चित्त में तन्मात्रा और स्मृति के रूप में संजोई जाती है।

---

* योग दर्शन में 'चित्त' का विचार आता है, जो स्मृति का स्थान है। तन्मात्रा स्मृति में समाहित पंचभूतों का सूक्ष्म रूप है जो चेतन, अवचेतन और अर्द्धचेतन हो सकता है।

इस प्रकार तत्त्वों की संख्या चौबीस हो जाती है। इनमें से पहले चार हैं– प्रकृति, बुद्धि, अहंकार और मनस्। फिर इसके बाद पाँच ज्ञानेंद्रियाँ, पाँच कर्मेंद्रियाँ और पाँच महाभूत और पाँच तन्मात्रा आती हैं। सांख्य में, ये उस ब्रह्माण्ड का वर्णन करती हैं जिसका अनुभव हमें मिलता है। आधुनिक भौतिकी और विज्ञान प्रायः ब्रह्माण्ड की बहुत अलग समझ रखते हैं जो तर्क और विविध साधनों से मिली सूचना पर आधारित है। हालाँकि यदि हम यह पूछें कि हम ब्रह्माण्ड का बोध और अनुभव (आन्तरिक और बाह्य) किस प्रकार प्राप्त करते हैं तो सांख्य जो उत्तर देता है, वह आज भी वैद्य हो सकता है।

परवर्ती दर्शन इस बात को स्वीकार करते हैं कि व्यक्ति का चौबीस तत्त्वों में वर्गीकरण और साथ ही तीन गुणों-सत्व, रजस् और तमस् का प्रभाव होता है। हालाँकि, उनके निष्कर्ष अलग हैं, जिन पर हम बाद में चर्चा करेंगे।

सांख्य कहता है कि बुद्धि ही वह प्राथमिक साधन है जिसके बल पर पुरुष को उसकी प्रकृति और तत्त्वों से अलग कर सकते हैं। इस जगह बुद्धि से तात्पर्य केवल बुद्धिमता से नहीं, जैसा कि सामान्यतः माना जाता है, इसका सम्बन्ध विवेकबुद्धि* से भी है। बुद्धि मन से कहती है कि क्या अच्छा है, क्या अच्छा नहीं है, क्या स्थायी है और क्या अस्थायी है।

सांख्य कहता है कि तन्मात्राओं से बना यह सूक्ष्म शरीर मृत्यु के बाद भी बना रहता है जबकि माता-पिता से जन्मी स्थूल देह अल्पकालिक होती है। सूक्ष्म शरीर आरम्भ में महत् के साथ बना था और सृष्टि के विलीन होने या व्यक्ति के मोक्ष प्राप्त करने पर ही समाप्त या विलीन होगा। यह सूक्ष्म शरीर बार-बार जन्म लेता है, यह पुरुष के उद्देश्य से संचालित है जिसे विविध अनुभवों से हो कर गुज़रते हुए स्वयं को मुक्त करना है। एक प्रकार से, पुनर्जन्म का यही अर्थ है।

सद्गुणों का पालन, दुर्गुणों से दूर रहना, मन को शान्त रखना और सत्य का पालन करना आदि मुक्त होने में सहायक हैं। सांख्य में एक बहुत ही शक्तिशाली वाक्य आता है जिसमें कहा गया है कि यदि पुरुष प्रकृति को सत्य रूप में जान ले, तो वह उसके मोह में नहीं रहता। काव्यात्मक भाषा में, सांख्य यह भी कहता है कि प्रकृति जानती है कि उसे देखा जा चुका है इसलिए वह उस व्यक्ति के लिए कार्य करना बंद कर देती है। इससे सम्यक* ज्ञान की प्राप्ति होती है। इससे मोक्ष की प्राप्ति होती है जिसमें कष्ट की अनुपस्थिति, शान्ति और

* परवर्ती ग्रन्थों में कई बार भेदभाव के संकाय के लिए 'विवेक' शब्द का प्रयोग किया गया है।

* बुद्ध द्वारा सुझाए गये अष्टांगिक मार्ग में सम्यक् शब्द का प्रयोग बार-बार आता है।

आनन्द की उपस्थिति और पुनर्जन्म से मुक्ति मिलती है। इस जगह 'कैवल्य' शब्द का प्रयोग किया गया है। निर्वाण, मोक्ष और मुक्ति आदि कैवल्य के समान ही हैं।

सांख्य को सम्भवत: अपना नाम इस तथ्य से मिला कि यह चौबीस तत्त्वों की गणना करता है जिनके माध्यम से हम संसार को निरखते हैं। सांख्य कारिका स्वयं ईश्वर के विषय में मौन साध लेती है, वह न तो इसे स्वीकार करती है और न ही इसका खण्डन करती है। सांख्य का आत्मा और पदार्थ का वर्गीकरण और साथ ही सत्व, रजस् और तमस् के तीन गुण अनेक ग्रन्थों द्वारा स्वीकारे गये हैं जिनमें भगवद् गीता और अन्य परवर्ती दर्शन शामिल हैं। सांख्य स्पष्ट रूप से पुनर्जन्म और पुनरुत्थान से मुक्ति की ओर संकेत करता है। पुनर्जन्म छह दर्शनों के अतिरिक्त, बौद्ध, जैन और सिक्ख धर्म का महत्त्वपूर्ण पक्ष है। छह दर्शनों में से एक, योग सूत्र सांख्य के विचारों का प्रयोग करते हुए मोक्ष का मार्ग दिखाता है। यह उस मनोविज्ञान का प्रयोग करता है जो बुद्धि, अहं तथा मन और तन्मात्रा के सूक्ष्म संस्कारों की अवधारणा से उत्पन्न होता है। सम्पूर्ण ज्ञान कैवल्य की ओर ले जाता है, यह विचार अन्य धर्मग्रन्थों तथा ग्रन्थों में भी मिलता है, जिसमें आदि शंकर का अद्वैत दर्शन उल्लेखनीय है।

योग

एक दर्शन के रूप में, योग मूल शब्द 'युज्' से लिया गया है जिसका अर्थ है, 'जोड़ना'। यह व्यक्तिगत आत्मा और उस दैवीय के मिलन की ओर संकेत करता है। योग कोई दार्शनिक या तत्त्वमीमांसा नहीं, यह जीवन के लक्ष्य तक जाने का उपाय है। यह सांख्य के कुछ विचारों को भी स्वीकार करता है। इसका प्रमुख ग्रन्थ, पतंजलि का योग सूत्र माना जाता है, जिसे 5वीं या 6वीं सदी में रचा गया। हालाँकि, योग का बुनियादी विचार पहले से मौजूद था और इसके सदंर्भ उपनिषदों और भगवद् गीता में भी मिलते हैं। योग के अन्य नामों में, ध्यान योग (ध्यान का योग), राज योग (राज का योग) भी हैं। आगे चल कर योग सूत्रों पर अनेक भाष्य लिखे गये।

सर्वप्रथम उपाय यही है कि एकाग्रता के माध्यम से मन को नियन्त्रित किया जाये। एक भ्रमित या व्यग्र मन के साथ दिव्यता से संयोग सम्भव नहीं। पहले मन को शान्त करना होगा और ऐसा एकाग्रता के माध्यम से हो सकता है। योग सूत्र के दूसरे श्लोक में सुप्रसिद्ध सूक्ति आती है, 'योग चित्त वृत्ति निरोध', जिसका अर्थ है

कि योग ही चित्त के परिवर्तनों का नियन्त्रण है।* चित्त का अर्थ है मन, स्मृति और कुछ विद्वानों के अनुसार यह चेतन, अर्द्धचेतन और अवचेतन का संग्राहक भी है। यहीं से विचार उत्पन्न होते हैं जो कर्म के लिए प्रेरित करते हैं जिससे मन में निरन्तर विचलन होते हैं। इन संस्कारों की सहायता से सत्य प्रकट नहीं होता। ये श्लोक योग प्राप्ति के लिए परिभाषा, लक्ष्य और साधन प्राप्त होते हैं। मन की वही स्थिरता जीव को समाधि अथवा मुक्ति की ओर ले जाती है।

भगवद् गीता का छठा अध्याय ध्यान योग को समर्पित है। कृष्ण इस अभ्यास के साधनों तथा अन्त परिणाम का वर्णन करते हैं। एकाग्रता के माध्यम से मन को शान्त और स्थिर करना ही सबसे प्रधान साधन है। यह योगी के मन की अवस्था का वर्णन करता है जो प्रकाश की उस लौ के समान है जो हवा से रहित स्थान पर अकंप रहती है। मन की स्थिरता शुद्धि की ओर ले जाती है जिससे स्थायी आनन्द व परमानन्द प्राप्त होता है। फिर योगी सदा सन्तुष्ट रहता है और किसी भी चीज़ की कामना नहीं करता। फिर छात्र अर्जुन कहता है कि मन को नियन्त्रित करना कठिन है, यह हवा को नियन्त्रित करने से भी अधिक कठिन है। कृष्ण इस बात से सहमत होते हैं और कहते हैं कि बार-बार किये जाने वाले अभ्यास तथा अनासक्ति के बल पर मन को अन्ततः नियन्त्रित कर सकते हैं।

योग सूत्र इस विषय का विस्तार से वर्णन करते हुए बताते हैं कि सत्य को जानने में प्रमुख बाधाएँ क्या हैं। चित्त की निष्क्रिय प्रवृत्तियों से कर्म उत्पन्न होता है जो संस्कारों को उत्पन्न करता है, जो फिर कर्म को उत्पन्न करता है और इस प्रकार यह चक्र चलता रहता है। व्यक्ति को कहीं शान्ति प्राप्त नहीं होती। अविद्या, मन और शरीर के साथ त्रुटिपूर्ण पहचान (अस्मिता), मोह (राग), बैर (द्वेष) तथा जीवन पर दृढ़ पकड़ और मृत्यु से भय ही सत्य के मार्ग में बाधा हैं। सूत्र इन से पार पाने की कठिनाई को मान देते हुए सुझाव देते हैं कि हमें अष्टांग योग का पालन करना चाहिए।

पहले दो-यम और नियम-योग के नैतिक आधार हैं। यम में अहिंसा, सत्य, अस्तेय, ब्रह्मचर्य तथा उपहारों की अ-स्वीकृति (अपरिग्रह) शामिल हैं। ये अनुचित कर्मों से बचाव से सम्बन्ध रखते हैं। नियम में शुद्धता (शौच), सन्तोष, तपस्, स्वाध्याय तथा ईश्वर के प्रति समर्पण (ईश्वर प्राणिधान) शामिल हैं। ये शिक्षाएँ उचित कर्मों से सम्बन्ध रखती हैं।

---

* सुप्रसिद्ध बाइबिल कथन में भी मन की स्थिरता की ओर संकेत किया गया है, 'शान्त हो और जान लो कि मैं ही ईश्वर हूँ।' (स्तोत्र ग्रन्थ 46:10)

अगले तीन चरण–*आसन, प्राणायाम* और *प्रत्याहार*–मन और शरीर को अनुशासित करने में सहायक होते हैं ताकि उसे योग की अवस्था प्राप्त करने के लिए अनुकूल बनाया जा सके। यद्यपि पहले दो चरणों को उपेक्षित नहीं किया जा सकता। आसन को लम्बे समय तक रखते हुए, शरीर को स्थिर रखा जा सकता है। इस दौरान रीढ़ की हड्डी सीधी होनी चाहिए।* शरीर ध्यान की साधना के समय बाधा न बने। प्राणायाम का शाब्दिक अर्थ है, 'प्राण अथवा जीवन ऊर्जा का नियन्त्रण'। इसका प्रमुख साधन श्वास नियन्त्रण है। यह पाया गया कि नियमित और सधा हुआ श्वास मन को शान्त करने में सहायक होता है और वास्तव में इसका विपरीत भी उतना ही सत्य है, एक शान्त मन श्वास साधने में सहायक होता है। *प्रत्याहार* का शाब्दिक अर्थ है, 'आहार का नियन्त्रण' इस सन्दर्भ में नियन्त्रण का अर्थ है, हम अपने मन और इन्द्रियों से जो भी ग्रहण करते हैं, उस पर नियन्त्रण रखना। कुछ विद्वान अन्य इन्द्रियों से मिलने वाले प्रभाव की अपेक्षा, आहार से होने वाले प्रभाव पर अधिक बल देते हैं।

अन्तिम तीन चरण हैं–*धारणा, ध्यान* और *समाधि*। धारणा अर्थात एकाग्रता। ध्यान का तात्पर्य एकाग्रता की गहनता से है और प्राय: इसे 'ध्यान करने' से जोड़ा जाता है। इसकी तुलना तेल के स्थिर और मौन प्रवाह से है–*तैल धारावत्*। तब तक विचारों पर काफी हद तक नियन्त्रण करना आ जाता है। इससे मन की शान्ति और कभी-कभी अतिसंवेदी अनुभव, दिव्य दर्शन तथा विविध ध्वनियों का श्रवण भी सम्भव हो सकता है। यह यौगिक शक्तियों की ओर भी ले जा सकता है। पतंजलि पाठकों को सावधान करते हैं कि इन चीज़ों से भ्रमित न हों। ऐंद्रिक चीज़ों के पीछे भागने और अहं को पोषित करने से कई बार अधोगति का सामना करना पड़ सकता है।

अन्तिम अवस्था, *समाधि* है, जिसका शाब्दिक अनुवाद हो सकता है–मन को एक साथ स्थापित करना। यद्यपि यह व्यापक रूप से प्रबोध का सूचक है। मन स्थिर होता है, शान्ति और परमानन्द की प्राप्ति होती है जिससे व्यक्ति रूपान्तरित हो जाता है। ऐसा अनुभव पाने के बाद व्यक्ति को इन्द्रियों से सम्बन्धित तथा सांसारिक क्रिया-कलापों में रुचि नहीं रहती। योग सूत्र में समाधि के दो विस्तृत स्तरों का वर्णन

---

* यह माना जाता है कि यदि चेतना को बिना किसी बाधा के उन्नत करना है तो रीढ़ की हड्डी सीधी रहनी चाहिए। यौगिक शक्ति को कभी-कभी *कुंडलिनी* भी कहा जाता है, यह तभी बिना किसी बाधा के उठती है, जब रीढ़ की हड्डी सीधी हो। लोकप्रिय संस्कृति में, आसन का अर्थ उन विविध शारीरिक व्यायामों से लिया जाता है जो अच्छा स्वास्थ्य प्रदान करते हैं। *हठयोग प्रदीपिका* में ऐसे आसनों का विवरण मिलता है। ये शारीरिक व्यायाम वे नहीं हैं जिन्हें योग सूत्रों में आसन कहा गया है।

मिलता है। पहला या निम्न स्तर *संप्रज्ञता समाधि* है। इस जगह मन की प्रवृत्तियों को शान्त किया जाता है परन्तु वे पूरी तरह से समाप्त नहीं होतीं। इस समाधि में कई प्रकार की विविधता पाई जाती है जो अन्तत: सानन्द समाधि की ओर ले जाती है। यद्यपि मन स्थिर होता है और वस्तु व ज्ञाता के बीच अन्तर की सजगता रहती है। यह सम्पूर्ण संयोग नहीं है। संप्रज्ञता समाधि की अनेक अवस्थाओं के बारे में बताया गया है। इसके लिए कुछ अन्य शब्द जैसे *सविकल्प* (विचार सहित), अथवा *सबीज* (बीज सहित) समाधि भी प्रयुक्त होते हैं।

उच्चतम स्तर पर, असम्प्रज्ञता समाधि की अवस्था में मन पूरी तरह से काम करना बंद कर देता है। आरम्भिक अवस्थाओं को पार करने के बाद, योगी सजगता की अवस्था में प्रवेश करता है ओर यह ज्ञान मन में सुप्त सभी संस्कारों और प्रवृत्तियों को नष्ट कर देता है, जिनमें चेतन और अवचेतन प्रवृत्तियाँ भी शामिल हैं। परिणामत: ये संस्कार पुन: उत्पन्न नहीं हो सकते और इस प्रकार कोई पुनर्जन्म नहीं होता। जीव मुक्त हो कर जन्म और मरण से छूट कर ब्रह्म से एकलीन हो जाता है। यह समाधि *निर्बीज या निर्विकल्प* समाधि कहलाती है अर्थात ऐसी समाधि जिसमें कोई विचार अथवा सजग होने का कोई विचार नहीं होता।

योग ईश्वर को स्वीकार करता है। इस जगह ईश्वर को सर्वज्ञानी अर्थात गुरुओं के भी गुरु माना जाता है। यहाँ ईश्वर सर्जक की भूमिका में नहीं है। योग आत्मा और पदार्थ में भिन्नता, आत्मा और विचार तथा अहं, मन और बुद्धिमता के वर्गीकरण के लिए सांख्य को स्वीकार करता है। यद्यपि इसका मानना है कि एक ईश्वर है, जिसके विषय में सांख्य अनीश्वरवादी है।

सभी दर्शनों में, योग सूत्रों का प्रयोग आज भी होता है और कई उन शिक्षाओं के अध्ययन के बाद उन्हें जीवन में उतारते हैं। प्राय: इस योग की साधना से पूर्व एक सुयोग्य गुरु की आवश्यकता पर बल दिया जाता है।

पूर्व मीमांसा

आरम्भिक *दर्शन* वेदों अथवा उपनिषदों के उद्धरण नहीं देते। यद्यपि वे उन्हें स्वीकार करते हैं, वे अपने दर्शन के लिए कारण और तर्क को आधार बनाते हैं या फिर जैसे योग सूत्रों के मामले में, प्रत्यक्ष अनुभवों की सहायता ली गयी। परन्तु पूर्व मीमांसा (अथवा, केवल मीमांसा) और वेदान्त अपने दर्शन की स्थापना के लिए वेदों से उद्धरण प्रस्तुत करते हैं। पूर्व का अर्थ है, आरम्भिक और यह वेदों के आरम्भिक भागों की ओर संकेत करता है। *'मीमांसा'* शब्द का अर्थ है, 'सत्य की पड़ताल'।

ऋषि जैमिनी मीमांसा के लेखक हैं जिसे 400 ई.पू. के समय का माना गया है। मीमांसा का शाब्दिक अर्थ है, 'तार्किक पड़ताल'। यह अपने दर्शन के लिए वेदों की पड़ताल करती है। इस पर अनेक भाष्य प्रस्तुत किये गये। इनमें से आरम्भिक भाष्य *सबर* ने दिया था। उसके बाद एक महत्त्वपूर्ण भाष्य कुमारिल भट्ट ने दिया। 8वीं सदी में आदि शंकर के समय का था। प्रभाकर ने इसके लिए भाष्य लिखे।

मीमांसा का आधार वेदों के पहले दो भाग अथवा कर्म कांड हैं। जिनमें *मन्त्र संहिता* और *ब्राह्मणों* का नाम ले सकते हैं। आपको याद दिला दें कि संहिता मन्त्र अथवा पवित्र वर्ण और स्तोत्र हैं और ब्राह्मण धार्मिक अभ्यासों के अलावा इन मन्त्रों के अर्थ प्रदान करते हैं। मीमांसा स्वयं को वेदों के अन्य दो भागों पर आधारित नहीं करती, जो कि आरण्यक और उपनिषद हैं।

मीमांसा का लक्ष्य यह दिखाना ही है कि वेद ही सर्वश्रेष्ठ हैं और वेदों में दिये गये कर्मकांड ही सबसे प्रमुख शिक्षाएँ हैं। पूर्व मीमांसा पर बाद में आने वाले भाष्यों ने अन्य दर्शनों के सभी प्रमाणों को स्वीकारा, जिनमें *प्रत्यक्ष, अनुमान, उपमान तथा शब्द का साक्ष्य* आदि सम्मिलित हैं। यह अर्थ प्राप्ति तथा अनुपलिब्ध को भी शामिल करती है। यद्यपि इसमें शब्द को सर्वोच्च पद दिया गया है जो इस जगह वेदों के कर्मकांड की ओर स्पष्ट संकेत करता है। मीमांसा के अनुसार, शब्द ही सबसे बड़ा प्रमाण है। यह इस तर्क की स्थापना के लिए अपने तन्त्र का प्रयोग करती है कि वेद अपौरुषेय हैं यानी उन्हें किसी मनुष्य ने नहीं रचा, वे नित्य हैं, अनादि और अनन्त हैं।

मीमांसा कहती है कि एक शब्द की ध्वनि और उसके अर्थ का सम्बन्ध ऐसा होता है कि इसे अलग नहीं किया जा सकता और इस तरह वह शाश्वत है। हालाँकि, यह सभी शब्दों के लिए सत्य है। वेद विशेष हैं क्योंकि शब्दों को जिस क्रम में व्यवस्थित किया गया है, उसे किसी मनुष्य या दैवीय प्रतिनिधि ने तय नहीं किया। सटीक ज्ञान स्वत:–वैद्य और स्वत:–स्पष्ट होता है और वेद भी यही हैं। चूंकि बाकी सारा ज्ञान मनुष्य से उत्पन्न हुआ है इसलिए वह दोषयुक्त है। वेदों का ज्ञान दोषरहित है क्योंकि यह किसी मानवीय स्रोत से नहीं है। वेद जिसका सन्दर्भ देते हैं, वह अतिसंवेदी है।

मीमांसा कहती है कि धर्म की शिक्षा देना ही वेदों का उद्देश्य है जिसे धार्मिक कर्तव्य कह सकते हैं। क्या करना चाहिए और क्या नहीं करना चाहिए, इस विषय में निर्देश ही वैदिक धर्म का निर्माण करते हैं। एक और महत्त्वपूर्ण पक्ष यह है कि यह वैदिक अनुष्ठानों पर केन्द्रित है। इन्हें एक निर्धारित तरीके से पूरा किया जाता है। नित्यकर्म ऐसे अनुष्ठान हैं जिन्हें सदा करना चाहिए। हालाँकि इनका कोई विशेष

लाभ नहीं है, परन्तु न करने में हानि है। फिर इसके अतिरिक्त वे संस्कार आते हैं जो जन्म, विवाह और मृत्यु से जुड़े हैं। इसके बाद अन्नप्राशन (बच्चे को पहला ठोस आहार देना), उपनयन (यज्ञोपवीत संस्कार द्वारा बालक की औपचारिक शिक्षा का शुभारम्भ) और समावर्तन (छात्र जीवन से स्नातक होना) आदि अनुष्ठान आते हैं। इन्हें भी निर्धारित ढंग से उपयुक्त समय पर किया जाना चाहिए। ऐसे ही कुछ *काम्य* कर्म भी हैं जिन्हें स्वेच्छा से किया जाता है। इनमें पुत्र के जन्म और राज्य की प्राप्ति से जुड़े कर्म शामिल हैं–*सुविख्यात राजसूय तथा अश्वमेध यज्ञ*। इन्हें महाभारत और रामायण में भी किया गया था, यद्यपि वे सदियों बाद में लिखे गये। इसके अतिरिक्त कुछ ऐसे कर्म भी हैं जो समाज के कल्याण तथा वर्षा आदि के लिए किये जाते हैं। यदि ऐसी कोई इच्छा न हो तो काम्य कर्म करने की आवश्यकता नहीं है। उपनिषदों पर इसकी स्थिति स्पष्ट है। उपनिषद कोई ऐसी निषेधाज्ञा नहीं है कि क्या करना है, ये केवल तथ्य हैं। हालाँकि वेदों का उद्देश्य केवल तथ्यामक वाक्य नहीं, ये मनुष्यों का मार्गदर्शन करते हुए बताते हैं कि उन्हें क्या करना चाहिए। कर्म कांड में भी, ब्रह्म के विषय में कथन मिलते हैं परन्तु वे कर्म करने के लिए कोई मार्गदर्शन नहीं देते। इसी तरह, मीमांसा में किसी देवता या फिर वैदिक इष्टों का आवाह्न नहीं होता। वेद शाश्वत हैं और इन्हें देवताओं ने नहीं रचा था। एक सर्जक के रूप में ईश्वर की आवश्यकता नहीं क्योंकि ब्रह्माण्ड का अस्तित्व हमेशा से रहा है। कर्मों का फल देने के लिए भी ईश्वर की आवश्यकता नहीं क्योंकि वे वैदिक कर्मों से निर्धारित होते हैं। परवर्ती भाष्यों में ईश्वर को स्वीकार किया गया है।

जीवन का लक्ष्य यही है कि वैदिक धर्म का पालन करते हुए इससे मिलने वाले लाभ प्राप्त किये जायें। ऐसे लाभों में स्वर्ग के विभिन्न उच्चतम स्तरों का वर्णन किया गया है। परवर्ती भाष्यकारों ने मोक्ष को जीवन का लक्ष्य माना परन्तु इस बात पर बल दिया कि ऐसा मोक्ष पाने के लिए वैदिक कर्मकांडों का कड़ाई से पालन करना होगा।

भगवद् गीता कहती है वैदिक कर्मों का पालन करने वाले स्वर्ग गमन करेंगे परन्तु उन्हें पुनः जन्म लेना होगा। यदि उन्हें मोक्ष पाना हो तो उन्हें उच्चतम शिक्षाओं का पालन करना होगा। आदि शंकर ने ये विचार और स्पष्ट रूप से प्रकट किये हैं। विशिष्टाद्वैत तथा द्वैत काफी हद तक वैदिक कर्मकांडों का पालन करते हैं और साधक को भी इनमें सहभागी बनाते हैं।

मनुष्य के भीतर सम्पन्नता, सम्पदा तथा प्रसन्नता पाने की सहज प्रवृत्ति पाई जाती है; वैदिक कर्म और मीमांसा दोनों ही इस आवेग को मान देते हुए स्वीकार करते हैं। विवाह तथा मृत्यु के अवसर पर, आज भी वैदिक कर्मकांड पूरे किये जाते

हैं। कुछ अवसरों पर पूरे अनुष्ठान होते हैं। कई वैदिक पंडित वेदों की मन्त्र संहिता का उच्चारण कर सकते हैं और कई धार्मिक व आध्यात्मिक स्थलों पर, प्रतिदिन वेदमन्त्रों का उच्चारण होता है।

शान्ति का आवाह्न करने वाले *शान्ति मन्त्र* मन्त्र संहिता से भिन्न हैं, हालाँकि उनका भी वर्तमान में बहुत प्रयोग होता है और विभिन्न आयोजनों में नियमित रूप से पाठ होता है। कुछ जाने-माने वैदिक स्तोत्र जैसे पुरुष *सूक्तम्* और रुद्रम का भी नियमित रूप से पाठ होता है।*

वेदान्त अथवा उत्तर मीमांसा

उत्तर का अर्थ है, वेदों का परवर्ती भाग-उपनिषद। उत्तर मीमांसा को वेदान्त, वेदों का लक्ष्य अथवा अन्त कहते हैं। इनमें सबसे प्रमुख ग्रन्थ वेदान्त सूत्र हैं, जिन्हें ब्रह्म सूत्र या भिक्षु सूत्र* भी कहते हैं। माना जाता है कि वेदान्त सूत्रों की रचना बादरायण ने 400 ईसा पूर्व की, कुछ लोग उन्हें वेद व्यास के समान मानते हैं। भगवद् गीता में भी ब्रह्म सूत्रों का सन्दर्भ आता है, माना जाता है कि वे गीता से भी पहले के हैं यद्यपि वे प्रमुख उपनिषदों के बाद हुए।

उत्तर मीमांसा में इस बात पर बल दिया गया कि कर्मकांड के बजाये उपनिषद वेदान्त का आधार हैं। चूंकि वेदान्त का हिन्दू दर्शन पर वर्चस्व है और इसने बाद में कई विविध सिद्धान्तों को जन्म दिया, जिनके बारे में आगे जा कर चर्चा होगी।

सारांश

छह दर्शन तर्क व कारण पर आधारित हैं, पर फिर भी वे वेदों के श्रेष्ठता स्वीकार करते हैं। योग सूत्र अपवाद हैं, जो जीवन के लक्ष्य तक जाने का उपाय देते हैं, वे प्राकट्य नहीं बल्कि दर्शन हैं। दर्शनों के मध्य अन्तर हैं। अभ्यास में, आरम्भिक दर्शन (जैसे न्याय और वैशेषिका) का अध्ययन केवल विद्वान करते हैं और इन्होंने अप्रत्यक्ष तौर पर वर्तमान धर्म व अध्यात्म के अभ्यास को प्रभावित किया है। सांख्य का परवर्ती दर्शनों पर कहीं अधिक प्रभाव रहा, हालाँकि ऐसा प्रभाव भी अप्रत्यक्ष है। योग सूत्रों का सारा मनोवैज्ञानिक आधार सांख्य से लिया गया है। आज भी गम्भीर प्रकृति के साधक योग सूत्रों का अध्ययन करते हैं। वैदिक अनुष्ठानों पर पूरी तरह से

---

* विष्णु सहस्त्रनाम, ललिता सहस्त्रनाम, चंडी या देवी महात्म्य जैसे अन्य मन्त्र वेदों से नहीं बल्कि पुराणों व अन्य ग्रन्थों से हैं।

* भिक्षु का अर्थ है, 'भिक्षा लेने वाले साधु

केन्द्रित पूर्व मीमांसा के अनुयायी सम्भवतः बहुत कम रह गये हैं। हालाँकि, वैदिक अनुष्ठान आज भी किये जाते हैं और ऐसे कई धार्मिक सम्प्रदाय हैं, जहाँ वैदिक मन्त्रपाठ व अनुष्ठान आदि करना सिखाया जाता है। वर्तमान में उत्तर मीमांसा या वेदान्त अधिक प्रचलन में है। लोग इसका अध्ययन करते हैं, इन पर व्याख्यान देते हैं और इस विषय पर पुस्तकें लिखी जाती हैं।

सन्दर्भ

- स्वामी विरुपाक्षनन्द, सांख्य करिका ऑफ़ ईश्वर कृष्णा (चेन्नई:रामकृष्ण मठ, 1995)
- स्वामी कृष्णानन्द, द टीचिंग्स ऑफ भगवद्गीता (द डिवाइन लाइफ सोसायटी) अध्याय 3 और 5,
  https://www.swami-krishnananda.org/bhagavad/bhagavad_03.html;https://www.swami-krishnananda.org/phil-psy_05.html
- स्वामी कृष्णानन्द, भगवद्गीता, अध्याय 5,
  https://www.swami-krishnananda.org/phil-psy/phil-psy_05.html
- कॉस्मोलॉजी अकॉर्डिंग टू योग एंड सांख्य, स्वामी कृष्णानन्द (द डिवाइन लाइफ सोसायटी)
- टी.एम.पी. महादेवन, आउटलाइंस ऑफ हिन्दुइज़्म, (मुम्बई, चेतना, 1999)

ब्रह्मसूत्र

ब्रह्मसूत्र वेदान्त सूत्र और भिक्षु* सूत्र (ये भिक्षु या संन्यासियों के लिए सूत्र हैं) के रूप में भी जाने जाते हैं। वे वेदान्त अथवा उपनिषद के लिए व्यवस्थित और तार्किक आधार प्रदान करते हैं। उपनिषद 'प्रकाशित ग्रन्थ' हैं और इनमें सुविकसित दर्शन नहीं है। उपनिषद के श्लोक, सत्य के प्रकाशन माने जाते हैं, जिन्हें चेतना की उच्चतम अवस्थाओं में 'देखा' गया। यद्यपि ब्रह्म सूत्र षट् दर्शन का भाग हैं, वे अपने-आप में भी विशेष स्थान रखते हैं। वे उत्तर मीमांसा का आधार बनाते हैं, जिसे *वेदान्त* भी कहते हैं।

ब्रह्मसूत्र हिन्दू धर्म के तीन सर्वाधिक पवित्र ग्रन्थों-प्रस्थान त्रय-में से हैं। इस जगह प्रस्थान का अर्थ है, 'मूल' अथवा 'स्रोत'* और 'त्रय' का अनुवाद 'तीन' की तरह किया जा सकता है। वे तीन हैं–ब्रह्मसूत्र, उपनिषद और भगवद् गीता। प्रायः यही माना जाता है कि ब्रह्मसूत्र प्रमुख उपनिषदों से बाद में लिखे गये तथा भगवद् गीता से पहले के हैं। उपनिषद श्रुति प्रस्थान कहलाते हैं अर्थात ऐसे ग्रन्थ जिन्हें सुना गया (श्रुति) और उपदेश प्रस्थान का अर्थ है, ऐसे ग्रन्थ जो शिक्षा प्रदान करते हैं। ब्रह्मसूत्र सूत्र प्रस्थान कहलाते हैं, जहाँ एक सूत्र को ऐसा होना चाहिए कि वह सटीक तथा स्पष्ट हो, किसी विषय पर हुई चर्चा का सार दे सके परन्तु इसके साथ ही प्रश्न के सभी पक्षों का समाधान करे, दोहराव से परे और त्रुटिहीन हो।[1] इन्हें कभी-कभी न्याय प्रस्थान भी कहते हैं, यानी जो उपनिषदों को तार्किक आधार प्रदान करता हो। भगवद् गीता को कई बार साधना प्रस्थान कहा जाता है, जिसका अर्थ है, जो यह सिखाती है कि शिक्षाओं को व्यवहार में कैसे उतारा जा सकता है।

* भिक्षु का शाब्दिक अर्थ है, 'जो भिक्षान्न पर जीवित रहे'। यद्यपि आधुनिक युग के संन्यासियों को समाज से सहयोग मिलता है। प्राचीन काल के साधु और संन्यासी भिक्षा पर ही निर्वाह करते थे।

* दिन-प्रतिदिन के प्रयोग में, प्रस्थान का अर्थ है, 'विदा लेना'। यद्यपि इसका एक अर्थ, 'स्रोत' भी है, जो इस सन्दर्भ में उपयुक्त है।

एक दृष्टिकोण के अनुसार, वेदों के रचियता वेद व्यास, वही बादरायण हैं, जिन्होंने ब्रह्मसूत्र की रचना की। एक और मत के अनुसार ब्रह्मसूत्र पहले बादरायण ने रचे और बाद में वेद व्यास* ने उन्हें लिखित रूप प्रदान किया। गीता में ब्रह्मसूत्रों का सन्दर्भ आता है, परन्तु ब्रह्मसूत्र भी बदले में गीता का अप्रत्यक्ष सन्दर्भ देते हैं। वर्तमान में आम सहमति यह है कि व्यास ने महाभारत की रचना की, जिसमें गीता एक भाग है और इसके साथ ही उन्होंने ब्रह्मसूत्र भी रचे, इस प्रक्रिया में उन्होंने गीता में दिये विचारों के कुछ सन्दर्भ भी इनमें शामिल किये।

उपनिषदों के तुरन्त बाद, कई दर्शन सामने आये, जिनमें न्याय, वैशेषिक तथा सांख्य शामिल थे, इनमें से सम्भवतः प्रत्येक अपने-आप को उचित ठहराना चाहता था।* एक अनुमान के अनुसार ऐसे 62 सम्प्रदाय थे। उनमें से एक-चार्वाक-भौतिकवादी हैं और अपना दृष्टिकोण प्रस्तुत करने के लिए तर्क का आश्रय लेते हैं। सम्भवतः वेदान्त के प्रमुख विचारों को एक पद्धतिबद्ध दर्शन में लाने की आवश्यकता अनुभव की गयी, जिसे ब्रह्मसूत्रों द्वारा पूरा किया गया।

ब्रह्मसूत्र 555 सूत्रों का संक्षिप्त सा ग्रन्थ है। ये बहुत सटीक व संक्षिप्त हैं यानी संक्षिप्त वाक्यांश। प्रत्येक सूत्र का अर्थ प्रायः पूरी तरह से नहीं समझा जा सकता। आगे जा कर, अनेक भाष्यकारों ने इन पर अपने भाष्य प्रस्तुत किये। इनमें से पाँच सर्वाधिक प्रसिद्ध भाष्य शंकराचार्य, रामानुजाचार्य, मध्वाचार्य, निम्बार्काचार्य तथा वल्लभाचार्य के हैं। इनमें से प्रत्येक ने विभिन्न दर्शनों की स्थापना के लिए ब्रह्मसूत्रों तथा उपनिषदों का प्रयोग किया है। इन भाष्यों का आना आवश्यक था क्योंकि ब्रह्मसूत्र इतने संक्षिप्त हैं कि सूत्रों के पूर्ण अर्थ और व्याख्या को विस्तृत विवरण की आवश्यकता थी। इन भाष्यों में सूत्रों की स्थापना के लिए उपनिषदों का प्रयोग हुआ है।

---

* मान्यता है कि वेद व्यास ने वेदों का संकलन किया और ब्रह्म सूत्र व महाभारत लिखे, जिसमें भगवद् गीता भी शामिल है। चूंकि इन ग्रन्थों की लेखन अवधि में भारी अन्तराल है, कुछ लोगों का संदेह है कि इसके लेखक व्यास एक ही व्यक्ति हैं? कुछ लोगों का विचार है, ग्रन्थों के विद्वान लेखक को यह पदवी प्रदान की जाती थी और लेखक अलग-अलग लोग होते थे। यद्यपि कुछ अन्य लोगों का मत है कि बादरायण ने ब्रह्म सूत्रों की रचना की और बाद में व्यास ने उन्हें संजोया। आठवीं सदी में आदि शंकर ने अपने भाष्य में व्यास की अपेक्षा बादरायण का हवाला दिया है। हिन्दू धर्म में प्रायः यह समस्या सामने आती है जब हम कुछ प्राचीन ग्रन्थों के उचित स्रोत, इतिहास और लेखक आदि के विषय में सर्वसम्मति से निर्णय नहीं ले पाते। यद्यपि वे ग्रन्थ आज भी पढ़े जाते हैं और सर्वसम्मति से पवित्र माने जाते हैं।

* बुद्ध ने विविध दर्शनों पर होने वाली चर्चाओं को पाया जिनमें वैदिक अनुष्ठानों पर बल दिया गया था।

इसके बाद कई टीकाएँ भी लिखी गयीं यानी भाष्यों की और अधिक व्याख्या दी गयी।

ब्रह्मसूत्र आरम्भिक ग्रन्थों का भी हवाला देते हैं जिनमें उपनिषद ग्रन्थों जैसे ही दर्शन विकसित हुए। हालाँकि, समय के साथ-साथ, ब्रह्मसूत्रों को भी सबसे अधिक आधिकारिक मान लिया गया।

ब्रह्मसूत्र क्या कहना चाहते हैं, इसे सही तरह से समझने में कठिनाई यह है कि उपनिषद के कथनों को बहुत संक्षिप्त वाक्यांशों में दिया गया है। हालाँकि वे उपनिषदों के उद्धरण नहीं देते; यह चुनाव भाष्यकार का ही है कि वह किस सूत्र से जुड़े उपनिषद के श्लोक का सन्दर्भ देना चाहता है या नहीं। यदि पाठ्य अन्तराल में थोड़ा सा भी संशोधन कर दिया जाये तो अर्थ बदल जाते हैं। पूर्वपक्ष में दो विरोधी दृष्टिकोण दिये गये हैं, जो एक वितर्क तथा सिद्धान्त प्रदान करते हैं, जो सत्य की स्थापना करता है। इन दोनों के मध्य कोई स्पष्ट अन्तर नहीं है, विश्लेषण करने वाले को स्वयं ही निर्णय करना होगा कि इसमें से सत्य क्या है। बादरायण अपने ही दृष्टिकोण के विषय में मौन रहते हैं और केवल ऐसे सूत्र कहते हैं जो विभिन्न दृष्टिकोण देते हैं। प्रतिपादन की सरलता के लिए, हम ब्रह्मसूत्रों की अद्वैत व्याख्या का पालन करेंगे। इसके बाद, हम अन्य महान दर्शनों की व्याख्याओं की चर्चा करेंगे।

सामग्री की एक झलक

सम्पूर्ण ग्रन्थ को समझने के लिए ब्रह्मसूत्रों का पूर्ण अध्ययन करना आवश्यक है। प्राचीन विद्वानों ने कहा है कि शब्दश: बोध ही उचित नहीं है; व्यक्ति को पूरे पाठ्य के सार को समझना होगा। एक और मतानुसार, पहले से सार को जान लेना सम्भव नहीं, पाठ्य को ज्यों का त्यों समझा जाना चाहिए।

ब्रह्मसूत्र का पहला सूत्र है:

अथातो ब्रह्मजिज्ञासा।।

अथ–अब; अत:–यहाँ से; ब्रह्मजिज्ञासा-ब्रह्म के विषय में जिज्ञासा

इसके बाद आता है:

जन्माद्यस्य यत: ।।

जन्मादि-जन्म;अस्य-इसका (संसार);यत:–जिससे

इस छोटे से सूत्र पर ही महान आचार्यों ने विस्तृत भाष्य लिखे हैं जिनके विषय में पहले बताया गया है। यद्यपि प्रत्येक भाष्यकार की व्याख्या थोड़ी अलग है परन्तु आम सहमति यही है कि ब्रह्म के विषय में पूछताछ अनिवार्य है क्योंकि यही हर चीज़ का मूल है।

अन्तिम सूत्र है:

अनावृत्तिः शब्दाद अनावृत्तिः शब्दात्।

इसका शाब्दिक अर्थ है इस शब्द (धर्मग्रन्थ) के अनुसार कोई वापसी नहीं है। जिसका अर्थ है कि इस संसार में वापसी नहीं होती क्योंकि मोक्ष प्राप्त हो जाता है।

विद्वानों ने लक्ष्य किया है कि इस श्लोक की व्याख्या करने के लिए, महान भाष्यकारों ने उपनिषद से विविध श्लोकों का आश्रय लिया है। जब यह कहता है, शब्दाद ; तब यह कहता है, 'जैसा कि धर्मग्रन्थ कहते हैं', तब इससे यह पता नहीं चलता कि धर्मग्रन्थ (जो कि उपनिषद हैं) के कौन से भाग का सन्दर्भ दिया गया है। विद्वानों ने यह भी लक्ष्य किया 555 सूत्रों का पहला और अन्तिम श्लोक दिखाता है कि ब्रह्म सूत्रों का पहला उद्‌देश्य ही ब्रह्म के तत्त्व का पड़ताल करना है और ब्रह्म को जानने वालों का इस संसार में पुनर्जन्म नहीं होता।

यह ग्रन्थ चार अध्यायों में विभाजित है। पहला अध्याय समन्वय अध्याय अथवा समन्वय का अध्ययन कहलाता है, यह उपनिषदों के सभी वचनों के अनिवार्य समन्वय का समाधान प्रस्तुत करता है। यही उपनिषद के मुख्य उद्‌देश्य को प्रकट करते हुए कहता है:

तत् तु समन्वयात्।।

तत्-वह; तु-परन्तु; समन्वयात्-समन्वय है।

यह इस बात का सूचक है कि उपनिषदों में एक अनिवार्य समन्वय है। सम्भवतः अध्याय का शीर्षक इसी श्लोक से लिया गया है। यह अध्याय उपनिषदों से अनेक सन्दर्भ और वाक्यांश लेते हुए कहता है कि वे केवल ब्रह्म से सम्बद्ध हैं। उदाहरण के लिए, प्रायः 'प्राण' शब्द को 'ऊर्जा' तथा 'जीवन शक्ति' के रूप में जाना जाता है, सूत्रों में कहा गया है कि इसकी उत्पत्ति ब्रह्म से हुई है। इसी प्रकार, यह कहा गया है कि पदार्थ, चित्त और अन्य अंग आदि ब्रह्म से आये हैं। इस पूरे अध्याय में यही दिखाया गया है कि उपनिषद की सभी बातों में एक समन्वय है और साथ ही यह स्थापित किया गया कि यह केवल ब्रह्म के विषय मे है। यही हर चीज़ का मूल है, यही मूल कारण है। यह संक्षिप्त में उन सिद्धान्तों का खण्डन करता है

जो कहते हैं कि पदार्थ सदा से ही ब्रह्म से अलग था। ये इसकी स्थापना के लिए उपनिषदों का हवाला देते हैं। परवर्ती भाष्यकारों ने उपनिषदों से चुने हुए विशेष श्लोकों के सन्दर्भ दिये हैं ताकि सूत्रों के अर्थ स्पष्ट हो सकें। यद्यपि, द्वैत व्याख्या कहती है कि सजीव तथा पदार्थ वास्तव में ब्रह्म से अलग हैं।

दूसरे अध्याय का शीर्षक है–अविरोध अध्याय अर्थात विरोधाभास के बिना अध्ययन। जहाँ पहले अध्याय में यह स्थापित किया गया कि ब्रह्म ही हर चीज़ का प्रधान कारण और मूल है, वहीं इस अध्याय में ऐसे तर्क दिये गये हैं जो अन्यथा दावा करते हुए इस बात का खण्डन करते हैं। यह कहता है कि पदार्थ का अपना अलग मूल नहीं होता। यह सांख्य तथा वैशेषिक जैसे दर्शनों का खण्डन करता है। ब्रह्म सूत्रों पर लिखे भाष्य स्पष्ट करते हैं कि उनका खण्डन किया गया, हालाँकि सूत्रों में कहीं भी इन दो दर्शनों के नाम से कुछ नहीं कहा गया।

हमें यह याद करना होगा कि ये दर्शन बिना किसी संदेह के सत्य तथा पदार्थ की स्वतन्त्रता पर बल देते हैं, ये मनुष्य के सत्य तथा अनुभवों को भी स्वीकार करते हैं जो कि विचार तथा विचारों की छाप हैं। ब्रह्म सूत्र का दूसरा अध्याय यह भी स्वीकार करता है कि आत्म पदार्थ से अलग है। चर्चा का मुख्य विषय यह है कि क्या यह पदार्थ आन्तरिक और बुनियादी रूप से आत्मा से अलग है। इसके बाद ये विशुद्ध भौतिकवादी या शून्यवादी दर्शनों की बात करता है जो कहते हैं कि वस्तुएँ हमेशा बदलती रहती हैं और आत्मा जैसी कोई चीज़ नहीं होती। इन सभी दृष्टिकोणों का खण्डन किया जाता है और ब्रह्म की सत्य रूप में स्थापना होती है।

यह अध्याय उस दर्शन का खण्डन करता है जो कहता है कि यह पदार्थ ब्रह्म से अलग है, इन्द्रियाँ अलग हैं और भोक्ता उससे अलग है जिसका अनुभव किया जा रहा है। यह स्मृतियों का भी खण्डन करता है जो स्पष्ट तौर पर कहती हैं कि श्रुति या उपनिषदों में विरोधाभास नहीं हो सकता। विविध देवता भी ब्रह्म से उपजे हैं। यह कहता है कि ब्रह्म न केवल इस ब्रह्माण्ड का प्रमुख कारण है बल्कि इसका भौतिक पदार्थ भी है। इसका अर्थ है कि ब्रह्म पदार्थ भी है। उदाहरण के लिए, यद्यपि कुम्हार अपने बनाए जाने वाले पात्र का यथार्थ कारण है परन्तु पदार्थ कारण मिट्टी है। एक मकड़ा अपने द्वारा बुने जाने वाले जाल का यथार्थ कारण ही नहीं बल्कि पदार्थ कारण भी है क्योंकि वह जाल स्वयं मकड़े से निकल रहा है। यह केवल एक उपमा है परन्तु इसी प्रकार, केवल ब्रह्म 'है' और वही इस ब्रह्माण्ड का यथार्थ और पदार्थ कारण है, इस संसार में केवल ब्रह्म ही व्याप्त है। यह इस तर्क का खण्डन करता है कि संसार विभेदित है इसलिए यह संसार भी विभेदित है। यह स्वप्नावस्था

का उदाहरण देता है, जहाँ व्यक्ति वही रहता है, परन्तु विभिन्न स्वप्नों का अनुभव होता है। यह कहता है कि जादूगर नहीं बदलता परन्तु भ्रम उत्पन्न करता है। इस प्रकार, इस परिवर्तनशील जगत के बावजूद ब्रह्म कभी नहीं बदलता।

दूसरे दर्शनों का खण्डन करते हुए, ब्रह्म के हर चीज़ का स्रोत होने की स्थापना के साथ ही, यह अध्याय स्थापित करता है कि पदार्थ स्वयं मिट्टी जैसी किसी चीज़ को उत्पन्न नहीं कर सकता और कुम्हार के बिना पात्र नहीं बनता। तो इस प्रकार सारी सृष्टि के पीछे एक बुद्धिमता है। ब्रह्म सूत्र कहता है कि जगत में एक और व्यवस्था है। वह कहाँ से आई है? अणु किसी नियम के अभाव में स्वयं सक्रिय नहीं हो सकते। इस तरह, उन दर्शनों का खण्डन किया गया जो कहते हैं कि ब्रह्माण्ड को, भौतिक जगत के प्राथमिक स्रोत के रूप में अणु के रूप में प्रस्तुत करते हैं, उनका खण्डन किया गया हैं

यह अन्य दर्शनों का भी खण्डन करता है। एक और ऐसा दर्शन कहता है कि बाहरी और आन्तरिक जगत सत्य हैं। आन्तरिक जगत में विचार, भाव, मन के संस्कार व स्वप्न आदि शामिल हैं। एक दूसरे दर्शन में कहा गया है कि केवल विचार ही सत्य हैं जबकि एक और दर्शन कहता है कि हर चीज़ शून्य* और असत्य है। यद्यपि उनमें से सभी यह स्वीकार करते हैं कि हर चीज़ क्षणिक है और कुछ भी स्थायी नहीं है। ये दर्शन बौद्ध धर्म से पहले के हैं और परवर्ती भाष्यकारों ने इस सूत्रों की सहायता से बौद्ध सिद्धान्तों का खण्डन किया है। जबकि ब्रह्म सूत्रों में बौद्ध धर्म के कोई स्पष्ट सन्दर्भ नहीं मिलते; वे केवल उन आरम्भिक विकासशील रूपों का खण्डन करते हैं जो ब्रह्म सूत्रों की रचना के समय अस्तित्व में थे। ब्रह्म सूत्रों में दिये गये सूत्रों का सार है कि यदि हर चीज़ क्षणिक है, तो अणु और अन्य वस्तुएँ एक कारण या ढाँचे पर क्यों चलते हैं? अगर कोई कारण नहीं तो यह तर्क सूचित करता है कि पदार्थ–जो कि बाहरी और आन्तरिक जगत में सब कुछ है–वह कतिपय नियमों से संचालित नहीं होना चाहिए। हालाँकि ऐसा नहीं है। स्मृति विचारों और मानसिक छाप से कहीं अधिक स्थायी है। यदि सब कुछ क्षणिक है तो स्मृति कैसे जागती है? सम्भवत: वेदान्त कहता है कि नियम स्वयं ब्रह्म से उपजा है और सत्य के समान है, बौद्ध धर्म भी नियम की बात करता है परन्तु इसे सत्य का स्तर प्रदान नहीं करता।* इस बिन्दु को निम्नलिखित वाक्य से संक्षिप्त रूप में बता सकते हैं:

---

* 'शून्य' बौद्ध दर्शन और सिद्धान्त का भाग था जो ब्रह्म सूत्रों की रचना के बाद सामने आया।

* इस जगह यह बताने का प्रयत्न किया गया है कि ब्रह्म सूत्रों ने क्या कहा है, यह स्थापित नहीं किया जा रहा कि केवल वही उचित या सही हैं।

नासतः, दृष्टत्वात्।।

ना-नहीं;असतः–अनास्तित्व से;दृष्टत्वात्–क्योंकि यह देखा नहीं जाता। इस प्रकार, इस वाक्यांश का अनुवाद होगाः अस्तित्व अनास्तित्व से नहीं उपजता क्योंकि यह देखा नहीं जाता।

एक और दर्शन कहता है कि हम नहीं कह सकते कि कोई वस्तु सत्य है या असत्य-यह दोनों हो सकती है या ऐसा भी हो सकता है कि दोनों में से कोई न हो और यह अनिवार्य तौर पर वर्णन से परे है। यही आगे चल कर जैन दर्शन के रूप में उभरा। हालाँकि, ब्रह्म सूत्रों के अनुसार, यह एक असम्भव आधार है। या तो आत्मा बदलती है, जो सम्भव नहीं, या फिर यह नहीं बदलती, जो इस विचार से मेल नहीं खाता कि यह सत्य नहीं है (जो परिवर्तन होता है, वह सत्य या वास्तविक नहीं)। परवर्ती भाष्यकारों ने जैन धर्मग्रन्थों के हवाले से इन तर्कों का खण्डन किया, परन्तु ब्रह्म सूत्रों में जैन धर्म का कोई उल्लेख नहीं है। बौद्ध धर्म की तरह, इस तरह का दर्शन जैन धर्म से पहले का है परन्तु इससे काफी हद तक साम्य रखता है।*

यह अन्य हिन्दू दर्शनों का भी खण्डन करता है जो ईश्वर में विश्वास रखते हैं जिससे व्यक्तिगत आत्मा उत्पन्न होती है। यह तर्क कहता है कि व्यक्तिगत आत्मा रची नहीं जा सकती क्योंकि सृजन विनाश का भी सूचक है जबकि आत्मा अमर होने के कारण नष्ट नहीं हो सकती।

अब तक हुए चर्चा में ब्रह्म सूत्रों को प्रकट करने की कठिनाई स्पष्ट हो जाती है। सूत्र संक्षिप्त हैं। भाष्यकार उपनिषदों का सहारा ले कर इसका वर्णन करते हैं, वे ऐसे श्लोक चुनते हैं जो उनकी व्याख्या की पंक्तियों से मेल खाते हैं। एक कारण यह भी है कि पाँच प्रमुख भाष्य आपस में इतने अलग क्यों हैं। हालाँकि, परवर्ती भाष्यों में एक चीज़ सामान्य है कि वे वेदों और उपनिषदों की श्रेष्ठता स्वीकार करते हैं। समानता का एक बिन्दु, ब्रह्म का प्रत्येक वस्तु के मूल और स्रोत के रूप में स्वीकार भी है। ब्रह्म ही योग्य कारण है। अन्य दर्शनों के खण्डनों ने अन्ततः इसे स्थापित करने की चेष्टा की है।

तीसरा अध्याय, *साधना अध्याय* कहलाता है। साधना का अर्थ है, 'साधना' अर्थात जीवन का उद्देश्य प्राप्त करने के उपाय-ब्रह्म का ज्ञान। यह अध्याय चार पादों में विभाजित है। पहला पाद मृत्यु के बाद आत्मा के पथ के विषय में बताता है। कहा गया है कि कोई शाश्वत स्वर्ग या नरक नहीं होता। अच्छे कर्म ही आत्मा को

---

* रोचक तथ्य यह है कि परवर्ती विविध दर्शन जैन और बौद्ध हैं जो सम्भवतः सूक्ष्म रूप में इससे पहले भी अस्तित्व में थे।

स्वर्ग ले जाते हैं, जिसे चन्द्रलोक या चन्द्रमा का लोक कहते हैं। जब अच्छे कर्मों का फल समाप्त हो जाता है तो आत्मा का पुनर्जन्म होता है इसी तरह, जो लोग बुरे कर्म करते हैं, वे नरक या यमलोक जाते हैं और जब उनके कर्मों का फल समाप्त हो जाता है तो उनका फिर से जन्म होता हैं। जो लोग अपने जीवनकाल में या मृत्यु के समय ब्रह्म ज्ञान प्राप्त कर चुके हैं, उनका पुनः जन्म नहीं होता। अच्छे कर्मों में बलि कर्म व दान आदि का उल्लेख आता है। स्वर्ग या नरक में कोई कर्म सम्मिलित नहीं होते। जीव का पुनः जन्म होता है और यह अपने साथ शेष कर्म लाता है जो स्वर्ग या नरक में पूरे नहीं हुए। स्वर्ग और नरक दोनों ही अस्थायी हैं और अपने शेष कर्म पूरे होने पर, आत्मा का पुनर्जन्म होता है। मनुष्य का जन्म जीव को एक अवसर देता है कि वह उन कर्मों पर काम करे और मोक्ष पा ले। विद्वान कहते हैं कि इस पाद का उद्देश्य यही है कि जन्म और मरण के अन्तहीन चक्र, कष्ट और कर्मफल से उत्पन्न आनन्द से विरक्ति उत्पन्न हो। भाषा भी प्रतीकात्मक है, जिसमें चन्द्रलोक और यमलोक जैसे शब्दों का प्रयोग किया गया है।

अध्याय तीन के अगले पाद में, उपनिषदों के सन्दर्भों से जीव तथा ब्रह्म का तत्त्व स्थापित किया गया है। इसमें कहा गया है कि जो व्यक्ति जागृति, स्वप्नावस्था और गहरी निद्रा की अवस्था से हो कर निकलता है, वह एक ही रहता है। उसी प्रकार, अचेत होने और चेत आने पर भी वह वही रहता है। जिससे स्थापित होता है कि व्यक्ति के भीतर कुछ ऐसा है, जो कभी नहीं बदलता। ब्रह्म पर भी चर्चा की गयी है और इस बात पर बल दिया गया है कि कोई दो सत्ता नहीं हो सकती, केवल एकमात्र ब्रह्म ही है। यह निराकार है और सम्पूर्ण ध्यान की अवस्था में ही व्यक्तिगत आत्मा इसका अनुभव कर सकती है। यह पाद स्थापित करता है कि ईश्वर ही कर्म फल देने वाला है।

इस अध्याय का तीसरा पाद स्थापित करता है कि उपासना अथवा, पूजन की पद्धति या ब्रह्म का आवाह्न अनिवार्य रूप से सभी उपनिषदों में एक सा है। यह पवित्र मन्त्र, ॐ पर बल देता है, जो ध्यान का साधन है। ज्ञान, सर्वज्ञान तथा परमानन्द पर ध्यान केन्द्रित किया जाता है, जो ब्रह्म और आत्मा का सार है। इन पद्धतियों में से एक के अनुसार आत्मा पर ब्रह्माण्ड के स्रोत, आकाश, सर्वव्यापी सत्ता, मन, प्रकाश, स्थिर अग्नि या लपट के रूप में ध्यान लगाया जाता है। इन ध्यानों का आपस में मेल नहीं किया जाता, ये अलग-अलग सम्पन्न होते हैं (जो सम्भवतः व्यक्तिगत स्वभाव अथवा गुरु के निर्देशों पर निर्भर करते हैं)। जो व्यक्ति ऐसा ध्यान करने में सक्षम हो जाता है, उसे मृत्यु के समय कुछ प्राप्त नहीं करना होता क्योंकि वह पहले ही मोक्ष प्राप्त कर चुका है।

अध्याय का चौथा पाद स्थापित करता है कि ब्रह्म का ज्ञान ही जीवन का उद्देश्य है। यह उन विपरीत-तर्कों का खण्डन करता है जो दावा करते हैं कि वेदों के कर्म कांड में किये जाने वाले कर्म, आत्मा के बजाये वेदों के लक्ष्य हैं। ब्रह्म सूत्र कहता है कि जब वैदिक कर्मकाण्ड किये जाते हैं तो आत्मा नहीं, जीव का सन्दर्भ दिया जाता है, आत्मा का नहीं जो कि जीव से अलग है। यह इस तर्क का खण्डन करता है कि वेद आपको ज्ञान प्राप्त करने के बजाये केवल कर्म करने को कहते हैं। परन्तु ज्ञान पाने के लिए कर्म को स्वीकार किया गया है। यह कहता है कि जो मोक्ष नहीं पाना चाहते हैं, उन्हें भी वेदों में दिये निर्देशों का पालन करना चाहिए। कर्म, आत्मा के परम ज्ञान का प्राप्त करने का साधन है। ऐसे कर्म का उदाहरण, मन और इन्द्रियों का नियन्त्रण होगा। इसमें कहा गया है कि कोई भी व्यक्ति अपने लिंग अथवा वैवाहिक स्तर के बावजूद यह ज्ञान प्राप्त कर सकता है। यह ज्ञान केवल इसी जन्म में प्राप्त होता है, मृत्यु के बाद नहीं। ज्ञानी की अवस्था, दूसरे ज्ञानी के समान ही होती है, यह उससे अलग नहीं पाई जाती।

चौथा और अन्तिम अध्याय इस सम्बोधन से आरम्भ होता है कि हमें ब्रह्म ज्ञान प्राप्त करने के लिए विद्याओं का पालन करना चाहिए और इसके बाद उस ज्ञान के परिणाम का वर्णन किया गया है। कहते हैं कि एक बार ज्ञान प्राप्त करने के बाद, उसे अन्य व्यक्तियों को सिखाना चाहिए। कहते हैं कि साधक को, स्वयं को ध्यान के साधनों (ॐ का प्रतीक, मन, प्राण अथवा श्वास और प्रकाश व लपट) से नहीं जोड़ना चाहिए। उदाहरण के लिए, ध्यान के साधन को ब्रह्म समझना चाहिए, परन्तु ब्रह्म को ॐ नहीं समझना चाहिए। इससे ध्यान और बेहतर होता है। ब्रह्म को जानने के लाभों का वर्णन परमानन्द तथा कर्मों के प्रभाव के निराकरण के रूप में वर्णित हैं। एक चर्चा में कहा गया है कि जिन कर्मों का अभी फल नहीं मिला, उन्हें हटा दिया जाता है, जबकि जिन कर्मों का फल मिल रहा है, वे अनुभव में बने रहते हैं, इस तरह मुक्त हो चुके कर्मों पर भी कोई प्रभाव नहीं होता। हालाँकि परवर्ती भाष्यों ने निष्कर्ष निकाला है कि जिन कर्मों ने अभी फल देना आरम्भ नहीं किया–वे संचित कर्म कहलाते हैं–वे नष्ट हो जाते हैं। आगामी कर्म-जो ताज़ा कर्म से निकले हैं–वे मुक्त जीव के लिए उत्पन्न नहीं होते क्योंकि अब वे साधन की भावना से कार्य नहीं करते। प्रारब्ध कर्म-वे कर्म जो फल देने लगे हैं–उनका स्पष्ट अनुभव मिलता है और उनके पूरे होने पर, व्यक्ति विदेह मुक्ति पा लेता है, जिसे मृत्यु के बाद मोक्ष पाना कहते हैं।

अध्याय के दूसरे पाद में, निर्गुण और सगुण ब्रह्म के ज्ञाताओं के बीच, मोक्ष के वास्तविक रूप को ले कर एक अन्तर स्पष्ट किया गया है। इन्द्रियाँ मन में विलीन

होती हैं जो प्राण अथवा जीवन ऊर्जा में विलीन हो जाते हैं। यह साधारण जीवों के लिए भी सत्य है, भले ही उन्होंने ब्रह्म का बोध पाया हो अथवा नहीं। साधारण जीवों के लिए, प्राण विदा लेते हैं और फिर पुनर्जन्म होता है। सगुण ब्रह्म को जानने वालों के प्राण देह छोड़ने के बाद ब्रह्मलोक में जाते हैं, और वहाँ से उन्हें मुक्ति मिलती है। निर्गुण ब्रह्म को जानने वालों के प्राण उसी समय ब्रह्मलीन हो जाते हैं।*

तीसरा पाद और अधिक रहस्यमयी और गुप्त है जो मृत्यु के बाद सगुण उपासकों द्वारा अपनाए गये मार्ग का वर्णन करता है। इसमें व्यक्तिगत आत्मा द्वारा विविध अवस्थाओं में जाने का विवरण मिलता है, इसके साथ उन देवों के विषय में भी बताया गया है, जिनसे ब्रह्मलीन होने से पूर्व भेंट होती है।

अन्तिम पाद के अन्तिम भाग में मुक्त जीव द्वारा प्राप्त लक्ष्य के बारे में बात की गयी है। निर्गुण ब्रह्म के उपासक केवल ब्रह्मलीन होते हैं और उसके बाद कुछ शेष नहीं रहता। सगुण ब्रह्म के उपासक पापरहित व शुद्ध हो कर प्रकट होते हैं। वे केवल इच्छा या संकल्प मात्र से अपनी इच्छाओं को पूर्ण कर सकते हैं (जो इस जगत की नहीं हैं)। वे अपने स्वप्न में देहरूप में अथवा विदेह रह सकते हैं। स्वप्नावस्था में इच्छाओं को शरीर के बिना अनुभव कर सकते हैं। ऐसे मुक्त जीव के पास ब्रह्मलोक में ईश्वरीय शक्ति के अतिरिक्त सभी शक्तियाँ होती हैं, अर्थात उसके पास सृजन करने की शक्ति नहीं होती। यह अन्तिम सूत्र में कहता है कि मुक्त जीव इस संसार में पुनः प्रवेश नहीं करते।

कुछ टिप्पणियाँ

ब्रह्म सूत्रों की कुछ अन्य व्याख्याएँ भी मिलती हैं। अद्वैत कहता है कि ब्रह्म निराकार और निर्गुण है। विशिष्टाद्वैत और द्वैत सहित अन्य सभी व्याख्याओं मानना है कि ब्रह्म ही परम यथार्थ है और इसके अपने गुण हैं। वे यह भी कहते हैं कि नारायण अथवा विष्णु, एक निजी देवता ही ब्रह्म के समान हैं। विशिष्टाद्वैत के अनुसार, ब्रह्म इस ब्रह्माण्ड और सजीवों से गुणसम्पन्न हैं, जबकि द्वैत कहता है कि ब्रह्म उनसे

---

* हो सकता है कि यह पूरी तरह से लागू न होता हो, परन्तु निर्गुण ब्रह्म के साधकों के लिए प्राणों के ब्रह्मलीन होने को दो घटनाओं के उदाहरण से स्पष्ट कर सकते हैं। पलनी स्वामी, रमण महर्षि के साथी थे, जो बीसवीं सदी के महान सन्तों में से थे। महर्षि ने मृत्यु के समय उनकी सेवा की थी। महर्षि ने कहा कि जब उनकी मृत्यु हुई तो पलनी स्वामी ने अपनी आँखें खोलीं और उनकी आत्मा वहीं से निकली, जो इस बात सूचक है कि सम्भवतः उन्होंने ब्रह्मलोक के माध्यम से मोक्ष पा लिया। महर्षि अपनी माँ की मृत्यु के समय में भी उनके पास थे। महर्षि ने कहा कि उनकी माता का जीव भीतर ही लीन हो चुका था और वे मोक्ष पा चुकी थीं, जो सम्भवतः निर्गुण मोक्ष का सन्दर्भ है।

अलग है। दो दर्शन मोक्ष की अवधारणा के बारे में भी अलग-अलग मत रखते हैं। विशिष्टाद्वैत कहता है कि मोक्ष पुनर्जन्म से मुक्ति है पर व्यक्तिगत आत्मा बैकुंठ जाती है (जो ब्रह्मलोक के समान है) और वह नारायण की संगति में परम आनन्द का भोग करता है। सभी आत्माएँ एक दूसरे के समान हैं और सार रूप में, सभी ब्रह्म के समान हैं। हालाँकि द्वैत कहता है कि आत्मा मात्र ब्रह्म का प्रतिबिंब है, जो पूरी तरह से इस पर निर्भर है और इसका सार तक इससे अलग है। मोक्ष भी पुनर्जन्म से मुक्त है। आनन्द का परिमाण हर मोक्ष प्राप्त आत्मा की योग्यता पर निर्भ करता है और यह विभिन्न आत्माओं के लिए भिन्न-भिन्न है। अद्वैत की तरह, अन्य दर्शन भी शरीर में रहते हुए जीव मुक्ति अथवा मोक्ष को स्वीकार नहीं करते। उनके अनुसार, शरीर के क्षय होने के बाद ही मोक्ष प्राप्त हो सकता है।

छह दर्शनों का अवलोकन

निम्नलिखित तालिका छह दर्शनों का संक्षिप्त अवलोकन प्रस्तुत करती है:

तत्त्वज्ञान या दर्शन	**न्याय या तर्कशास्त्र**	**वैशेषिक**	**सांख्य**	**योग**	**पूर्व मीमांसा**	**वेदान्त या उत्तर मीमांसा**
आधार	तार्किक यथार्थवाद, हमारे बोध या अनुभव को यथार्थ मान कर स्वीकार करता है।	भौतिक संसार पामनु से बना है। मानता है की जीव में आत्मा है।	यथार्थवाद, द्वैतवाद और अनेकवाद, और ज्ञान	मन और इन्द्रियों का नियन्त्रण	वेदों का आरम्भिक भाग, जो कि संहिता और ब्राह्मण हैं	तर्क और उपनिषद
ज्ञान व उसके परीक्षण	ज्ञान के चार साधन: बोध, अनुमान तुलना, साक्ष्य	मूल पाठ कहते हैं कि बोध और अनुमान ज्ञान के दो आधार हैं।	बोध, गणना और अनुमान के माध्यम से साक्ष्य	वास्तव में ज्ञान पर कोई सिद्धान्त; सांख्य से लिया हुआ	वैदिक अनुष्ठान ही सर्वोच्च हैं अनुष्ठानों की व्याख्या या अनुमान के लिए मीमांसा या तर्क का प्रयोग होता है।	प्रत्यक्ष आध्यात्मिक अनुभव

ब्रह्माण्ड	ईश्वर रचता है,रक्षा करता है, विनाश करता है और फिर से जगत की रचना करता है।	ब्रह्मण्ड को पदार्थ, गुणवत्ता, गतिविधि, अन्तर्निहित गुण और अनास्तित्व में वर्गीकृत किया गया है।	एक प्रकृति, अनेक पुरुष या आत्माएँ। यह ब्रह्माण्ड के चौबीस तत्वों और तीन गुणों का वर्णन करता है।	आरम्भिक मतों को स्वीकार करता है। ब्रह्मण्ड के बारे में अलग से कोई सिद्धान्त नहीं है।	वेद शाश्वत हैं इसलिए ईश्वर ने उन्हें नहीं रचा। वे अपौरुषेय हैं यानी उन्हें मनुष्यों ने नहीं रचा परन्तु वे नित्य और शाश्वत हैं	यह परम यथार्थ का प्रकटीकरण है; या तो ईश्वर से व्याप्त है अथवा ईश्वर से विलग है।
मनुष्य और उसका परम लक्ष्य	मोक्ष	मोक्ष	मोक्ष	मोक्ष	धर्म का पालन, जो वैदिक अनुष्ठान थे।	मोक्ष
ईश्वर के बारे में विचार	अनुभवसिद्ध प्रमाण और तर्क से प्रमाणित करता है कि ईश्वर का अस्तित्व है।	ईश्वर ब्रह्मण्ड की रचना करता है पर इसमें व्याप्त नहीं है।	कुछ ग्रन्थ ईश्वर को स्वीकार करते हैं जबकि कुछ स्वीकार नहीं करते।	स्पष्ट रूप से ईश्वर को मोक्ष के महत्त्वपूर्ण साधन के रूप में स्वीकार करता है।	ईश्वर को सर्जक या फलदाता के रूप में स्वीकार करता है।	ईश्वर को स्वीकार करता है।
मूल पाठ	गौतम का न्याय सूत्र, लगभग 400 ई.पू., 1650 ई. तक अनेक भाष्य	कणाद, वैशेषिक सूत्र 400 ई.पू., अनेक भाष्य उपलब्ध	कपिल का सांख्य सूत्र, अब अनुपलब्ध है। सांख्य कारिका अथवा ईश्वर कृष्ण का भाष्य तथा अन्य ग्रन्थ	पतंजलि का योगसूत्र और अन्य परवर्ती भाष्य	जैमिनी का मीमांसा सूत्र और अन्य कई भाष्य व परवर्ती ग्रन्थ	बादरायण का ब्रह्म सूत्र, इसे वेदान्त सूत्र और भिक्षु सूत्र भी कहते हैं।

टिप्पणी	तर्क का प्रयोग, वेदों की सत्ता स्वीकार करते हैं परन्तु इसका स्पष्टतः प्रयोग नहीं करते।	न्याय से सम्बंधित, कारा और प्रभाव अलग हैं, उदाहरण के लिए, कपड़ा अपने धागों से नया और विभिन्न होता है।	मन, बुद्धि और अहं का मनोविज्ञान और स्मृति में संजोई मन की सामग्री का रूपांतरण	इस स्थान पर योग ईश्वर अथवा ब्रह्म के साथ आत्मा का मेल है।		ब्रह्म सूत्र और उपनिषद विविध वेदान्त दर्शनों के आधार हैं जैसे अद्वैत, विशिष्टाद्वैत और द्वैत। शुद्धाद्ववैत, द्वैत-अद्वैत और अचिंत्य भेदाभेद

सारांश और कुछ टिप्पणियाँ

ब्रह्म सूत्र उपनिषदों के वचनों को स्थापित करते हैं, मनुष्य के जीवन लक्ष्य का वर्णन करते हैं और इस विषय में सुझाव देते हैं कि उस लक्ष्य को कैसे पाया जा सकता है। यह कहता है कि मोक्ष ही जीवन का लक्ष्य है।

छह दर्शनों में से, केवल ब्रह्म सूत्र ही उपनिषदों का प्रत्यक्ष सन्दर्भ देते हैं। अन्य तीन-न्याय, वैशेषिक, सांख्य-वेदों और उपनिषदों का सन्दर्भ नहीं देते पर उनकी श्रेष्ठता स्वीकार करते हैं। वे अपने सिद्धान्तों की स्थापना के लिए कारण और तर्क की सहायता लेते हैं। योगसूत्रों में कोई दर्शन भी नहीं है। वे व्यावहारिक ग्रन्थ हैं जिनमें बताया गया है कि व्यक्तिगत आत्मा का उस दिव्यत से संयोग कैसे हो सकता है। पूर्व मीमांसा केवल आरम्भिक भागों का सन्दर्भ देती है जो अनुष्ठानों पर बल देते हुए उपनिषदों की उपेक्षा करते हैं।

छह दर्शनों में से, केवल दो-ब्रह्म सूत्र और योग सूत्र का अध्ययन केवल गम्भीर साधक करते हैं। ब्रह्म सूत्र उपनिषदों के प्रकटीकरण के लिए दार्शनिक आधार प्रदान करते हैं, जबकि योग सूत्र जीवन के लक्ष्य तक जाने के लिए उपाय देते हैं।

भगवद्गीता

भगवद् गीता सम्भवतः हिन्दू धर्म का सबसे अधिक विख्यात और प्रतिष्ठित ग्रन्थ है। यह प्रस्थान त्रय का अंग है, इन तीन सर्वाधिक पवित्र ग्रन्थों में उपनिषद और ब्रह्मसूत्र भी शामिल हैं। गीता में भी वेदों के भी कुछ सन्दर्भ दिये हैं और इसके कुछ श्लोक उपनिषद से भी हैं जो लगभग शब्दशः लिए गये हैं, जिससे यह अनुमान कर सकते हैं कि गीता की रचना इनसे बाद में हुई। प्राचीन समय से अब तक, इस ग्रन्थ के असंख्य अनुवाद तथा भाष्य प्रकाशित हो चुके हैं। इसके अनुवाद सभी भारतीय भाषाओं के अतिरिक्त अंग्रेज़ी, फ्रैंच, जर्मन, डच, इतालवी, पुर्तगाली, स्पेनिश, चीनी, जापानी, अरबी, हिब्रू, ग्रीक, सर्बियन और रूसी भाषा में भी हैं।

गीता में सात सौ संस्कृत श्लोक हैं और यह महाभारत का एक अंग है जिसमें एक लाख से अधिक श्लोक हैं। यह व्यापक मान्यता है कि आदि शंकर ने अपने भाष्य से गीता को प्रख्याति दिलवाई।

इस प्रकार सभी ग्रन्थों में, यह एक ऐसा ग्रन्थ है जिसके सबसे अधिक अनुवाद, व्याख्याएँ तथा टीकाएँ प्रकाशित हुई हैं, हम केवल उन्हीं विचारों पर चर्चा करेंगे, जो गीता में पहली बार पूर्ण रूप से विकसित शिक्षा अथवा दर्शन के रूप में आये। एक प्रमुख प्रस्थान बिन्दु यह रहा कि यह शिक्षा मनुष्य के रूप में एक निजी ईश्वर द्वारा दी गयी है जिन्हें अवतार या प्रभु का अवतार कहा गया। 'अवतार' शब्द का अर्थ है, ईश्वर का मनुष्य रूप में अवतरित होना। यही विचार पुराणों में भी दिया गया है जिसमें कहा गया है कि ईश्वर के दस प्रमुख अवतार हुए हैं। यद्यपि, आरम्भिक अवतार गुरु की तरह सामने आ कर शिक्षा या उपदेश नहीं देते। उपनिषद, ऋषियों के काव्यात्मक उद्गार हैं जो उन्होंने अपने अनुभूत सत्यों के लिए कहे। उनमें से अनेक ऋषियों के नाम तक अज्ञात हैं। मनुष्य के रूप में ईश्वर का विचार उपनिषदों में नहीं मिलता। इस प्रकार गीता में हमें ईश्वर का प्रकट

रूप मिलता है (कृष्ण के रूप में), जो निर्भीक भाव से शिक्षा देते हैं।* वे स्वयं को ईश्वर का अवतार भी कहते हैं। मुक्ति के साधन के रूप में ईश्वर का विचार और उसकी पूजा शिक्षाओं का केन्द्रीय पक्ष है।

हम यह भी देखते हैं कि विभिन्न शिक्षाएँ विभिन्न प्रकार के स्वभाव वाले लोगों के लिए उपयुक्त हैं। आरम्भिक उपनिषदों में सुविकसित दर्शन तथा शिक्षा नहीं थी। उनकी तुलना में, गीता कर्म योग (निःस्वार्थ कर्म का योग), भक्ति योग, ध्यान योग और ज्ञान योग के दर्शनों की व्याख्या करती है। जो गम्भीर जिज्ञासु एक श्रेष्ठ तथा सम्पूर्ण जीवन जीने के लिए सहायता चाहते हैं, उनके लिए सुस्पष्ट शिक्षाएँ दी गयी हैं। गीता में ईश्वर तथा संसार पर अध्यायों के अतिरिक्त, प्रकट तथा अप्रकट ईश्वर की उपासना, ज्ञाता, ज्ञात और ज्ञान पर दार्शनिक शिक्षाएँ और इस विषय में चर्चा दी गयी है कि मुक्ति के मार्ग पर चलने वाले साधक के साथ क्या होता है और इसके साथ ही प्रबुद्ध आत्मा के लक्षण भी दिये गये हैं।

उपनिषद सम्भवतः केवल उन्हें ही मोहते हैं जो सत्य को जानने की विशुद्ध आध्यात्मिक जिज्ञासा रखते हैं, उनकी तुलना में गीता का ज्ञान युद्धभूमि में अर्जुन को दिया गया, जो वास्तव में सत्य की खोज भी नहीं कर रहा था। अर्जुन स्वीकार करता है कि वह भ्रमित है और उसके लिए मन को नियन्त्रित करना कठिन हो रहा है, वह जानना चाहता है कि जो व्यक्ति शिक्षाओं का पालन करने के बावजूद लक्ष्य तक जाने में असफल रहता है, उसका क्या होता है। ये ऐसे प्रश्न हैं जो अनेक व्यक्तियों के मन में आते हैं, यह एक ऐसी विशेषता है जिसने गीता को सार्वभौमिकता प्रदान की। इस प्रकार गीता सबके लिए कही गयी है।

पहली बार, एक नया और पूरी तरह से विकसित विचार सामने आया। यही निःस्वार्थ कम या कर्म योग है। यह व्यक्ति तथा मानवीय दशाओं की स्पष्ट समझ पर आधारित है। पहला आधार यही है कि मनुष्य को कर्म करना ही पड़ता है, वह निष्क्रिय नहीं बैठ सकता। यहाँ, चिन्तन, स्वप्न देखना और साँस लेना आदि भी कर्म ही माने गये हैं। ये कर्म मन में छाप अंकित करते हैं, जो आगे होने वाले कर्म का कारण बनती है। यह मनुष्य का स्वभाव है कि वह सुख और आनन्द देने वाले कर्मों को दोहराता है और कष्ट व पीड़ा देने वाले कर्मों से दूर जाना चाहता है। समय के साथ, ये छाप सशक्त होती जाती है, जिससे इच्छा और घृणा पैदा होती है और आगे होने वाले कर्म का कारण उत्पन्न होता है। इस प्रकार कारण तथा प्रभाव की अन्तहीन

* एक भूतपूर्व अवतार, राम अध्यात्म रामायण में शिक्षा देते हैं, एक ऐसा ग्रन्थ जिसमें राम गीता भी सम्मिलित है। यद्यपि यह ग्रन्थ अनेक शताब्दी बाद लिखा गया था।

शृंखला बनती है जो हमें बाँधती है। गीता में लिखा है कि कर्मफल की चिंता किये बिना कर्म करने से, हम स्वयं को मन में बनने वाली छाप या प्रभाव से मुक्त कर सकते हैं। इस शिक्षा को प्रकट करने वाला श्लोक है:

कर्मण्यवाधिकारस्ते मा फलेषु कदाचन।
मा कर्मफलहेतुर्भूर्मा ते संग्डोऽस्त्वकर्मणि।। 2.47।।

(कर्म करने मात्र में तुम्हारा अधिकार है, फल में नहीं। तुम कर्मफल के हेतु वाले न रहो और अकर्म में भी आसक्ति मत रखो)

इस श्लोक पर अनेक व्याख्याएँ दी गयी हैं। गीता में यह क्यों कहा गया? निष्ठावान के लिए शिक्षा ही पर्याप्त है और वे इस सूक्ति का पालन करने का प्रयास करते हैं। हालाँकि दूसरे इसका पालन करने के लिए कारण चाहते हैं। यहाँ तक कि आस्थावानों के मन में भी कुछ प्रश्न रह जाते हैं। कर्म के फल से क्या तात्पर्य है? क्या हमें काम के नतीजे की परवाह नहीं करनी चाहिए? अगर नतीजे सारहीन हैं तो हम प्रभावशाली तरीके से काम कैसे कर सकते हैं?

यह शिक्षा सम्भवत: उन सभी लोगों के लिए है जो उचित कर्म के विषय में दुविधाग्रस्त हैं। अर्जुन युद्धभूमि में है और सोचता है कि अपने ही मित्रों व सम्बंधियों से लड़ाई करना उचित है या फिर उसे युद्धभूमि से चले जाना चाहिए? कृष्ण उसे युद्ध करने का परामर्श देते हैं परन्तु साथ ही यह भी कहते हैं कि उसे अपने कर्म के फल की चिंता नहीं करनी चाहिए। यहाँ कार्मिक फल के विषय में कहा गया है, जो कि कर्म के आन्तरिक मनोवैज्ञानिक परिणामों की स्वीकृति है-जीत मिलने पर प्रसन्न होना अथवा पराजय होने पर उदास होना। जब आप इन दोनों से अनासक्त होंगे तो आप आन्तरिक रूप से कर्म के परिणाम से भी अनासक्त हो सकते हैं। आगे होने वाले कर्म के लिए मन में कोई भी बन्धन देने वाली छाप अंकित नहीं होगी। दूसरे अर्थों में, चूंकि कर्म का परिणाम अपरिहार्य है और कारण व प्रभाव के नियमों से तय होता है, व्यक्ति को अपने बारे में चिन्ता नहीं करनी चाहिए। यह भी एक सशक्त मान्यता है कि कर्म फल को देने वाला स्वयं ईश्वर है इसलिए उस पर किसी का अधिकार नहीं। यद्यपि, यदि कोई ईश्वर में विश्वास नहीं भी रखता, तो भी कर्म का परिणाम आना सुनिश्चित है। क्या इसका अर्थ यह हुआ कि व्यक्ति को कर्म करना ही नहीं चाहिए? कृष्ण दोबारा कहते हैं, नहीं, निष्क्रियता में भी आसक्ति मत रखो। कर्म तो अनिवार्य है, कोई भी खाली नहीं बैठ सकता। मुक्त होने का केवल एक ही उपाय है कि हम अपने कर्म के परिणाम से अनासक्त हो सकें। इसमें ही यह तथ्य छिपा है कि हम सभी अपने मन पर अंकित छाप अथवा संस्कार के अधीन हैं और

उनके अनुसार ही सुख तथा दु:ख का अनुभव करते हैं। स्वयं को ऐसे भाव से मुक्त करने का एक उपाय इस श्लोक में दिया गया है। जो मन भोग या संसारिक आनन्द में मग्न है, वह कष्ट से अनासक्त नहीं हो सकता। यदि हम कर्मफल से आसक्त हों तो हमें मन में अच्छे और बुरे संस्कारों को भी स्वीकार करना चाहिए। सजग भाव से अनासक्त कर्म करना ही मुक्त होने का एकमात्र उपाय है। यह शिक्षा व्यक्ति को उसके अपने ही कर्मों से मुक्त करती है-कारण और प्रभाव की अन्तहीन शृंखला से परे ले जाती है।

वेदों में भी नि:स्वार्थ कर्म का विचार मिलता है, यद्यपि उसमें उन्हें वैदिक कर्म अथवा अनुष्ठान कहा गया है। यदि ये कर्म अनासक्त भाव से हों तो मन विशुद्ध होता है। उपनिषदों में भी ऐसा ही एक विचार मिलता है। राजा जनक, बृहदारण्य उपनिषद में अपने गुरु याज्ञवल्क्य से शिक्षा ले कर, सत्य के मार्ग पर दीक्षित होते हैं, इसके बाद वे अनासक्त भाव से अपने राजसी कर्तव्यों की पूर्ति करने लगते हैं। हालाँकि, गीता में यह विचार पूरी तरह से विकसित हुआ है।

उपनिषदों से अलग एक और विचार है कि व्यक्तिगत ईश्वर के प्रति भक्ति से मोक्ष प्राप्त हो सकता है। उपनिषद लगभग पूरी तरह से ब्रह्म के बोध की बात करते हैं जो व्यक्तिगत ईश्वर नहीं है। वैसे तो उपनिषदों में ईश्वर का विचार है परन्तु यह काफी हद अमूर्त रूप में है। ईश्वर ब्रह्म के उस पक्ष की बात करता है जो प्रकट है और ब्रह्माण्ड पर शासन करता है। किसी अमूर्त सत्ता के लिए ऐसी भक्ति विकसित करना कठिन है। हालाँकि गीता में, कृष्ण कहते हैं कि व्यक्तिगत देवता के प्रति भक्ति भाव दिखाने वाले भी मोक्ष प्राप्त कर सकते हैं। ईश्वर के प्रति भक्ति, दूसरे मार्गों की तुलना में कहीं व्यापक आग्रह रखती है। प्राय: इस विषय पर बार-बार यही श्लोक उद्धृत किया जाता है:

सर्वधर्मान्परित्यज्य मामेकं शरणं व्रज।
अहं त्वा सर्वपापेभ्यो मोक्षयिष्यामि मा शुच: ।।18.66।।

(सभी प्रकार के धर्मों को त्याग कर केवल मेरी शरण में आ जाओ। मैं तुम्हें सभी पापों से मुक्त कर दूँगा; भयभीत मत हो।)[1]*

गीता में अन्य शिक्षाएँ भक्ति पर हैं। यह श्लोक गीता के अन्त में आता है, जहाँ बाकी सभी योगों के विषय में बताया जा चुका है। इस एक श्लोक पर अनेक टीकाएँ

---

* जीसस क्राइस्ट ने भी कुछ यही कहा है, 'मैं ही मार्ग, सत्य और जीवन हूँ। बिना मेरे द्वारा कोई भी परम पिता के पास नहीं आता। यदि तूने मुझे जान लिया होता तो तू परम पिता को भी जानता।
–जॉन 4-16

लिखी गयी हैं। इस जगह ईश्वर के प्रति समर्पण के विचार पर बल दिया गया है। अन्य वस्तुओं के लिए मोह का त्याग किये बिना, ऐसा समर्पण सम्भव नहीं क्योंकि मन उन्हीं वस्तुओं में भटकता रहेगा। कृष्ण वचन देते हैं कि वे पूरी श्रद्धा से समर्पण करने वालों को मुक्ति देंगे। यह श्लोक, उन सभी श्लोकों के बाद आता है जिनमें अर्जुन को शिक्षाओं का पालन करने के लिए समझाया गया है। कुछ श्लोक पहले कहा गया है, 'ईश्वरः सर्वभूतानाम्', ईश्वर सभी जीवों में वास करते हैं। आगे आने वाले श्लोकों में, कृष्ण अर्जुन से कहते हैं कि वह अपने मन को ईश्वर पर स्थिर करे, ईश्वर के प्रति श्रद्धावान बने, ईश्वर के आगे नतमस्तक हो आदि, इस जगह 'मैं' शब्द से तात्पर्य ईश्वर से है इसके बाद यह प्रसिद्ध श्लोक आता है, जो इस पुस्तक में दिया गया है। चूंकि सभी जीवों में ईश्वर का वास है इसलिए टीकाकार ने कहा कि हम किसी व्यक्ति के आगे समर्पण नहीं करते, भीतर बसने वाली आत्मा के आगे समर्पण करते हैं, फिर चाहे वह कृष्ण के भीतर हो या फिर हमारी आत्मा हो। जब कृष्ण 'मैं' शब्द का प्रयोग करते हैं, तो वे अपने मानव व्यक्तित्व के बजाये अपने भीतर की आत्मा की ओर संकेत कर रहे हैं। 'केवल' शब्द इस बात का सूचक है कि सारी बाधाओं का अन्त हो गया है और मन पूरी तरह से आत्मलीन है। भाष्यकारों ने इसकी व्याख्या अहं के समर्पण के रूप में की है। आत्मा में अहं का विलय ही अन्तिम मोक्ष माना गया है।[1*] दूसरे भाष्यकार कृष्ण के अवतार रूप पर बल देते हैं जो समर्पण करने पर मनुष्य की आत्मा का कल्याण कर सकते हैं। हर पाठक अपनी तरह से श्लोक की व्याख्या करता है, यह तभी तक अच्छा माना जा सकता है, जब तक यह कार्य पूरी गम्भीरता से किया जा रहा हो।

कृष्ण स्पष्ट रूप से स्वयं को अवतार घोषित करते हैं, इससे पहले इसका कोई शास्त्रीय उदाहरण नहीं मिलता। हालाँकि राम को भी अवतार माना गया है परन्तु हमें उनकी ओर से ऐसा कोई स्पष्ट वक्तव्य नहीं मिलता।

अजोऽपि सन्नव्ययात्मा भूतानामीश्वरोऽपि सन्।
प्रकृतिं स्वामधिष्ठाय सम्भवाम्यात्ममायया।। 4.6।।

(मैं अजन्मा और अविनाशी स्वरूप होते हुए तथा समस्त प्राणियों का ईश्वर होने पर भी अपनी प्रकृति को अधीन करके, अपनी माया से प्रकट होता हूँ।)[2*]

---

* बौद्ध धर्म कहता है कि अनत्ता-अहं का त्याग ही निर्वाण है। ईसाई धर्म में भी अहं के त्याग की बात की गयी है और इस्लाम शब्द का अर्थ ही समर्पण अथवा अल्लाह के अधीन होना ही है।

* ईसा मसीह कहते हैं, पिता और मैं एक ही हैं, इस प्रकार वे ईश्वर के साथ अपनी पहचान की घोषणा करते हैं।

यह प्रकटन भौतिक जन्म का सूचक है और माया उस शक्ति के लिए प्रयुक्त हुआ है जिसके माध्यम से यह ब्रह्माण्ड रचा गया। निम्नलिखित दो श्लोक (दोनों ही विख्यात हैं) भी इसे स्पष्ट रूप से प्रकट करते हैं। इनमें कृष्ण कहते हैं कि जब-जब धर्म की हानि होगी और अधर्म बढ़ेगा, वे जन्म लेंगे: 'हे अर्जुन! जब-जब धरती पर धर्म का पतन और अधर्म में वृद्धि होती है, तब उस समय मैं पृथ्वी पर अवतार लेता हूँ।'

गीता के ज्ञान योग में ऐसे श्लोकों की शृंखला है जो ज्ञान प्राप्ति पर केंद्रित हैं। गीता कर्म के विषय में कहती है कि व्यक्ति को कर्म में स्वार्थ की इच्छा का त्याग करना चाहिए।

यस्य सर्वे समारम्भा: कामसंकल्पवर्जिता:

जिसके सम्पूर्ण शास्त्र-सम्मत कर्म बिना कामना व संकल्प के होते हैं।

त्यक्तवा कर्मफलासङ्ङं

जो पुरुष कर्मफल में आसक्ति का त्याग करता है

निराशीर्यतचित्तात्मा

वह इच्छाओं से मुक्त होता है तथा मन नियन्त्रण में रहता है।

इन्द्रियों तथा जीव बलों को नियन्त्रण में रखना चाहिए। कुछ लोग अपनी भौतिक सम्पदा देते हैं, कुछ तपस् करते हैं तो कुछ अपने ज्ञान और शिक्षा को अर्पित करते हैं। यह इस बात का संकेत है कि एक समर्पण के रूप में प्रयास किया जाता है ताकि आध्यात्मिक जीवन को पाने के लक्ष्य को पूरा किया जा सके। यह प्राणायाम (श्वास नियन्त्रण) तथा भोजन ग्रहण करने के संयम से सम्बन्धित है परन्तु इन सभी समर्पणों के मध्य यह भी कहा गया है कि ज्ञान पाने का प्रयत्न किसी भी अन्य भौतिक प्राप्ति से श्रेष्ठ है, क्योंकि सभी कर्म अन्तत: ज्ञान की ओर जाते हैं। अर्जुन से कहा जाता है कि वह विनम्रतापूर्वक उन लोगों से ज्ञान ले कर आये जो इस सत्य का बोध पा चुके हैं। जो इस ज्ञान को प्राप्त कर चुके हैं, वे विवेकवान कहलाते है। वे कभी माया के जाल में नहीं फँसते और अपने भीतर सारे अस्तित्व को देख सकते हैं। सारे पिछले पापकर्म मुक्त हो जाते हैं जैसे आग सब कुछ भस्म कर देती है, कर्मों से बने संस्कार नष्ट होते हैं। प्राय: एक श्लोक को उद्धृत किया जाता है:

श्रद्धावँल्लभते ज्ञानं त॰पर संयतेन्द्रिय: ।
ज्ञानं लब्ध्वा परां शान्तिमचिरेणाधिगच्छति।। (4:39)

(जिसने पूरी श्रद्धा से ज्ञान प्राप्त किया है और जिसने अपनी इन्द्रियों पर नियन्त्रण किया है, वह परम शान्ति पाने वाला ज्ञान प्राप्त कर लेता है।)

ध्यान योग में योगी के मन की अवस्था को हवारहित स्थान पर दीपक की अकंप लौ की तरह स्थिर कहा गया है। योग, चित्त की विश्रांत अवस्था से जुड़ा है जिसे एकाग्रता के बल पर पा सकते हैं। इससे परम आनन्द प्राप्त होता है। एक बार यह अवस्था प्राप्त होने के बाद, योगी इससे परे नहीं होता। इससे परे प्राप्त करने के लिए कुछ नहीं है और योगी बड़े से कड़े कष्ट में भी अविचलित नहीं होता। सभी स्वार्थी इच्छाओं का त्याग करना पड़ता है और धीरे-धीरे एकाग्रता से मन शान्त होने लगता है। इस प्रकार परम आनन्द की प्राप्ति होने लगती है, निम्नलिखित श्लोक में इसी अवस्था के बारे में बताया गया है:

यो मां पश्यति सर्वत्र सर्वं च मयि पश्यति

जो व्यक्ति हर स्थान पर मुझे देखता है और मुझमें सबको देखता है।

इस स्थान पर 'मैं' शब्द का तात्पर्य स्व अथवा आत्मा से है। अर्जुन सभी लोगों की ओर से प्रश्न करता है कि इतने व्याकुल मन को शान्त कैसे कर सकते हैं। उत्तर मिलता है कि वास्तव में मन को नियन्त्रित करना कठिन है और वे एक उपाय सुझाते हैं जो एक और बार-बार दोहराए जाने वाले श्लोक के माध्यम से बताया गया है:

अभ्यासेन तु कौन्तेय वैराग्येण च गृह्यते

हे अर्जुन! निरन्तर अभ्यास और अनासक्ति के बल पर इसे नियन्त्रित कर सकते हैं!

प्राय: ऐसे ही आश्वासन से भरे वचन मिलते हैं। अर्जुन पूछता है कि जो लोग प्रयत्न करने पर भी लक्ष्य तक नहीं जा पाते, उनका क्या होता है? कृष्ण कहते हैं कि ऐसे लोगों की कोई हानि नहीं होती, उन्हें अगले जन्म में अनुकूल परिवेश के माध्यम से लक्ष्य तक जाने का अवसर मिलता हैं।

सभी विभिन्न मार्गों में कुछ सामान्य आधार हैं। अर्जुन से अनासक्त रहने को कहा जाता है, उसे कहा जाता है कि वह मन को शान्त रखते हुए समत्व और विश्वास का भाव बनाए रखे, अहंकार को त्याग कर, पूरे संयम और अनुग्रह से मध्यम मार्ग का अनुसरण करे। मार्ग चाहे कोई भी हो, मन की अवस्था ऐसी ही होनी चाहिए।

गीता वेदों तथा उपनिषदों के साथ पूरी तरह से सामंजस्य में हैं। यह उनके सन्दर्भ देते हुए, उनकी सत्ता को स्वीकार करती है। यह ॐ और प्रकाश के जुड़वाँ प्रतीकों के भी सन्दर्भ देती है:

ओमित्येकाक्षरं ब्रह्म

केवल ॐ ही अविनाशी ब्रह्म है (जैसा कि अनेक उपनिषदों में कहा गया है)

यह कहता है कि साधक को ॐ पर ध्यान केन्द्रित करना चाहिए क्योंकि ॐ ही सर्वोच्च लक्ष्य की ओर ले जाता है। यह आत्मा और ब्रह्म की ओर संकेत करते हुए कहता है:

ज्योतिषामपि तज्ज्योतिस्तमस: परमुच्यते

(सभी अंधकारों से परे प्रकाशों का प्रकाश।)

गीता में स्पष्ट रूप से कहा गया है कि सत्य को प्रत्यक्ष आवागमन अथवा प्रत्यक्ष अनुभव से ही जाना जा सकता है। यह विविध प्रकार के साधकों की तुलना भी करता है और कहता है कि जो अप्रकट मुख की चाहना रखते हैं, उन्हें कठिनाई का सामना करना पड़ता है क्योंकि देह के बोध के साथ वाहन तक पहुँचना कठिन है। जो एक निजी देवता को साकार मान कर पूजते हैं, उनका मार्ग सरल होता है। इस प्रकार, जहाँ तक सम्भव हो सके, मन को निजी देवता पर ही लगाना चाहिए। यदि ऐसा सम्भव न हो सके तो, व्यक्ति को स्थिर एकाग्रता के माध्यम से मन को केन्द्रित करना चाहिए। यदि इनमें से कुछ भी सम्भव न हो, तो वह अपने सारे कार्य प्रभु के लिए करे या अपने कार्यों को प्रभु के प्रति समर्पित कर दे। इस प्रकार, विविध साधकों के लिए विविध प्रकार की उपासना पद्धतियाँ दी गयी हैं।

सारांश और निष्कर्ष

गीता पर बृहद साहित्य पहले से उपलब्ध है इसलिए इस अध्याय को संक्षिप्त रखा गया है। गीता की शिक्षाओं ने व्यापक स्तर पर लोगों का ध्यान अपनी ओर खींचा, जबकि उपनिषद केवल उन्हें ही सम्बोधित करते हैं जिन्होंने वनगमन किया, गीता की शिक्षाएँ संसार में रहने वालों के लिए हैं। इसके तीन पक्ष हैं: प्रकटीकरण, तत्वमीमांसा अथवा दर्शन जो प्रकटीकरण का वर्णन करता है तथा दिन-प्रतिदिन के जीवन में किये जाने वाले कार्यों के बारे में व्यावहारिक शिक्षाएँ। इसमें कर्मकांड नहीं दिये गये, परन्तु यह आपको बताती है कि आपको क्या करना है और इसके अतिरिक्त आपको किस मानसिक आचरण और अवस्था को अपनाना चाहिए। इसमें केवल व्यावहारिक शिक्षा ही नहीं दी गयीं बल्कि उनके समुचित कारण भी प्रस्तुत किये गये हैं। ईश्वर स्पष्ट रूप से वर्णित है तथा शिक्षाओं का केन्द्र बिन्दु है। इस सामग्री के साथ, सम्भवत: सार्वभौमिक पक्ष ही जनसाधारण के बीच आकर्षण का कारण और भगवद् गीता की लोकप्रियता की वजह हैं।

कहा गया है कि:

सर्वोपनिषदो गावो, दोग्धा गोपाल नन्दनः।
पार्थो वत्सः सुधीर्भोक्ता, दुग्धं गीतामृतं महत्।।

(सभी उपनिषद गायों के समान हैं, गोपाल नन्दन गौओं को दोहने वाले हैं और अर्जुन बछड़े के समान है। भगवद् गीता इन गायों के दूध के समान है जिसका पान ज्ञानीजन करते हैं)

सादा शब्दों में, इस श्लोक में कहा गया है कि गीता उपनिषदों का सार है, यह दुग्धपान की तरह सरल है और यह अमरत्व प्रदान करती है।

पुराण

'पुराण' का शाब्दिक अर्थ है, 'पुराना' यद्यपि वेदों में भी पुराणों के सन्दर्भ मिलते हैं परन्तु इनमें से कुछ पुराण मध्ययुग के आसपास रचे गये। इस प्रकार, ये ग्रन्थ हज़ारों वर्षों की अवधि में रचे गये। वैसे अधिकतर पुराण प्राचीन हैं और इनकी रचना वेदों के बाद हुई। पुराण तथा अन्य दो महाकाव्य लोकप्रिय हिन्दू धर्म के भाग हैं। अठारह महापुराण हुए हैं, जिनमें ब्रह्म, पद्म, विष्णु, शिव, भागवत, नारद, मार्कण्डेय, अग्नि, भविष्य, ब्रह्वैवर्त, लिंग, वराह, स्कंद, वामन, कूर्म, मत्स्य, गरुड़ तथा ब्रह्माण्ड शामिल हैं। इसके अतिरिक्त, अठारह उपपुराण भी हैं। एक अनुमान के अनुसार, इनमें कुल मिला कर, संस्कृत भाषा में 400,000 छन्द हैं। जबकि इसकी तुलना में, भगवद् गीता में केवल 700 श्लोक हैं।

पुराणों में ब्रह्माण्ड विज्ञान की चर्चा आती है और ब्रह्माण्ड की रचना, देवताओं, मुनियों, राजाओं, नायकों तथा साधारण जन की कथाएँ दी गयी हैं। इन कथाओं के नैतिक, नीति सम्बन्धी तथा दार्शनिक अर्थ भी हैं। ये धर्म को सरल अर्थ में स्पष्ट करती हैं।

पौराणिक गाथाओं के अनुसार, ब्रह्मा को ब्रह्माण्ड का सर्जक माना जाता है, विष्णु संसार के पालक तथा शिव संसार के संहारक हैं जो सारे ब्रह्माण्ड का अन्त करते हैं। पुराणों के अनुसार, हम जिस संसार को देखते हैं, वह विलीन हो जायेगा और फिर आगे चल कर एक और सृष्टि होगी। सृष्टि और विध्वंस का यह चक्र निरन्तर जारी रहता है। ब्रह्मा, विष्णु और शिव ब्रह्म से प्रकट हुए हैं, जो उपनिषदों में वर्णित अनुभवातीत, निराकार, परम सत्य है। यद्यपि विभिन्न पुराणों में इसके भी अनेक संस्करण मिलते हैं। वैष्णव पुराण विष्णु के विषय में है और इनके अवतार पूरे भारतवर्ष में जाने जाते हैं। पौराणिक गाथा में, शिव दक्षिणमूर्ति तथा महान ऋषियों के गुरु के रूप में प्रकट होते हैं, हालाँकि वे मनुष्य के रूप में जन्म नहीं लेते। इन तीन देवताओं के अतिरिक्त, पुराणों में अन्य कई देवी-देवताओं के सन्दर्भ भी मिलते हैं।

धरती पर मनुष्य के रूप में, देवता के अवतार की अवधारणा पुराणों में विकसित हुई। अनेक पुराणों में दशावतार का सुविख्यात विचार मिलता है, हालाँकि इनमें थोड़ा अन्तर भी दिखाई देता है। एक ग्रन्थ के अनुसार, इस सूची में मत्स्य (मछली), कूर्म (कछुआ), वराह (जंगली सूअर), नरसिंह (आधा मनुष्य-आधा सिंह),वामन, परशुराम, राम, कृष्ण, बुद्ध तथा कल्कि शामिल है जिसका आगमन अभी शेष है। कुछ ग्रन्थों में, बुद्ध के स्थान पर बलराम को लिया गया है जबकि कुछ दूसरे ग्रन्थों में, बलराम का स्थान परशुराम ले लेते हैं। हालाँकि भागवत पुराण में यह तथ्य पूरी तरह से स्पष्ट है–कृष्ण कोई अवतार नहीं परन्तु स्वयं भगवान हैं और ऐसे स्रोत हैं जिनसे अन्य सभी अवतार प्रकट हुए। इस सूची में चौबीस अवतार शामिल हैं, जिनमें से अनेक आंशिक प्रकटीकरण कहलाते हैं। इनमें वेद व्यास, कपिल, नर-नारायण (देवता तथा उनके आत्मीय मित्र का जुड़वाँ रूप) जो संसार के कल्याण के लिए अस्तित्व रखते हैं। इसके साथ ही दत्तात्रेय भी हैं जिनमें ब्रह्मा, विष्णु ओर शिव का रूप समाहित है।

विष्णु एक अवतार के रूप में मनुष्य का जन्म लेते हैं जबकि ब्रह्मा और शिव ऐसा नहीं करते।* हालाँकि शिव कभी-कभी विशेष मनुष्यों के रूप में प्रकट होते हैं। मुनि शंकराचार्य जी को ऐसा ही एक विशेष व्यक्तित्व माना गया है। दक्षिणमूर्ति, मनुष्य का जन्म नहीं लेते, परन्तु वे शिव के रूप में आध्यात्मिक जिज्ञासुओं को प्रकट होते है। ताकि आध्यात्मिक जिज्ञासुओं और भक्तों को चुन सकें। केन्द्रीय भाव यही जान पड़ता है कि भगवान तक पहुँच बनाई जा सकती है और वे समय-समय पर अपने भक्तों को मुक्त करने के लिए स्वयं को प्रकट करते हैं।

पुराणों में भी कुछ लोकप्रिय और शक्तिशाली व्यक्तित्व प्रकट होते हैं। उदाहरण के लिए, सर्जक ब्रह्मा के चार मानस पुत्र।* उन्होंने ब्रह्मचर्य के पालन का व्रत लेते हुए ब्रह्मा की अवज्ञा की, जबकि उन्हें धरती बसाने के लिए उत्पन्न किया गया था। कहते हैं कि वे सदा मुक्त आत्माओं के रूप में युवा बने रहते हैं और धरती, स्वर्ग, ब्रह्मलोक तथा अन्य लोकों में शिक्षा प्रदान करते हैं। इसके बाद ब्रह्मा ने अन्य दस मानस पुत्र उत्पन्न किये जैसे अत्रि, भृगु, नारद, वशिष्ठ आदि। पहली चार सन्तानों में से, सनत्कुमार ने नारद को छांदोग्योपनिषद में परम सत्यों का ज्ञान दिया। नारद पूरे

---

* विष्णु सर्वव्यापी हैं और ब्रह्माण्ड में वास करते हैं। शिव अनुभवातीत हैं जो सरलता से प्रकट नहीं हो सकते।

* सनक, सनातन, सनन्दन और सनत्कुमार हैं।

भारतवर्ष में ऐसे मुनि के रूप में जाने जाते हैं जो प्रभु की भक्ति का उपदेश देते हैं।

नारद के विषय में एक लोकप्रिय प्रसंग है जिन्हें लगता है कि वे भगवान विष्णु के उपासकों में सर्वश्रेष्ठ हैं। जबकि विष्णु कहते हैं कि नारद की तुलना में एक साधारण किसान उनका कहीं बड़ा भक्त है। नारद को यह सुन कर आश्चर्य होता है और वे उस किसान से भेंट करने जाते हैं। वह पूरा दिन कड़ा परिश्रम करता है, अपने पारिवारिक कर्तव्यों का पालन करता है और बहुत कम समय के लिए भगवान का पूजन करता है। नारद यह देख कर चकरा जाते हैं और विष्णु से कहते हैं कि वे दिन-रात उनका स्मरण करते हैं, जबकि किसान तो उनकी पूजा के लिए भी पूरा समय नहीं निकाल पाता। तब विष्णु नारद से कहते हैं कि वे तेल से लबालब भरे पात्र को ले कर खेत का चक्कर काटें पर शर्त केवल यही है कि पात्र से तेल नहीं छलकना चाहिए। जब नारद यह काम सम्पन्न करते लौटते हैं तो विष्णु उनसे पूछते हैं, "तुमने कितनी बार मेरा स्मरण किया?" नारद बोले, "हे प्रभु! मैं आपका विचार कर भी कैसे सकता था था, मेरा पूरा ध्यान तो तेल के पात्र पर लगा रहा।" तब विष्णु बोले, "देखा, वह किसान कितना महान है। इतने कर्तव्यों के बीच, वह प्रतिदिन मेरा स्मरण करता है।" इस प्रसंग की नैतिक शिक्षा की व्याख्या कई तरह से की गयी है। निष्ठा या भक्ति को बाहरी अनुष्ठानों, पोशाक, तिलक और प्रार्थना में बीते समय से नहीं जाना जा सकता। अपने कर्तव्य को नि:स्वार्थ भाव से पूरा करते हुए, उसका फल प्रभु को समर्पित कर देना ही सच्ची भक्ति है। यहाँ तक कि एक साधारण मानुष भी महान भक्त हो सकता है। मैं एक महान भक्त हूँ, ऐसा सोचने से अहं को बल मिलता है जिसे दूर किया जाना चाहिए। वास्तव में, विष्णु किसान के उदाहरण से नारद को पाठ पढ़ाते हैं।

समुद्र मंथन (शाब्दिक तौर पर, समुद्र को मथना) की कथा पूरे भारतवर्ष में कही और सुनी जाती है। भागवत, विष्णु पुराणों व महाभारत में यह प्रसंग थोड़े अन्तर के साथ मिलता है। देव और असुरों के बीच हुए घमासान युद्ध में देवता असुरों के हाथों पराजित हुए। देवता भगवान विष्णु के पास गये और बचाने की गुहार लगाई। विष्णु बोले कि केवल अमृत ही उन्हें बचा सकता था परन्तु यह क्षीर सागर के पास था। क्षीर सागर से उस अमृत को पाने के लिए उसका मंथन करना आवश्यक था। असुर समुद्र मंथन के लिए सहयोग देने को मान गये क्योंकि इस कार्य के लिए विशेष प्रयत्न की आवश्यकता थी। मंदार पर्वत* को मथानी बनाया गया और विष्णु ने इसे सागर में डाला। फिर एक विशाल रस्सी की आवश्यकता थी जिसे सागर के दो छोरों से खींचा जा सकता। इस प्रकार पर्वत घूमते हुए सागर को मथता और फिर

इसकी गहराईयों से अमृत की प्राप्ति होती। क्षीर सागर को मथने की इस प्रक्रिया का उदाहरण पूरे भारतवर्ष में दही बिलोने और मक्खन निकालने के रूप में प्रसिद्ध था और आज भी कई घरों में यह तकनीक प्रयुक्त होती है। भगवान शिव के कंठ में रहने वाले सर्प वासुकि को रस्सी की तरह इस्तेमाल किया गया। असुरों ने सर्प का सिर और देवों ने पूंछ थामी। वे हज़ार वर्षों तक सागर मंथन करते रहे। पर्वत डूबने लगा। भगवान विष्णु ने कूर्म यानी कछुए का अवतार लिया और सागर के नीचे चले गये ताकि धरती को थाम सकें। इसे भगवान विष्णु का दूसरा अवतार माना जाता है। महासर्प वासुकि के मुख से निकलने वाला विष इतना घातक था कि इससे संसार नष्ट हो सकता था। भगवान शिव ने उस विष को निगल कर संसार की रक्षा की। वे नीलकंठ कहलाते हैं क्योंकि विष ने उनके कंठ को नीला कर दिया था। इस कथा के एक संस्करण में, शिव की पत्नी, दिव्य माता पार्वती उनके कंठ को दबा देती हैं ताकि विष पेट तक न जाने पाये और वह वहीं उनके कंठ में जमा हो जाता है। इस प्रकार भगवान शिव उस देव के रूप में जाने गये जो संसार का विष निगल कर मानवजाति की रक्षा करते हैं।

समुद्र मंथन की इस प्रक्रिया में, अनेक अनमोल वस्तुएँ प्रकट हुईं। कामना पूर्ति करने वाली पवित्र धेनु प्रकट हुई जिसे ऋषियों को दे दिया गया। सात सिरों वाला अश्व, उच्चैश्रवा: असुरों को और स्वर्गिक श्वेत हाथी ऐरावत देवों के राजा इन्द्र को मिला। ये देव सदा विष्णु और शिव भगवान के अधीन थे। पारिजात वृक्ष के पुष्पों की सुगंध कभी समाप्त नहीं होती थी, उसे स्वर्ग में ले जाया गया। असुर मदिरा जैसे मादक पदार्थों के सर्जक वारुणि को ले गये। धन की देवी लक्ष्मी समुद्र मंथन से प्रकट हुइं और विष्णु से विवाह किया। चन्द्रमा प्रकट हुआ और भगवान शिव के केशों में स्थान पाया। यही कारण है कि शिव को चन्द्रशेखर भी कहते हैं। दिव्य चिकित्सक धन्वंतरि हाथों में अमृत पात्र लिए प्रकट हुए और मानवजाति को आरोग्य प्रदान करने हेतु आगे आये। भगवान विष्णु का वाहन गरुड़ प्रकट हुआ। प्रयाग, उज्जैन, हरिद्वार और नासिक में उस अमृत की कुछ बूँदें गिरीं और वे पवित्र स्थल बने। गरुड़ जिस अमृत को अपने साथ ले गया था, उसे भगवान विष्णु ने

---

* मंदार पर्वतों की रचना करोड़ों वर्ष पूर्व हुई, जब अफ्रीकी महाद्वीप के निचले तल पर चट्टान की एक महाद्वीपीय प्लेट ऊपर उठ गयी और सतह पर धकेले जाने पर खंडित और विभाजित हो गयी थी। उस समय जलवायु काफी आर्द्र थी, इसलिए भारी मात्रा में वर्षा से कई नदियाँ बनीं जो इसकी दरारों के माध्यम से बहती थीं, जिससे वे अधिक गहरे और चौड़े होते गये, जिसके परिणामस्वरूप इस पर्वत श्रेणी का इलाका विशेष रूप से ऊबड़-खाबड़ हो गया।

पहले देवताओं को दिया। जब तक असुरों की बारी आई, अमृत समाप्त हो गया। इस दौरान, एक असुर ने देव का रूप धरा और देवताओं के बीच जा कर अमृत पान कर लिया। जब उसके बारे में पता चला तो उसका सिर काट कर दो हिस्से कर दिये गये। राहु सूर्य ग्रहण के समय सूर्य को निगल लेता है और केतु चन्द्र ग्रहण के समय चन्द्रमा को निगलता है। वे दोनों ही अमर हैं और ज्योतिष शास्त्र में इन पर विशद चर्चा होती है। जब असुरों को पता चला कि उनके साथ छल हुआ है, तो वे लड़ कर अपने हिस्से का दावा करना चाहते थे। यद्यपि उन्हें एक स्वर्गिक सुन्दरी मोहिनी मोह लेती है और वे अमृत पाने का अवसर गवाँ देते हैं। वास्तव में, मोहिनी और कोई नहीं, भगवान विष्णु ही रूप बदल कर आये थे। मंथन से कुछ और अन्य अनमोल वस्तुएँ प्रकट हुईं। विभिन्न पौराणिक ग्रन्थों में इनके विभिन्न पौराणिक संस्करण मिलते हैं। इस प्रकार देवों ने अमृत से अपनी खोई हुई शक्ति प्राप्त कर, असुरों को पराजित किया।

इस कथानक के लिए अनेक व्याख्याएँ दी गयी हैं। विभिन्न व्याख्याओं के सामान्य सन्दर्भ बिन्दु यही हैं कि संपदा, सम्पन्नता व आरोग्य (जो देवों को प्राप्त हुए) तथा मादक पदार्थ (जो असुरों को प्राप्त हुए) मिले। देव सौम्य हैं जिन्होंने अमरत्व प्राप्त किया और दुष्ट असुरों को पराजित होना पड़ा। देव हमारे भीतर के अच्छे गुणों का प्रतिनिधित्व करते हैं और असुर दुष्टता के प्रतिनिधि हैं। अमृत हमें अमर बनाते हुए, हमारे भीतर की बुराई को नष्ट करता है। इस प्रसंग में सृष्टि के मिथकों के साथ बुराई पर अच्छाई की मौलिक जय के ताने-बाने गूंथे गये हैं।

कुछ पौराणिक मूल पाठों में पवित्र स्थानों की प्रशंसा मिलती है। स्कंद पुराण में कहा गया है कि पवित्र अरुणाचल पर्वत पर शिव का वास है। इसी प्रकार वाराणसी अथवा काशी के लिए भी कुछ सन्दर्भ मिलते हैं। वैष्णव पुराण में, मथुरा और वृंदावन की पवित्र तीर्थों के रूप में प्रशंसा की गयी है। आज भी इन स्थानों पर प्रसिद्ध मन्दिर स्थित हैं और भक्तों की भारी भीड़ को आकर्षित करते आ रहे हैं।

विविध पुराणों में ब्रह्माण्ड के मूल से सम्बन्धित कथानक मिलते हैं। वे विभिन्न लोकों या जगतों से जुड़े हैं। इनमें से सत्यलोक या ब्रह्मलोक और तपलोक सबसे ऊँचे हैं, जहाँ सदा सत्य का वास है, तपलोक को तपस्या का लोक माना गया है। भूलोक बहुत नीचे है और धरती के नीचे भी तल हैं जो अन्त में पाताल लोक पर जा कर समाप्त होते हैं। कुछ ग्रन्थों में ब्रह्माण्ड के मूल, सूर्य, चन्द्रमा व धरती के जन्म का वर्णन है। एक ही तल पर सूर्य के आसपास चक्कर लगाने

वाले सभी ग्रहों का भी वर्णन मिलता है जो आधुनिक खगोल शास्त्र की खोजों के अनुरूप है। इनमें से कुछ कथाओं की व्याख्या, आधुनिक विज्ञान की खोजों के सन्दर्भ में भी हो सकती है।1

पुराणों में आज भी कुछ ऐसे विख्यात प्रसंग हैं जो लोकप्रिय धर्म को प्रभावित करते आ रहे हैं। शिव एक संन्यासी हैं जो अपनी देह पर भस्म का लेप करते हैं। उनकी पत्नी पर्वतराज दक्ष की पुत्री सती हैं। उन्होंने पिता की इच्छा के विरुद्ध शिव से विवाह किया था। दक्ष एक सार्वजनिक समारोह में शिव का अपमान करते हैं। सती इसी अपमान की अग्नि में प्राण त्याग देती हैं। सती की मृत्यु से बौखलाए शिव उनकी मृत देह कंधे पर लिए संसार भर में भटकने लगते हैं। सारे ब्रह्माण्ड का समन्वय अस्त-व्यस्त होने लगता है। देव विष्णु से कुछ उपाय करने का आग्रह करते हैं। विष्णु अपने चक्र से सती की मृत देह के अंग काट देते हैं। ये अंग अलग-अलग स्थानों पर जा कर गिरे, जिन्हें शक्ति पीठ का नाम दिया गया। जिसका अर्थ है दिव्या माता के ऊर्जा या शक्ति केन्द्र। कहा जाता है कि अठारह जगहों पर माता की देह के अंग गिरे। यहाँ तक कि आज भी, इन तीर्थों पर हज़ारों श्रद्धालु दर्शन करने जाते हैं। इनमें से कांची में कामाक्षी, मैसूर में चामुंडेश्वरी, श्रीशैलम में भ्रामरम्बा, असम में कामाख्या, वाराणसी में विशालाक्षी तथा पश्चिम बंगाल में श्रींखला उल्लेखनीय हैं।

एक अन्य पौराणिक कथा है जो वर्तमान में भी भक्तों पर अपना वर्चस्व रखे हुए है, यह ज्योतिर्लिंगों के विषय में है जिसका अर्थ है 'प्रकाश के प्रतीक'। स्कंद पुराण के अनुसार, ब्रह्मा और विष्णु ने अपनी श्रेष्ठता स्थापित करने का प्रयत्न किया। उन्हें एक प्रकाश के अति विशाल स्तम्भ के आदि और अन्त का पता लगाना था जो ऊपर से नीचे तक व्याप्त था। वे दोनों ही उस प्रकाश स्तम्भ के ओर-छोर का पता नहीं लगा सके। यह प्रसंग दर्शाता है कि शिव महान हैं। शिव जिस स्थान पर प्रकाश स्तम्भ के रूप में प्रकट हुए, वे पूजे गये। एक सुविख्यात संस्कृत श्लोक के अनुसार, ऐसे बारह स्थल हैं, जिनमें से सबसे प्रसिद्ध स्थल वाराणसी में है। ये ज्योतिर्लिंग स्थल सोमनाथ, श्रीशैलम, उज्जैन, ओमकारेश्वर, वैद्यनाथ, भीमशंकर, रामेश्वरम, द्वारका में नागेश्वर, वाराणसी में विश्वेश्वर, नासिक, हिमालय में केदारनाथ और महाराष्ट्र में घृण्श्नेश्वर में स्थित हैं। यद्यपि कई बार एक ही नाम से, एक से अधिक स्थल भी हो सकते हैं जैसे वैद्यनाथ। भक्तगण शिव के सोमवार, शिवरात्रि, पूर्णिमा तथा शिव के अन्य पवित्र दिनों में भारी संख्या में इन मन्दिरों में दर्शनों के लिए जाते हैं।

सम्भवत: भागवत पुराण सबसे अधिक पढ़े जाने वाले ग्रन्थों में से है। यह एक रोचक कथा के साथ आरम्भ होता है। राजा परीक्षित को शाप मिला है कि सर्पदंश से

सात दिन के भीतर उनकी मृत्यु हो जायेगी। दिव्य मुनि शुक आ कर भागवत पुराण का पाठ करते हैं क्योंकि इसे मोक्षदायी ग्रन्थ माना गया है। इसमें अनेक रोचक प्रसंग हैं। एक प्रसंग महा पापी अजामिल का है। वह मृत्यु के समय, अपने पुत्र नारायण को पुकारता है, जो भगवान का एक नाम भी है। अजामिल की मुक्ति हो जाती है। इस कहानी की नैतिक शिक्षा यह है कि यदि हम मृत्यु के समय प्रभु का नाम स्मरण करें तो हमें मुक्ति मिल सकती है भले ही आजन्म हमने कितने भी पाप क्यों न किये हों। प्रह्लाद भक्त की कथा भी सभी जानते हैं। उसका पिता हिरण्यकश्यप एक असुर था जो भगवान में विश्वास नहीं रखता था। परन्तु प्रह्लाद की भक्ति और निष्ठा अडिग थे। अपने पुत्र के भक्ति-भाव से कुपित हिरण्यकश्यप ने कई बार अपने पुत्र के प्राण लेने चाहे परन्तु असफल रहा। अन्त में भगवान विष्णु स्वयं नरसिंह के रूप में प्रकट हुए और हिरण्यकश्यप का वध करते है। राजा को यह वरदान मिला था कि वह दिन अथवा रात, घर अथवा बाहर, स्त्री-पुरुष अथवा पशु के हाथों नहीं मारा जा सकता था। तो नरसिंह संध्या समय, घर की दहलीज पर उसके प्राण लेते हैं। नरसिंह एक सामान्य नाम है और दक्षिण भारत में विष्णु के अवतार के अनेक मन्दिर पाये जाते हैं। प्रह्लाद बहुत गुणी है और महाभक्त के रूप में पूजा जाता है। वह अपने पिता को क्षमा कर देता है, उन पर क्रोधित नहीं होता और सदा विनयी बना रहता है। गजेंद्र मोक्षम का प्रसंग भी सब जानते हैं। हाथी, गजेंद्र (हाथियों का राजा) को एक मगरमच्छ पकड़ लेता है। गजेंद्र अपनी ओर से छूटने की पूरी कोशिश करता है और अन्त में प्रभु को पुकारता है। भगवान विष्णु आ कर उसके प्राणों की रक्षा करते हैं। अहिल्या की कथा (जो रामायण में भी आती है) में बताया गया है किस प्रकार अहिल्या को शापवश शिला में बदल दिया गया और विष्णु राम के रूप में आ कर उसे शापमुक्त करते हैं।

भागवत पुराण में कृष्ण की अनेक कथाएँ मिलती हैं। जब वे शिशु थे तो उनकी माता यशोदा ने उनके मुख के भीतर पूरा ब्रह्माण्ड देखा जिसमें सूर्य, चन्द्रमा और सितारे आदि भी दिखाई दे रहे थे। शिशु कृष्ण राक्षसी पूतना का विष भरी दूध का स्तनपान करते हुए उसके प्राण लेते हैं जिसे दुष्ट राजा कंस ने उनकी हत्या करने के लिए भेजा था। इस प्रसंग में कृष्ण के बजाये पूतना के प्राण चले जाते हैं और वह मुक्ति पाती है। एक और महासर्प कालिया नाग वध का भी प्रसंग आता है, जिसके विष से लोगों की सुरक्षा संकट में आन पड़ी थी। कालिया अपनी मृत्यु के समय कहता है, "हे प्रभु! आपने मुझे विष दिया और मैंने उससे आपका पूजन किया।" नटखट किशोर कृष्ण द्वारा अपने बांसुरी वादन से मित्रों व गोपियों को मोहने की

अनेक कथाएँ हैं जिन्होंने असंख्य गीतों को प्रेरित किया जो आज तक गाए जाते हैं। एक और कथा में बताया गया है कि किस प्रकार बाल कृष्ण गोवर्धन नामक पर्वत को अपनी छोटी अंगुली पर उठा लेते हैं ताकि लोगों जल प्रलय से बचा सकें।

स्वर्ग से गंगा का अवतरण भी ऐसा प्रसंग है, जिसे भागवत पुराण सहित कई ग्रन्थों में स्थान मिला है। भागीरथ ने हज़ारों वर्षों के तप के बाद गंगा को स्वर्ग से उतारा ताकि उसके जल से उनके पूर्वजों की अस्थियों का प्रक्षालन हो और वे मोक्ष पा सकें। यद्यपि जल के प्रवाह से सबको यही भय सताने लगता है कि कहीं पूरी धरती ही नष्ट न हो जाये। तब भगवान शिव गंगा को अपनी जटाओं में धारण करते हैं फिर गंगा थोड़ा शान्त भाव से उनकी जटाओं से उतर कर धरती पर आती हैं। मार्ग में, गंगा के जल से ऋषि जह्नु का आश्रम नष्ट हो जाता है और वे कुपित हो कर गंगा का सारा जल पी जाते हैं। भागीरथ के अनुनय-विनय करने पर, वे अपने कान से सारा जल बाहर निकालते हैं। इस प्रकार गंगा का एक नाम जाह्नवी भी पड़ा, ऋषि जह्नु की पुत्री।

भागवत पुराण की एक और प्रसिद्ध कथा, रंतिदेव की है। वे एक ऐसे राजा थे जिन्होंने सब कुछ त्याग दिया था। वे भगवान की तपस्या कर रहे थे ताकि उनकी प्रजा को भयंकर सूखे से होने वाले कष्ट से मुक्ति मिल सके। अड़तालीस दिन तक व्रत करने के बाद, जब उनके भूतपूर्व मन्त्री उनसे भोजन करने का आग्रह करने लगे तो वे बेमन से मान गये। उसी क्षण में, उनके पास एक ऐसा व्यक्ति आया जो भूख से अधमरा हो चुका था। उसकी दशा देख कर रंतिदेव अपना भोजन उसे दे देते हैं। उस कठोर परिस्थितयों में उनकी प्रभु से प्रार्थना यही थी: 'मैं ईश्वर से अपने लिए सर्वोच्च शक्ति नहीं चाहता। मैं मोक्ष भी नहीं चाहता। मैं केवल यही चाहता हूँ: मैं सभी प्राणियों के हृदय में स्थान पा सकूँ और उनके कष्ट अपने पर ले लूँ ताकि वे सभी कष्टों से मुक्त हो सकें।'

सभी पौराणिक गाथाओं में यही विषय बार-बार सामने आता है कि भगवान अपने भक्तों की रक्षा करते हैं। प्रभु सर्वशक्तिमान हैं और बुराई का नाश कर, अच्छाई को बनाए रखने का आश्वासन देते हैं। कई पुराणों में एक भाग देवी की उपासना के लिए समर्पित है जो ईश्वर का स्त्रैण पक्ष है। प्राचीन पुराणों में से एक, मार्कण्डेय पुराण में प्रसिद्ध देवी अथवा चंडी माहात्म्य मिलता है। इसे एक पवित्र ग्रन्थ माना जाता है और जब भी देवी माता की पूजा होती है तो इसका जाप किया जाता है। कई भक्त अपनी दैनिक पूजा-अर्चना में भी इसका पाठ करते हैं। देवी सर्वशक्तिशाली और दुष्टता का नाश करती हैं, उदाहरण के लिए उनके हाथों दुष्ट

महिषासुर का वध होता है। वे बहुत दयालु और स्नेही भी हैं और लक्ष्मी के रूप में सम्पन्नता व सरस्वती रूप में ज्ञान प्रदान करती हैं।

पुराणों में पंचलक्षणों का पालन किया गया है जिनमें सर्ग (ब्रह्माण्ड की उत्पत्ति), प्रतिसर्ग (ब्रह्माण्ड का अध्ययन), वंश (देवताओं, ऋषियों व राजाओं की वंशावली), मन्वंतर (ब्रह्माण्डीय चक्रों का अध्ययन), वंशानुचरित (विविध राजाओं के वंशों के इतिहास) आते हैं। कुछ पुराणों में अतिरिक्त भाग भी शामिल किये गये हैं जैसे महात्म्य (किसी चीज़ की महानता), तीर्थयात्राओं के लिए मार्गदर्शन आदि। सभी पुराण ऋषि वेद व्यास ने रचे हैं। पुराणों के रचे जाने की यह अवधि हज़ारों वर्षों में है, अत: यह स्पष्ट है कि 'व्यास' एक जातिगत नाम है। हो सकता है कि यह परम्परा रही हो कि लेखक लेखन का श्रेय लेने के बजाये, 'व्यास' शब्द का प्रयोग करते हों। हो सकता है कि इससे ग्रन्थ के लिए स्वीकृति और प्रामाणिकता बढ़ाने में सहायता मिलती हो।

पुराणों का वेद, उपनिषद व गीता जैसे अन्य पवित्र ग्रन्थों की तुलना में, हिन्दू धर्म की परम्पराओं पर कहीं व्यापक प्रभाव रहा है। लोगों में अनेक मिथक, किंवदन्तियाँ तथा प्रसंग लोकप्रिय हैं और वे उन्हें सरलता से समझ सकते हैं। पुराणों ने देवताओं को मानवीय रूप प्रदान किया, इस तरह उनकी उपासना करना और उन तक पहुँचना सरल हो गया। दार्शनिक रूप में, पुराण पूरी तरह से द्वैतवादी हैं जहाँ प्रभु और मनुष्य अलग-अलग हैं। मनुष्य ईश्वर को पूजता है और वे इसके बदले में उसकी रक्षा करते हैं, उसे प्रसन्नता और अन्य पुरस्कार देते हैं। हालाँकि, इसके अतिरिक्त इसके कई अंश दार्शनिक भी हैं। पुराणों का एक विस्तृत विवरण दे पाना लगभग असम्भव कार्य है।

सारांश और टिप्पणियाँ

पुराण वेदों के बाद आये और कई सदियों में जा कर उन्नत हुए। वे प्रमुख रूप से प्रभु की भक्ति से सम्बन्ध रखते हैं। कुल मिला कर वे वेदों की तुलना में विशाल हैं। हालाँकि इनमें कुछ दार्शनिक भाग हैं परन्तु ये मूलत: ब्रह्माण्ड की उत्पत्ति, बह्माण्ड विज्ञान, देवताओं, मिथकों, कहानियों, राजाओं और तीर्थस्थलों का ज्ञान देते हैं। आज भी विविध देवताओं के विषय में कही गयी पौराणिक कथाएँ लोकप्रिय हैं। एक निराकार, र्निगुण सर्वोच्च परम सत्य यानी ब्राह्मण की उपनिषद वाली अवधारणा की तुलना में, पुराण निजी देवताओं के विषय में है जो आकार व लक्षणयुक्त हैं। यही बात साधकों को विशेष तौर पर लुभाती है और प्रभु के प्रति भक्ति-भाव रखने

वाले भक्त इससे आकर्षित होते हैं। पुराणों ने वेदों तथा उपनिषदों के विचारों को जन-जन के बीच प्रसारित करने में भी योगदान दिया है। लोकप्रिय हिन्दू धर्म पुराणों पर आधारित है।

पुराणों में हिन्दू धर्म के कुछ अनूठे पक्षों पर भी प्रकाश डाला गया है। इसमें बहुसंख्य देवता हैं और एक व्यक्ति अपने स्वभाव के अनुसार किसी भी देवता को पूज सकता है। धार्मिक हिन्दू विविध देवी-देवताओं के मन्दिरों में दर्शन के लिए जाते हैं। पुराणों के सावधानीपूर्वक किये गये अध्ययन से यह भी पता चलता है कि ये सब देवता, ब्राह्मण नामक एक सर्वोच्च सत्ता के ही रूप हैं। आप इनमें से किसी भी देवता के पूजन के साथ उस लक्ष्य तक जा सकते हैं। आप चाहें तो उस परम सत्य को प्रत्यक्ष रूप से भी पा सकते हैं। यह हिन्दू धर्म का अनूठा लक्षण है, जबकि अन्य धर्म एक ईश्वर तथा संस्थापक के साथ एकेश्वरवादी हैं। अवतार या मनुष्य रूप में ईश्वर की अवधारणा भी अनूठी है। ईसाई धर्म इससे भिन्न है जिसमें केवल एक ही अवतार है, हिन्दू धर्म में कहा जाता है कि अनेक अवतार हो सकते हैं।

आगम शास्त्र

'आगम' शब्द का संस्कृत में शाब्दिक अर्थ होगा, 'जो आया है'। निहित अर्थ और सामान्य बुद्धि से इसका यह अर्थ लगा सकते हैं कि वह प्राचीन ज्ञान जो भावी पीढ़ियों को सौंपा गया है। एक और व्याख्या के अनुसार, अगम का अर्थ है, जो ऊपर से उतरा है। इस विषय में कोई स्पष्ट सहमति नहीं है कि आगम शास्त्र कब लिखे गये। महाभारत में कुछेक आरम्भिक सन्दर्भ मिलते हैं जो आगे चल कर शैव और वैष्णव धर्म के नाम से जाने गये, वे बुद्ध के भी समय से पहले के हैं। यह भी हो सकता है कि हमें आगम शास्त्रों में जो पूर्ण रूप से विकसित विचार मिलते हैं, वे बहुत पहले से उपस्थित होंगे। वे ग्रन्थ भी शायद कुछ सदियों के दौरान लिखे गये होंगे।[1]

वैष्णव आगम, शैव आगम तथा शक्ति आगम (जिन्हें तन्त्र भी कहते हैं) सबसे अधिक प्रभावशाली ग्रन्थ रहे। हालाँकि विद्वान शैव और वैष्णव आगम के अतिरिक्त अन्य कई ग्रन्थों के लिए भी *तन्त्र* शब्द का प्रयोग करते हैं। उदाहरण के लिए, आदिशंकर ने सांख्य दर्शन के लिए सांख्य तन्त्र शब्द का प्रयोग किया है। कई बार तन्त्र शब्द की परिभाषा देते हुए कहा जाता है, *तन्यते विस्तारयते ज्ञानम् अनेन: इति तन्त्रम्* अथवा 'जो ज्ञान का सबको प्रसार करे, वह तन्त्र है'। कुछ अन्य वर्गीकरणों के अनुसार, 28 शैव आगम ग्रन्थ, 27 शक्ति अथवा तन्त्र ग्रन्थ तथा 108 वैष्णव आगम तन्त्र हैं। हालाँकि अन्य वर्गीकरणों में इनकी संख्या भिन्न-भिन्न है। दो अन्य तन्त्रों के साधक भी हैं-इनमें से एक हाथी के सिर वाले भगवान गणेश तथा सूर्य देवता, सूर्य पर आधारित है-वर्तमान में ये अधिक प्रचलन में नहीं हैं। तन्त्र से परे, आज भी पूरे देश में गणपति पूजन किया जाता है। कई जाने-माने ग्रन्थों में वैष्णवों के लिए पंचतन्त्र तथा शाक्तों के लिए महानिर्वाण तन्त्र शामिल हैं।[2]

तन्त्र और आगम में भी मनुष्य मात्र के लिए निर्वाण ही परम लक्ष्य है। वे भी सामान्य रूप से वेदों की सत्ता को स्वीकारते हैं। कुछ लोगों की मान्यता है कि चार युग विभिन्न ग्रन्थों के लिए हैं। वेद सबसे अधिक प्राचीन सतयुग (सत्य के युग),

स्मृतियाँ त्रेता युग (जिस समय में राम का अवतार हुआ), पुराण द्वापर युग (कृष्ण का अवतार), तथा तन्त्र वर्तमान कलियुग के लिए हैं।* आगमों का दावा है कि वे भी रहस्योद्घाटन करते हैं अतः वे भी श्रुति हैं। चूंकि वे वेदों को स्वीकारते हैं इसलिए उन्हें ग्रन्थ भी माना गया है। उदाहरण के लिए, कुलार्णव तन्त्र, प्रपंचसार तन्त्र, मत्स्यसूक्त महातन्त्र और गंधर्व तन्त्र सभी वेदों को स्वीकार करते हैं और कहते हैं कि वेद ही सर्वोच्च हैं। वे कहते हैं कि आगम पथ के अनुयायियों की विशुद्ध आत्मा होना चाहिए जिसने वेदों का अध्ययन किया हो। कुछ कहते हैं कि तन्त्र पाँचवें वेद हैं, हालाँकि पुराणों और महाभारत के लिए भी यही दावा किया जाता है।

तन्त्र ने लोकप्रिय हिन्दू धर्म को बहुत प्रभावित किया। उपनिषद की भारी-भरकम दार्शनिक और मननशील पद्धतियों का स्थान उन उपायों ने ले लिया जिन तक सब आसानी से पहुँच सकते थे। आगम शास्त्र जाति या लिंग की कोई पाबंदी नहीं लगाते। गौतमीय तन्त्र कहता है:

सर्वा वर्णाधिकाराः च
नारीनाम् योग्य एव च

इसका अनुवाद है: सभी जातियाँ योग्य हैं और स्त्रियाँ भी।

आगे चल कर, कुछ वैदिक अनुष्ठानों में जाति और लिंग सम्बन्धी नियम दिये गये थे, आगम शास्त्र उनकी तुलना में जाति और लिंग की कोई वर्जना नहीं मानते। कुछ विद्वानों का यह मानना है कि प्राचीन काल के दौरान भी वैदिक और आगम परम्पराएँ साथ-साथ जीवित थीं।

तन्त्र का महान और सहज ज्ञान अधिकतर लोगों के लिए क्योंकि, सम्पूर्ण त्याग का जीवन न तो कोई चाहता है और न ही सम्भव है। तन्त्र में सबके लिए एक मार्ग है, जो लिंग और जाति से परे है। संसार की स्वीकृति और धर्म के अनुसार इच्छाओं की पूर्ति स्वीकृत है। यह उपनिषदों की उस पहल के विपरीत है जो त्याग पर बल देती है। आगम शस्त्र व्यक्ति को मार्गदर्शन देते हैं, वे उन्हें आरम्भ से उच्चतम स्तरों तक ले जाते हैं और यह कार्य बाहरी त्याग के बल पर नहीं बल्कि संसार के सम्पूर्ण आनन्द और फिर उससे परे जाते हुए होता है। आगम परम्परा में माना गया है कि संसार सत्य है और इन्द्रियों से सुख मिलता है, हमें सांसारिक जीवन का त्याग नहीं करना। उचित नियमन से, जीवन को ऐसा मोड़ दिया जाता है कि व्यक्ति को ईश्वर

---

* इसी तरह से, यह माना जाता है कि धर्म अथवा नियम देने वाली विभिन्न स्मृतियाँ अलग-अलग युगों के लिए प्रासंगिक हैं।

तक पहुँचने में सहायता मिलती है।* वेदों के कर्मकांड भी इस संसार का त्याग नहीं करते और इच्छाओं के साथ किये जाने वाले काम्य कर्म भी होते हैं। हालाँकि वास्तविक आगम और वैदिक अनुष्ठान में काफी अन्तर हैं।

सामान्यत: आगम में एक ज्ञान पद या भाग होता है जो ज्ञान को समर्पित है जो दर्शन का वर्णन करता है। योग पद में उन अभ्यासों का वर्णन होता है जो चेतना की उच्चतम अवस्थाओं की ओर ले जाते हैं। क्रिया पदों में गुह्य अनुष्ठानों* का विवरण होता है और चर्या पदों में बाह्य उपासना के आचार के नियम दिये जाते हैं।

हालाँकि आगमों के दर्शन विभिन्न हैं परन्तु वे सभी स्वीकार करते हैं कि एक अ-भौतिक आत्मा है जो अनिवार्य रूप से दिव्य है और जीवन का उद्देश्य ही इसका बोध है। हालाँकि वे उस परम सत्य को शिव, शक्ति अथवा दिव्य माता के रूप में मान देते हैं। योग पद एकाग्रता पर आधारित हैं इसमें आगम द्वारा परिभाषित देवों की पूजा भी सम्मिलित है। आगम अभ्यासों के आन्तरिक पक्ष व्यक्ति, मन और इन्द्रियों को दिव्यता से जोड़ते हैं। बाहरी तौर पर, इसमें अनुष्ठान, प्रतीक, उपासना, मूर्तियाँ और मन्दिर हैं। इन अभ्यासों में भक्ति एक प्रमुख पक्ष है।

वैदिक अनुष्ठानों से परे, इनमें मूर्तियों का प्रयोग और उनकी पूजा शामिल है। वैदिक अनुष्ठानों में मन्दिर या मूर्ति की आवश्यकता नहीं थी। वे निराकार देवों या ईश्वर के आवाह्न पर आधारित थे जिन्हें अग्नि के माध्यम से अर्पण किया जाता था। हालाँकि आगम में मूर्तियों के माध्यम से देवता के पूजन की अनुमति है। मन्दिरों के अनेक अनुष्ठान, किसी न किसी आगम ग्रन्थ का पालन करते हुए पूरे किये जाते हैं। इनमें गणेश, सूर्य और स्कंद (शिव के छोटे पुत्र) जैसे देवताओं की पूजा के नियम भी दिये गये हैं। आगम शास्त्र मोक्ष की इच्छा रखने पर भी, ईश्वर की पूजा करने की अनुमति देते हैं, जबकि उपनिषदों में किसी मूर्ति पूजा का उल्लेख नहीं मिलता।

आगम शास्त्रों की तीन प्रमुख शाखाएँ

वैष्णव आगम परम देवता के रूप में विष्णु पर ध्यान रमाते हैं। हालाँकि वर्तमान में जो वैष्णववाद प्रचलित है, वह आगम शास्त्रों के साथ-साथ, पिछले दर्शनों तथा गुरुओं के उपदेशों से विकसित हुआ है। पंचरात्र एक प्रमुख आगम गंथ है। इस ग्रन्थ

---

* आधुनिक युग में, श्री रामकृष्ण जैसे कुछ सन्तों ने कुछ तांत्रिक अभ्यासों का अनुमोदन किया है।

* यह उन अभ्यासों का सूचक है, जो गुरु की ओर से शिष्य को दिये जाते थे।

के अनुसार, ईश्वर का वास है और हम पाँच तरह से उनका बोध पा सकते हैं। वे हैं अनुभवातीत, प्राकट्य, अवतार, मूर्ति और हमारे भीतर वास करने वाले ईश्वर।*

परा के रूप में, ईश्वर नारायण अथवा ईश्वर के समान है। ईश्वर के छह प्रमुख लक्षण हैं–ज्ञान, एश्वर्य अथवा स्वामित्व (ब्रह्माण्ड पर), शक्ति अथवा बल, वीर्य अथवा पौरुष और तेजस् अर्थात भव्यता। यही ईश्वर परम सत्य है। व्यूह (जो परा से प्रकट होता है) के रूप में, ईश्वर वासुदेव, संकर्षण, प्रद्युम्न और अनिरुद्ध के रूप में प्रकट हुए। वासुदेव महा प्राकट्य हैं और प्राय: उन्हें कृष्ण ही माना जाता है। संकर्षण उनके बड़े भाई बलराम हैं। प्रद्युम्न और अनिरुद्ध कृष्ण के पुत्र और पौत्र हैं। इनमें से प्रत्येक पक्ष का धार्मिक और तत्त्वमीमांसक महत्त्व है। वैभव अथवा अवतार में, ईश्वर के दस अवतार हैं: मत्स्य (मछली), कूर्म (कछुआ), वराह (जंगली सूअर), नरसिंह, वामन, परशुराम, राम, बलराम, कृष्ण और कल्कि।* कल्कि अन्तिम अवतार है, जिसे अभी प्रकट होना है। मूर्ति रूप में ईश्वर तक पहुँच बनाना सरल हो जाता है। जब उचित रूप से अनुष्ठान किये जाते हैं तो मूर्ति में दिव्यता का प्रवेश होता है ताकि भक्तों का कल्याण हो सके।* कुछ व्यक्तियों के अनुसार, ईश्वर के पाँच रूपों में मूर्ति सबसे सरल पहुँच रखती है। अभ्यास में, यह सच है कि लोग भारी संख्या में प्रतिदिन मन्दिरों में दर्शन के लिए जाते हैं। वैष्णव आगम मूल रूप से, पूजा-प्रार्थना में जाति, लिंग और रंगभेद आदि की बाधाओं को तोड़ने के लिए बने। वैष्णव वाद, जो इन ग्रन्थों से उपजा, वह वेदों की श्रेष्ठता भी स्वीकार करता है। उन्होंने संस्कृत ग्रन्थों विशेष रूप से, आगम तथा भागवतपुराण और स्थानीय भाषाओं का प्रयोग किया। इसने इसे विभिन्न क्षेत्रों में लोकप्रिय बनाने और प्रसार करने में सहायता की। अन्तर्यामी के रूप में, ईश्वर प्रत्येक व्यक्ति के भीतर रहता है और भक्त इसे अपने भीतर भी पा सकता है।

शैव आगम ग्रन्थों में इतने कर्म कांड व अनुष्ठान नहीं हैं। पति अथवा शिव ही सर्वोच्च हैं तथा व्यक्ति पशु है। पाश्विक वृत्तियाँ अथवा पाश व्यक्ति को बाँधता हैं। शिव का एक और नाम, पशुपति अर्थात सभी प्राणियों का पति भी है। शिव की पूजा

---

* परा, व्यूह, वैभव, अर्चा और अन्तयार्मिन क्रमश:

* कुछ पुराण बलराम के स्थान पर बुद्ध को रखते हैं जबकि अन्य ने चौबीस अवतारों का वर्णन किया है। यद्यपि वैष्णव आगमों में सभी अवतार विष्णु के हैं।

* उचित प्रकार से पूजन और अनुष्ठान के बाद मूर्ति में ईश्वर की प्राण-प्रतिष्ठा की जाती है और फिर वह प्रतिमा जाग्रत हो जाती है।

करके अपने भीतर की सभी पाश्विक वृत्तियों को समाप्त कर सकते हैं। उन्होंने शिव के आठ गुण कहे हैं–स्वतन्त्र, विशुद्ध, आत्म-ज्ञानी, सर्वज्ञानी,दूषण से मुक्त, असीम स्नेही, सर्वशक्तिमान और परमानन्दमय। यह दर्शन कश्मीर तथा तमिल नाडू में शैव सिद्धान्त के रूप में विकसित हुआ। शैववाद वेदों तथा आगम शास्त्रों को स्वीकार करता है। इन ग्रन्थों में संस्कृत तथा स्थानीय भाषाओं; दोनों का प्रयोग किया गया और इन्हें भारी संख्या में लोगों के बीच लोकप्रिय किया गया। हालाँकि अनेक मन्दिर शिव को समर्पित हैं, परन्तु यह आवश्यक नहीं कि आगम शास्त्रों और अनुष्ठानों का पालन करते हों।

वर्तमान में आगम शास्त्र पूरी तरह से वैष्णव वाद और शैववाद को परिभाषित नहीं करते। वे दोनों ही न केवल आगम से उपजे बल्कि वेदों, पुराणों और स्थानीय अभ्यासों ने भी इनके विकास में सहायता की।

शक्ति आगम ग्रन्थ प्राय: तन्त्र कहलाते हैं। ये शक्ति अथवा ऊर्जा के प्राकट्य से सम्बन्धित हैं जिसे दिव्य माँ भी कहते हैं। कश्मीर का शैववाद, शाक्त आगमों का भाग नहीं परन्तु इससे बहुत मिलता-जुलता है और यह कहता है कि प्रत्येक वस्तु एक है और दो जान पड़ती है–प्रकट, अप्रकट, पदार्थ और आत्मा, स्थिर और अस्थिर, नर और मादा आदि। दो के मूल आध्यात्मिक संयोग से उच्चतम परमानन्द की प्राप्ति होती है। इसमें अन्तर केवल, शिव अथवा शक्ति पर बल का है। अद्वैत जैसे दर्शनों में कहा गया कि केवल ब्रह्म ही सत्य है, वहीं शक्ति आगम कहते हैं कि संसार सत्य है। तन्त्र कहता है कि प्रकट जगत दुष्ट नहीं है, इच्छा को समझना चाहिए, उसे उचित प्रकार से पूरा करने पर ही उससे परे जा सकते हैं। वे आध्यात्मिक साधक की विभिन्न अवस्थाओं का वर्णन करते हैं। आरम्भिक अवस्था के साधक वे हैं, जिनकी पाश्विक वृत्तियाँ सशक्त हैं। वे पशु कहलाते हैं। इससे उच्च अवस्था मनुष्यों की है जिन्हें कई बार 'वीर' अथवा नायक कहते हैं। तीसरी अवस्था में 'दिव्य' आते हैं, जिनमें दिव्य तत्त्व की प्रमुखता होती हैं। तांत्रिक अभ्यासों को वेदाचार, वैष्णवाचार, शैवाचार, दक्षिणाचार, वामाचार, सिद्धान्ताचार और कौलाचार में वर्गीकृत कर सकते हैं। देवी के रूप में दिव्य माँ तन्त्र में प्रमुख स्थान रखती हैं। यह पक्ष पूरे भारत में लोकप्रिय है, विविध देवियों के रूप में दिव्य माँ के असंख्य मन्दिर हैं।

आगम शास्त्रों का एक आन्तरिक और गुह्य पक्ष भी है। वह मन्त्र, यंत्र और तन्त्र से सम्बन्धित है। मन्त्र में रहस्यमयी वर्णों का प्रयोग होता है जो आज भी प्राय: गुरु द्वारा शिष्य को प्रदान किये जाते हैं। किसी सक्षम गुरु द्वारा शिष्य को मिली

मन्त्र दीक्षा उसे जीवन के लक्ष्य तक जाने के लिए गति प्रदान करती है। वेदों और उपनिषदों ने न केवल पवित्र शब्द के महत्त्व के बारे में कहा और उसे ॐ के रूप में जाना, जिसे ब्रह्म के समान कहा गया हैं इसे अतिरिक्त वेदों में ऐसे ही कुछ प्रसिद्ध मन्त्र हैं जैसे गायत्री मन्त्र। वैसे आगम मन्त्र किसी देवता विशेष के लिए हैं। इनमें से कुछ विख्यात हैं जैसे, 'ओम नमो नारायणाय', या फिर 'ओम नमः शिवाय'। वे क्रमशः विष्णु तथा शिव के मन्त्र हैं। इनका अर्थ है, ॐ, (मैं) नारायण को नमस्कार करता हूँ। ॐ, (मैं) शिव को नमस्कार करता हूँ। ईश्वर के विभिन्न पक्षों के लिए अनेक मन्त्र हैं और तन्त्र में देवी अथवा शक्ति के विविध रूपों के आवाह्न के मन्त्र सम्मिलित हैं। यन्त्र में रहस्यमयी आकृतियाँ होती हैं जिन्हें अनुष्ठान करने के लिए प्रयुक्त करते हैं। शक्ति, शैव और वैष्णव आगमों में ये आकृतियाँ अथवा आरेख होते हैं। इन्हें मन्त्रों के साथ प्रयोग करते हैं और इन्हें उन्नत साधकों के लिए शक्तिशाली उपाय माना जाता है। कहते हैं कि इनके माध्यम से स्मरण शक्ति व अतींद्रिय शक्ति आदि बढ़ाई ज़ा सकती है। हालाँकि चेतावनी है कि इन्हें किसी सुयोग्य गुरु के मार्गदर्शन में ही करें। मन की शुद्धता, अच्छा चरित्र, स्वार्थी इच्छाओं का त्याग आदि के बिना आध्यात्मिक साधक पतन की ओर जा सकता है। यदि इनका उचित रूप से प्रयोग हो तो ये साधक को आध्यात्मिक रूप से उच्चतम स्तरों तक ले जा सकते हैं।

एक निश्चित रूप में, आज हम जिस लोकप्रिय धर्म को देखते है, वह प्रत्यक्ष तथा अप्रत्यक्ष रूप से आगम शास्त्रों तथा वैष्णव वाद, शैव वाद और शक्ति वाद में उनके विकास से प्रभावित रहा है। मन्दिरों का निर्माण, कर्मकांड, रीति-रिवाज और अनुष्ठान आदि भी इन ग्रन्थों पर आधारित रहे हैं। पुराण, रामायण और महाभारत के साथ-साथ, इन्हें भी साहित्य, काव्य, गीत तथा स्थानीय भाषाओं में रीति-रिवाजों आदि के लिए प्रयुक्त किया जाता है।

सारांश

आगम शास्त्रों को कई बार इसकी कुछ प्रमुख अवधारणाओं या अन्तर्दृष्टि के आधार पर तन्त्र भी कहा जाता है। उपनिषद आदि अन्य परम्पराओं में, आध्यात्मिक साधक को सारे सांसारिक आनन्दों का त्याग करने को कहा जाता है। तन्त्र जानता है कि अधिकतर लोगों के लिए ऐसा कर पाना सम्भव नहीं है। इसे साथ ही ऐसे अनेक व्यक्ति भी हैं जो सच्चे आध्यात्मिक साधक हैं। तो यह संसार को सत्य जानता है और इसके त्याग की बात नहीं करता। अपने इष्ट या निजी देवता (विष्णु, शिव अथवा दिव्य माँ) का पूजन अनेक व्यक्तियों को उपयुक्त लगता है। आगम शास्त्र ऐसे पूजन

के लिए अनेक समुचित अनुष्ठान, प्रतीक तथा मन्त्र भी सुझाता है। मन्दिर बनवाए गये और फिर इन ग्रन्थों में वर्णित विधियों के अनुसार पूजा की जाने लगी।

तीन प्रमुख आगम शास्त्र मनुष्य के मन के निश्चित सहज ज्ञान पर भी आधारित हैं। कुछ लोग इस संसार को सत्य तथा ब्रह्माण्ड को स्थायी मानते हैं। विष्णु शाश्वत देव है जो सर्व व्यापी हैं। कुछ लोगों के लिए संसार तो सत्य है परन्तु परम सत्य अनुभवातीत है। शिव अनुभवातीत देवता हैं। फिर कुछ लोग, ईश्वर को शक्ति मानते हैं। दिव्य माता सर्वशक्तिमान हैं और शक्ति कहलाती हैं। सम्भवतः ये तीन आगम विभिन्न प्रवृत्तियों के अनुरूप बनाए गये।

तन्त्र ने यह भी पाया कि इच्छाओं को समुचित रूप से पूरा करके आनन्द पाने के बाद*, लौकिक इच्छाओं से परे जा सकते हैं और आध्यात्मिक जीवन के लक्ष्य के लिए प्रगति हो सकती है। अभ्यास में, प्रायः इसे प्राप्त करना कठिन होता है क्योंकि तन्त्र का प्रयोग करने वाले अधिकतर लोग अपनी इच्छाओं से ही ऊपर नहीं उठ पाते। हालाँकि, यदि उचित रूप से किसी सुयोग्य गुरु के निर्देशन में अभ्यास किया जाये तो मोक्ष मिलना सम्भव है। हाल ही के समय में, श्री रामकृष्ण ने सारे तन्त्र अनुशासनों का अभ्यास करके, यह निष्कर्ष दिया कि तन्त्र के कुछ अनुष्ठान अध्यात्मिक जीवन के लिए सही है। सार्वजनिक समझ में तन्त्र केवल ऐंद्रिक आनन्द के विषय में है, परन्तु ग्रन्थ अपने-आप में बहुत अलग हैं। वे आध्यात्मिक साधकों के लिए एक विस्तृत उपाय प्रस्तुत करते हैं और धीरे-धीरे उन्हें वैद्य इच्छाओं की सन्तुष्टि से परे, जीवन के परम लक्ष्य की ओर ले जाते हैं।

* कृष्ण ने भी गीता में ऐसी ही एक शिक्षा दी है। 'मैं ही सभी सजीवों में वह इच्छा हूँ, जो धर्म विरुद्ध नहीं–धर्म-अविरुद्धो भूतेषु कामास्मि्।

अन्य पवित्र ग्रन्थ

इसके अतिरिक्त अन्य कई पवित्र ग्रन्थ महत्त्वपूर्ण हैं। इस अध्याय में उनका संक्षिप्त वर्णन किया गया है क्योंकि वे पवित्र और महत्त्वपूर्ण माने जाते हैं। इन ग्रन्थों में पहली श्रेणी के ग्रन्थ वेदों के पूरक हैं। दूसरी श्रेणी में स्मृतियों को शमिल किया गया है। यद्यपि 'स्मृति' शब्द में अनेक उत्तरकालीन ग्रन्थ भी आते हैं परन्तु इस स्थान पर केवल उनकी ही चर्चा की गयी जिन्हें 'स्मृति' कहते हैं, जैसे मनुस्मृति। ग्रन्थों की तीसरी श्रेणी में उपनिषदों पर आधारित दार्शनिक ग्रन्थ शामिल हैं और गम्भीर आध्यात्मिक जिज्ञासु उनका अध्ययन करते हैं।

वेदों के पूरक ग्रन्थ

उपवेद और वेदांग, वेदों के पूरक ग्रन्थ माने जाते हैं। विज्ञान तथा कला से सम्बन्धित चार उपवेद हैं–ऋगवेद में स्थापत्यवेद (वास्तुकला पर), यजुर्वेद में धनुर्वेद (धनुर्विद्या), सामवेद में गंधर्ववेद (संगीत और पवित्र नृत्य), और अथर्ववेद में आयुर्वेद (चिकित्सा)। प्राय: स्थापत्यवेद में दिये गये सिद्धान्तों के आधार पर मन्दिरों की रचना की जाती है। इस कला के निष्णात स्थापति कहलाते हैं और उन्हें आज भी मन्दिर निर्माण के समय बुलाया जाता है। जब वेद रचे गये तो तो धनुर्विद्या ही शिकार और युद्धकला का प्रमुख साधन थी। रामायण और महाभारत उन घटनाओं से भरे हैं जिनमें युद्ध में धनुर्विद्या का प्रयोग होता है। भारत में शास्त्रीय संगीत और नृत्य गंधर्ववेद से विकसित हुंआ। *'आयुर्वेद'* का शाब्दिक अर्थ है, दीर्घायु का ज्ञान तथा स्वास्थ्य और कल्याण का विज्ञान। भारत में आयुर्वेदिक चिकित्सा और दवाओं का प्रयोग निरन्तर होता आया है, आयुर्वेदिक अभ्यासों पर आधुनिक वैज्ञानिक ज्ञान का प्रयोग करते हुए शोध भी होते हैं। अब इन्हें लौकिक विषय माना जाने लगा है परन्तु सम्भवत: उन दिनों में, यह ज्ञान पवित्र ग्रन्थों का एक हिस्सा था।

वेदांग का शाब्दिक अर्थ है, 'वेदों के अंग'। ये हमें सिखाते हैं कि वेदों को कैसे पढ़ना है और वे नियम जिनके अनुसार वे प्रकाशित हुए। उनमें जिन छह विषयों की जानकारी दी गयी है, उनमें शिक्षा, काव्य और छन्द के नियम, व्याकरण, निरुक्त, एक व्यक्ति के जीवन अथवा कल्प के रीति-रिवाज और अनुष्ठान और ज्योतिष। शिक्षा हमें सिखाती है कि हमें किस प्रकार समुचित रूप से वैदिक स्तोत्रों और मन्त्रों का उच्चारण करना चाहिए। यह एक विधिवत् तरीका है परन्तु इसके अतिरिक्त कुछ अन्य सम्प्रदाय भी हैं जो मन्त्रजाप के लिए अपनी अनूठी शैली का प्रयोग करते हैं। वैदिक स्तोत्र और बाद में रचे गये कई पवित्र छन्द, छन्दों के नियमों के अनुसार रचे गये हैं। संस्कृत व्याकरण बहुत उन्नत है। निरुक्त का सम्बन्ध शब्दों के मूल तथा उनके समुचित अर्थ से है। कल्प सूत्र में जन्म, अन्नप्राशन, शिक्षा आरम्भ, शिक्षा की समाप्ति, विवाह और मृत्यु आदि से जुड़े रीति-रिवाजों का वर्णन है। ज्योतिष भी बहुत विकसित था और वह पश्चिमी ज्योतिष शास्त्र का समानांतर है।

स्मृतियाँ

'*स्मृति*' शब्द का अर्थ है, 'स्मरण किया हुआ'। स्मृतियों को उपनिषदों वाला स्तर नहीं मिला। कुछ वर्गीकरणों में, सभी उत्तरवर्ती ग्रन्थ, 'स्मृति' में ही शामिल हुए। इनमें वेदांग, उपवेद, इतिहास, पुराण आदि शामिल हैं। इस जगह उन ग्रन्थों तक सीमित कर रहे हैं जिन्हें विशेष तौर पर स्मृति का नाम दिया गया है और उनके प्रमुख विचारों का संक्षिप्त परिचय देते हैं।

अठारह प्रमुख स्मृतियाँ हैं: इनमें से मनु, याज्ञवल्क्य और पाराशर स्मृति प्रसिद्ध हैं।* उपस्मृतियों की भी एक सूची है, जिनमें से अधिकतर बहुत विशाल हैं। वैसे तो वे वेदान्त पर आधारित हैं परन्तु स्मृतियाँ कहीं अधिक व्यावहारिक हैं और इनमें दिन-प्रतिदिन से जुड़े विविध विषयों, आचरण, व्यवहार, नीति, आचार-विचार, धर्म, समाज में व्यक्ति की भूमिका आदि विषयों पर चर्चा की गयी है। गम्भीर आध्यात्मिक साधक प्राय: इनका अध्ययन नहीं करते।

ये ग्रन्थ धर्म शास्त्र भी कहलाते हैं, ऐसे ग्रन्थ जो उन विधियों और नियमों का विवरण देते हैं जो व्यक्तियों और समुदायों को दैनिक आचरण के लिए मार्गदर्शन देते हैं। 'धर्म' शब्द 'धृ' धातु से निकला है, जिसका अर्थ है, 'जो सहारा देता है'।

---

* प्रमुख स्मृतियों की सर्वमान्य रूप से स्वीकृत सूची में अंगिरस, व्यास, अपस्तम्ब, दक्ष, विष्णु, याज्ञवल्क्य, लिखिता, संवर्त, शंख, बृहस्पति, अत्रि, कात्यायन, पाराशर, मनु, औसानसी, हारीत, गौतम और यम शामिल हैं। कुछ सूचियों में शतपत तथा वशिष्ठ स्मृति को भी शामिल किया गया है।

इस अर्थ में 'धर्म' उन नियमों की व्याख्या करता है जो हमारे आचार और व्यवहार को संभालते हैं। यद्यपि, दैनिक जीवन में, यह शब्द अलग-अलग सन्दर्भों में प्रयुक्त होता है और इसका कोई सटीक अर्थ नहीं है। सभी स्मृतियों में वेदों को स्वीकार किया गया है। वेदों और उपनिषदों में प्रत्यक्ष प्रकटीकरण के आधार पर परम सत्य दिये गये हैं परन्तु स्मृतियों को निश्चित समय या अवधि के लिए प्रासंगिक माना जाता है। उदाहरण के लिए, एक संस्कृत छन्द के अनुसार मनु के नियम कृत युग अथवा वैदिक युग के लिए उपयुक्त हैं, याज्ञवल्क्य स्मृति रामायण काल में त्रेता युग के लिए है, लिखित स्मृति महाभारत काल में द्वापर युग के लिए है और पाराशर स्मृति कलि युग यानी वर्तमान काल के लिए है। यह भी स्वीकार किया गया कि जब भी वेदों तथा स्मृति सहित अन्य किसी भी ग्रन्थों के बीच विरोधाभास पैदा होगा, वेदों का अधिकार माना जायेगा।

मनु स्मृति को *मानव धर्मशास्त्र* का नाम भी दिया गया है। इसके लिखे जाने की अवधि अनिश्चित है, कुछ विद्वानों के अनुसार यह 1000 ईसा पूर्व हो सकती है तो कुछ का मानना है कि यह 200 ईसा पूर्व हो सकती है। इसे मनु ऋषि ने लिखा और कुछ भाग भृगु ऋषि के लिखे हुए माने गये हैं। इस ग्रन्थ के विविध संस्करण मिलते हैं और यह कहना कठिन है कि मूल क्या था और प्रक्षिप्त अंश कौन से हैं। इसमें बारह अध्याय तथा 2700 छन्द हैं। यह ब्रह्माण्ड के उद्भव, जीवन तथा आचार के समुचित आचरण या धर्म, यज्ञोपवीत, विवाह, अन्तिम संस्कार, दूषण तथा शुद्धिकरण आदि संस्कारों और रीति-रिवाजों का वर्णन करती है। यह सामान्य जन के अतिरिक्त राजाओं के लिए बने आचरण से भी सम्बन्धित है। इसमें धार्मिक और धर्म निरपेक्ष में अन्तर किये बिना एक विधि भी देती है। इसमें दान तथा अन्य शुभ कर्मों, कर्म और मुक्ति से जुड़े विषयों पर बात की गयी है। उदाहरण के लिए, यह अहिंसा, सत्य, करूणा, धैर्य, आत्म-संयम, दान, संयम आदि गुणों की प्रशंसा करती है। लगभग आधे श्लोकों में ब्राह्मणों के आचार-विचार पर चर्चा है और शेष में से एक तिहाई क्षत्रियों की बात करते हैं। केवल एक छोटा सा अंश दो अन्य वर्णों (जिन्हें आजकल जाति भी कह देते हैं) के आचार-विचार की चर्चा करता हैं। यह स्पष्ट नहीं है कि ये वर्ण जन्म लेने वाले परिवार पर आधारित थे या इनका निर्धारण स्वभाव के आधार पर होता था। यह लोगों को शाकाहारी रहने और मदिरापान करने के लिए प्रोत्साहित करती है परन्तु कोई बहुत कड़ी पाबंदी नहीं है। युद्ध के नियम कहते हैं कि युद्ध न करने वालों, नागरिकों, स्त्रियों तथा समर्पण कर देने वालों को हानि नहीं पहुँचानी चाहिए। शासकों के लिए कर व्यवस्था से जुड़े नियम भी दिये गये हैं।

चूंकि मनु स्मृति के अनेक संस्करण उपलब्ध हैं, इसलिए इनमें कुछ विसंगतियों का आना स्वाभाविक ही है। यह स्त्रियों के पद की प्रशंसा करती है और कहती है कि जो समाज स्त्रियों का मान व आदर नहीं करता, वह नष्ट हो जायेगा। यह स्त्रियों को एक स्तर भी प्रदान करती है जो आधुनिक मापदंडों के अनुसार हीन है। इसमें शूद्रों का स्तर भी हीन बताया गया है। यह सम्भव नहीं लगता कि किसी राजा ने मनु स्मृति को अपनी विधि के रूप में लागू किया होगा। आधुनिक समय में, इस ग्रन्थ को निंदा तथा प्रशंसा दोनों ही प्राप्त हुए हैं। विशेष तौर पर, स्त्रियों तथा तथाकथित निम्न जातियों के हीन स्तर वाले अंशों की आलोचना की जाती है। मनुस्मृति मनुष्य और परम सत्ता से सम्बन्ध रखने वाले हिन्दू धर्म पर बहुत ही अल्प प्रभाव रखती है।

याज्ञवल्क्य स्मृति का नाम विख्यात ऋषि याज्ञवल्क्य के नाम पर रखा गया जो बृहदारण्यक उपनिषद में शिक्षा प्रदान करते हैं। चूंकि स्मृति का आगमन अनेक सदियों के बाद हुआ, यह उन्हें ही समर्पित है। उस काल में यह परम्परा हुआ करती थी और सदियों की काल अवधि के दौरान रचे गये कई गं्रथ किसी एक प्रतिष्ठित व्यक्तित्व के नाम ही कर दिये जाते थे। याज्ञवल्क्य स्मृति बहुत संक्षिप्त है और इसमें आचार, व्यवहार (विधि के नियम) तथा प्रायश्चित से जुड़ी सामग्री दी गयी है। उदाहरण के लिए, इसमें कहा गया है कि ऋण अनुबंध लिखित रूप में होने चाहिए और इन्हें परस्पर सहमति से दर्ज किया जाना चाहिए। इसमें यह भी कहा गया है कि घर के सभी सदस्यों को स्त्री का आदर करना चाहिए। ये ग्रन्थ पद्धतिबद्ध रूप में लिखे गये हैं।

स्पष्ट रूप से स्मृति कहे जाने वाले ग्रंथ केवल ईश्वर या तत्त्वमीमांसा के बारे में नहीं हैं। इनमें दिन-प्रतिदिन के जीवन से जुड़े दिशानिर्देश, आचार, नैतिक शिक्षा तथा समाज के विभिन्न वर्गों की भूमिका का वर्णन है। इन्हें शाश्वत सत्यों के स्थान पर प्रासंगिक सत्यों का नाम दिया जाता है। समय बदलने के साथ, युग विशेष से जुड़ी स्मृति में भी परिवर्तन होगा। कुछ आधुनिक युग के विद्वानों का कहना है कि पिछली सहस्राब्दि के दौरान संसार में इतना परिवर्तन आया है कि हमें एक नई स्मृति की आवश्यकता होगी, शायद अब पुरानी स्मृति प्रासंगिक या वैद्य न रहे।

अन्य लोग स्मृतियों के सन्दर्भ से कहते हैं कि अच्छे चरित्र के लोगों को अपने अन्त:करण से ही मार्गदर्शन मिल सकता है। यह स्मृति से भी कहीं ऊपर है।

अन्य प्राचीन दार्शनिक ग्रन्थ

ये ग्रन्थ भी बहुत महत्त्वपूर्ण माने गये हैं। हम संक्षेप में सूत्रों तथा तीन प्राचीन ग्रन्थों

की चर्चा करेंगे जो उपनिषदो में शामिल सूक्ष्म दर्शनों तथा सत्यों को प्रसंगों और संवादों के माध्यम से प्रकट करते हैं। ये तीन हैं-त्रिपुरा रहस्य, योग वशिष्ठ तथा अध्यात्म रामायण; इसके अतिरिक्त और भी कई अन्य पवित्र ग्रन्थ हैं जिन्हें गीता कहा जाता है, इन पर भी संक्षेप में चर्चा की गयी है।

सूत्र साहित्य

कुछ धार्मिक ग्रन्थ संक्षिप्त वाक्यों अथवा सूक्तियों (एक छोटा वाक्य जिसमें गहन सत्य छिपा होगा) के रूप में कहे गये हैं। इन्हें सूत्र शैली में लिखा गया है। सूत्र शब्द का अर्थ है, धागा। ब्रह्मसूत्र को सबसे अधिक प्रसिद्ध सूत्र ग्रन्थ माना जाता है। बौद्ध ग्रन्थों में भी इस शैली का प्रयोग किया गया है और वे सुत्त कहलाते हैं। जैन ग्रन्थों में इन्हें सुया कहा गया है। ये ऐसे आसुत कथन हैं जिनके आसपास भाष्य तथा व्याख्याएँ की जाती हैं। कुछ दर्शन भी सुत्त कहलाते हैं, जैसे न्याय, वैशेषिक, सांख्य, योग तथा मीमांसा सूत्र। योग सूत्र सूत्र का उदाहरण देना चाहें तो योग चित्त वृत्ति निरोध को ले सकते हैं (योग ही वृत्तियों का निरोध है अथवा चित्त का सुधार है)। यह एक सूक्ति है और व्याख्याकारों ने इसे विस्तार से समझाया है। इसके साथ ही कुछ प्रश्न उत्पन्न होते हैं जैसे योग क्या है, मन किसे कहते हैं, मन के सुधार से क्या तात्पर्य है, हमें मन को नियन्त्रित क्यों करना चाहिए आदि। सूत्र कहलाने वाले सारे ग्रन्थ इसी शैली में रचे गये हैं।

नारद भक्ति सूत्र भी जाने-माने सूत्रों में से है, जिसे नारद पुराण से अलग देखना चाहिए। यह भक्ति ग्रन्थ है। नारद भक्ति सूत्र बहुत संक्षिप्त है, केवल 84 श्लोकों को अध्यायों में प्रस्तुत किया गया है। इसके आरम्भ में भक्ति की परिभाषा देने के बाद कहा गया है कि सच्ची भक्ति के लिए आत्म-समर्पण तथा त्याग का होना अनिवार्य है। यह महान भक्तों की महानता का समरण करता है। इसके अनुसार भक्ति ही जीवन का वांछित लक्ष्य है और यह इस विषय में सुझाव देता है कि इसे कैसे पाया जा सकता है, यह हमें पवित्र संगति की खोज का परामर्श देता है। इसमें भक्ति के विभिन्न स्वरूपों तथा दैवीय प्रेम की बात की गयी है। इसमें कुछ अभ्यास भी शामिल हैं जैसे प्रभु की उपासना और उपयुक्त आचरण पर बल। वासुगुप्त के शिव सूत्र में केवल 77 श्लोक हैं परन्तु यह कश्मीर शैववाद का आधार है। वेदों में भी सूत्रों जैसे श्लोक पाये जाते हैं।

दत्तात्रेय परम्परा और त्रिपुरा रहस्य

ऐसे तीन प्रतिष्ठित ग्रन्थ हैं जिन्हें बहुत अधिक दार्शनिक माना जाता है और वे

कथाओं और संवादों के माध्यम से उपनिषद सम्बन्धी सत्यों को प्रकट करते हैं। पुराणों में निजी देवताओं और उनकी भक्ति के प्रसंग हैं परन्तु इन ग्रन्थों में साधक को ब्राह्मण के निराकार यथार्थ तक जाने का मार्गदर्शन दिया गया है। यद्यपि इनमें भी लक्ष्य तक जाने के लिए कुछ प्रतीक तथा अनुष्ठान शामिल किये गये हैं। इस जगह इनका संक्षिप्त परिचय दिया गया है क्योंकि गम्भीर आध्यात्मिक साधक आज भी इनका अध्ययन करते हैं। कुछ आधुनिक सन्त और उपदेशक भी अपनी शिक्षाओं में इनका उल्लेख करते हैं।

इनमें से एक ग्रन्थ दत्तात्रेय पर आधारित है जो ब्रह्मा, शिव और नारायण अथवा विष्णु का ही रूप हैं। वे गुरुओं तथा अवधूतों के भी गुरु हैं। अवधूत, विशेष तौर पर प्रबुद्ध प्राणी होते हैं जो सभी सामाजिक नियमों और परम्पराओं से परे माने जाते हैं। दत्तात्रेय को तीन सिरों के साथ दिखाया जाता है जो ब्रह्मा, शिव और विष्णु का प्रतिनिधित्व करते हैं। उनके आगे चार काले कुत्ते होते हैं जो वेदों के प्रतीक हैं। उनके छह हाथों में ब्रह्म, शिव तथा विष्णु के प्रतीक हैं। वे हैं-विष्णु का शंख व चक्र, शिव का डमरु और त्रिशूल और ब्रह्मा की अक्षरमाला और कमंडलु। एक गाय भी दिखाई जाती है जो ब्रह्माण्ड की प्रतीक है। चार कुत्तों का प्रतीक अचूक है: प्रबुद्ध ऋषि के लिए पवित्र ग्रन्थों का कोई अर्थ नहीं क्योंकि वे उनसे परे हो चुके हैं। दत्तात्रेय त्रिपुरा रहस्य तथा अवधूत गीता में गुरु हैं।

त्रिपुरा रहस्य में, दत्तात्रेय परशुराम को शिक्षा प्रदान करते हैं, जो दस अवतारों में से हैं। यह बहुत विशाल है और इसमें 12,000 से अधिक छन्द हैं। इसमें राजा हेमचूड़ की जानी-मानी कथा कही गयी है जो आध्यात्मिक सत्य की खोज में था। उसकी पत्नी, हेमलेखा, जो स्वयं एक प्रबुद्ध जीव है, वह उसे दिव्य ज्ञान प्रदान करती है। राजा भी तपस्या करने के बाद, प्रबुद्ध हो जाता है और अपने राज्य का शासन करने लगता है। 'त्रिपुरा रहस्य' का अर्थ है, तीन रहस्य। इस जगह, त्रिपुरा का अर्थ तीन अवस्थाओं से है, जागृत, स्वप्नावस्था तथा निद्रावस्था। इनके पीछे छिपा रहस्य चेतना है, जिसे तुरीय अवस्था भी कहते हैं जो अन्य तीन अवस्थाओं पर व्याप्त है। तुरीय अवस्था में ही मोक्ष का वास है। इसका मूल विचार उपनिषदों में, विशेष तौर पर मांडूक्य उपनिषद में मिलता है। त्रिपुरा रहस्य में, इसे मानवीय सन्दर्भ में विस्तार से समझाया गया है। इसमें तीन भाग हैं। पहला भाग ज्ञान कांड, दूसरा भाग माहात्म्य कांड है जो दिव्य माँ की महानता के बारे में है और तीसरा व अन्तिम भाग चर्या कांड कहलाता है जो आचार पर दिया गया है। इसमें प्रबोध से जुड़ी विविध बाधाओं के साथ इन्हें पाने के उपायों पर भी चर्चा की गयी है।

योग वशिष्ठ और अध्यात्म रामायण

योग वशिष्ठ रामायण पर आधारित है, यद्यपि इसे बहुत बाद में लिखा गया। विद्वान इसके रचे जाने की अवधि के लिए एकमत नहीं परन्तु यही माना जाता है कि इसे छठी सदी सीई के बाद लिखा गया। इसे महा रामायण, उत्तर रामायण और वशिष्ठ रामायण भी कहते हैं। यह ग्रन्थ ऋषि वशिष्ठ द्वारा अपने युवा शिष्य, रामायण के राम को दी गयी शिक्षाओं पर आधारित है। लघु रामायण एक संक्षिप्त आध्यात्मिक संस्करण है जिसमें 6000 छन्द हैं। योग वशिष्ठ के सुदीर्घ संस्करण में 30,000 छन्द हैं। यह रामायण के मूल लेखक, बाल्मीकि की कृति है परन्तु इस रूप में लिखा गया है मानो वशिष्ठ निर्देश दे रहे हों। राम अस्तित्व की व्यर्थता और पीड़ा से त्रस्त हो कर संसार का त्याग करना चाहते हैं। तब वशिष्ठ उन्हें आध्यात्मिक ज्ञान देते हैं। वे राम को यह भी समझाते हैं कि सब कुछ ब्राह्मण है और यह संसार भी उसी यथार्थ का भाग है। तो वे किधर जायेंगे? राम इस पर मनन करते हुए सत्य को स्वीकार करते हैं। इस ग्रन्थ को गम्भीर आध्यात्मिक जिज्ञासुओं द्वारा बहुत आदर दिया जाता है क्योंकि इसमें सरल शब्दों में उच्चतम शिक्षाएँ दी गयी हैं। यह भी एक रोचक तथ्य है कि इसमें भी एक राजसी जोड़े की लम्बी कथा दी गयी है जैसे त्रिपुरा रहस्य में है। इस कथा में रानी चूड़ाला अपने पति सिखध्वज के लिए गुरु के रूप में प्रकट हो कर आत्म-बोध का मार्ग प्रशस्त करती है।

इसके बहुत बाद में एक और ग्रन्थ अध्यात्म रामायण लिखा गया। यह भी मूल वाल्मीकि रामायण के अनुसार परन्तु इसे सम्पूर्ण आध्यात्मिक अर्थ प्रदान करता है। 'अध्यात्म' का अर्थ है 'स्व या आत्मा'। ग्रन्थ में कहा गया है कि राम दैवीय अवतार हैं और अनेक आध्यात्मिक शिक्षाएँ प्रदान करते हैं। इसके बाद वेदान्तिक शिक्षाएँ आती हैं जिन्हें सरल काव्यात्मक रूपों में दिया गया है, प्राय: ये संवादों के रूप में हैं। इस जगह वे गुरु के रूप में हैं जबकि योग वशिष्ठ में वे शिष्य के रूप में आते हैं। अध्यात्म रामायण में ही राम गीता है, यह 60 अति दार्शनिक छन्दों का छोटा सा ग्रन्थ है।

विविध गीताएँ

रामायण पर आधारित दो ग्रन्थों की तरह, ऐसे कई अन्य ग्रन्थ हैं जिनमें 'गीता' नाम आता है। इनमें से सर्वाधिक प्रतिष्ठित और पवित्र भगवद् गीता है। यद्यपि इसके अतिरिक्त और भी कई ग्रन्थ हैं। अणु गीता, कृष्ण ने अर्जुन को दूसरी बार, युद्ध पूरा होने के बाद सिखाई, जब पांडव अपना राज्य स्थापित कर चुके थे। उद्धव गीता

का ज्ञान कृष्ण ने अपने मित्र उद्धव को दिया था। व्याध गीता एक रोचक कथा पर आधारित है। एक युवा योगी वृक्ष तले ध्यान लगा रहा था और जब एक कौआ शाखा से उस पर विष्ठा करता है तो वह अप्रसन्न हो जाता है। वह गुस्से में आ कर कौए को देखता है तो वह भस्म हो जाता है। उसे प्रसन्नता होती है कि उसके पास योगबल आ गया है, फिर वह भिक्षा लेने चला जाता है। एक गृहस्थ की वधू उसे द्वार पर प्रतीक्षा करवाती है क्योंकि वह अपनी वृद्ध सास-ससुर तथा परिवार के अन्य सदस्यों की सेवा कर रही है। अन्ततः वह बाहर आ कर उसे भिक्षा देते हुए कहती है, "मैं कोई कौआ नहीं जो भस्म हो जाऊँगी।" योगी यह सुन कर चकित होता है और उसे पता चलता है कि उस स्त्री ने केवल अपने परिवार में कर्तव्य का निर्वाह करते हुए ही इतना विवेक पा लिया था। जब वह और अधिक शिक्षा पाना चाहता है तो वह उसे अपने गुरु के पास भेज देती हे। वह लम्बी दूरी तय करने के बाद गुरु को कसाईघर में पाता है। वह एक कसाई को गुरु के रूप में देख कर व्याकुल हो जाता है। व्याध या कसाई भी उसे अपना काम पूरा होने तक प्रतीक्षा करवाता है। उस स्त्री से ताड़ना पाने के बाद योगी बड़े धैर्य से कसाई की प्रतीक्षा करता है। कसाई द्वारा प्राप्त की गयी शिक्षा को व्याध गीता का नाम दिया गया है। गुरु गीता स्कंद पुराण का पाठ है और यह शिक्षा शिव ने अपनी पत्नी पार्वती को दी थी। गणेश गीता का ज्ञान, गणेश अथवा गजानन ने एक राजा को दिया था। ऋभु गीता का ज्ञान भगवान शिव ने ऋषि ऋभु को हिमालय स्थित कैलाश पर्वत पर दिया था। अष्टावक्र गीता को अष्टावक्र संहिता भी कहते हैं जिसका ज्ञान अष्टावक्र ऋषि ने जनक राजा को दिया था। अष्टावक्र का अर्थ है, 'जो आठ स्थान से टेढ़ा या विकृत हो', यह गुरु के शरीर में आठ दोषों का वर्णन करता है। अवधूत गीता, दत्तात्रेय की वाणी है। मोक्ष गीता में मोक्ष पाने से सम्बन्धित शिक्षा दी गयी है। इसके अतिरिक्त, ऐसे और कई ग्रन्थ हैं जिनमें 'गीता' शब्द का प्रयोग किया गया है।

सारांश

उपवेद और वेदांग आध्यात्मिक धर्म ग्रन्थ नहीं माने जाते। उपवेदों में विज्ञान तथा कला का वर्णन है और वेदांगों में व्याकरण, काव्य और वेदों में मिलने वाले सहायक विषयों के नियम दिये गये हैं। स्मृतियों को लिखित रूप दिया गया परन्तु इससे पहले के ग्रन्थ मौखिक परम्परा से प्राप्त हुए थे। इनमें आचार-विचार, नीति तथा समाज की व्यवस्था से जुड़े नियम दिये गये हैं। उनका सन्दर्भ उनके रचना काल के अनुरूप है और प्रायः इन्हें वेदों की महत्ता के आगे गौण माना जाता है।

अन्य आध्यात्मिक ग्रन्थों में, नारद भक्ति सूत्र जैसे सूत्र महत्त्वपूर्ण आधारभूत ग्रन्थ हैं जो भक्ति परम्परा की नींव रखते हैं। त्रिपुरा रहस्य, योग वशिष्ठ तथा अध्यात्म रामायण लम्बे और विस्तृत ग्रन्थ हैं जिनमें अनेक प्रसंग तथा विस्तृत संवाद सम्मिलित हैं जो वेदान्तिक शिक्षाओं को कहीं बेहतर तरीके से पाठक तक पहुँचाते हैं। परम यथार्थ, मनुष्य की प्रकृति तथा ब्रह्म को साकार करने के उपायों से जुड़ी अनेक गीताएँ भी उपलब्ध हैं। अनिवार्य तौर पर वेदान्त पर आधारित इन गीताओं को बहुत सम्मान की दृष्टि से देखा जाता है और प्राय: आध्यात्मिक साधक मार्गदर्शन के लिए इनका प्रयोग करते हैं।

इतिहास अथवा महाकाव्य

हमारे दो पवित्र ग्रन्थ इतिहास कहलाते हैं और वे जाने-माने महाकाव्य हैं, रामायण तथा महाभारत। यहाँ तक कि वे आज भी लोकप्रिय हैं और भारतीय इन महाकाव्यों से जुड़ी सभी महत्त्वपूर्ण घटनाओं की जानकारी रखते हैं। मध्ययुग के दौरान, इन्हें संस्कृत से अन्य विविध भारतीय भाषाओं में अनूदित किया गया। इन्हइं अनेक यूरोपियन भाषाओं में भी अनूदित किया गया है। इनका पठन-पाठन नियमित पूजा का अंग माना गया है। सभाओं में रामायण का पाठ कई दिन तक किया जाता है। महाभारत में ही भगवद् गीता, विष्णु के हज़ार नामों वाला विष्णु सहस्रनाम* तथा अन्य कई पवित्र ग्रन्थ सम्मिलित हैं जिनका आज भी नियमित रूप से पाठ किया जाता है।

रामायण

रामायण में चौबीस हज़ार श्लोक हैं जिन्हें अनुष्टुप छन्द में रचा गया है। इसकी रचना महर्षि वाल्मीकि ने की थी, जो एक आखेटक थे। उन्होंने जीवन में एक रूपांतरण के पश्चात् इस महाकाव्य की रचना की। यह महाकाव्य सात अंशों अथवा कांडों में विभाजित है। कुछ विद्वानों की मान्यता है कि पहला तथा अन्तिम कांड बाद में जोड़ा गया। रामायण से हमें राम के जीवन का परिचय मिलता है, जो ईश्वर के अवतारों में से हैं। रामायण त्रेता युग की कथा कहती है जिसके पहले सत्य युग अथवा वेदों का कृत युग आया। इसे महाभारत की तुलना में अधिक प्राचीन माना जाता है। यह कथा दशरथ से आरम्भ होती है, वे राम और उनके भाईयों के पिता तथा अयोध्या के राजा हैं। उन्होंने अपने लिए सद्गुणयुक्त सन्तान की कामना से पुत्र कामेष्टि यज्ञ रचाया, जो पुत्र प्राप्ति की कामना से किया जाने वाला यज्ञ था। उनकी तीन पत्नियों

---

* विष्णु सहस्रनाम अन्य ग्रन्थों में भी पाया जाता है जैसे पदम् पुराण, गरुड़ पुराण और स्कंद पुराण।

ने चार पुत्रों को जन्म दिया। राम कौशल्या के पुत्र थे, सुमित्रा ने लक्ष्मण तथा उनके जुड़वाँ भाई शत्रुघ्न को जन्म दिया और कैकेयी ने भरत को जन्म दिया। यह कथा भाईयों के बालपन और युवावस्था का वर्णन करती है। उन्हें विश्वामित्र तथा वशिष्ठ जैसे महान व सक्षम गुरुओं द्वारा शिक्षा प्राप्त करने का सौभाग्य प्राप्त हुआ। उन्होंने वे सब विद्याएँ सीखीं जो किसी भी राजकुमार के लिए आवश्यक थीं जैसे धनुर्विद्या, युद्धकला, दर्शन और शासन करने की कला आदि। राम सभी कलाओं में पूरी तरह से पारंगत हो चुके थे, जिसका प्रमाण इस घटना से मिलता है कि जब ऋषियों को असुरों ने सताया तो राम ने उन्हें पराजित कर, ऋषियों की यथासम्भव रक्षा की। फिर उनका विवाह, महाराज जनक की पुत्री सीता से हुआ। जनक चाहते थे कि सीता का विवाह ऐसे कुमार से हो जो शिव के धनुष पिनाक की प्रत्यंचा चढ़ा सके। राम धनुष की प्रत्यंचा चढ़ा कर उसे तोड़ देते हैं और इस प्रकार सीता का विवाह उनसे सम्पन्न होता है।

दशरथ के बाद सिंहासन के उत्तराधिकारी बनने वाले राजकुमार राम के राज्याभिषेक की तैयारियाँ चल ही रही थीं तो कहानी एक नया मोड़ ले लेती है। दशरथ की पत्नियों में से एक, कैकेयी अपनी दासी मंथरा के कहने में आ कर माँग करती है कि उसके पुत्र भरत को अयोध्या का राजा बनाया जाये। मंथरा को चिंता थी कि यदि राम राजा बना तो कैकयी प्रिय रानी के रूप में अपना महत्त्व खो देगी। वह कैकेयी को उस वचन की याद दिलाती है जो दशरथ ने उसे दिया था। दशरथ ने कैकेयी को दो वरदान देने का वचन दिया था। मंथरा की बातों में आ कर कैकयी पहला वरदान माँगती है कि भरत को राम की जगह राजा बनाया जाये और राम को चौदह वर्षों का वनवास दिया जाये। दशरथ यह सुन कर बुरी तरह से बिखर जाते हैं परन्तु उन्हें अपने दिये वचन को निभाना ही होगा। राम भी प्रसन्नतापूर्वक पिता से यही कहते हैं कि उन्हें धर्म का पालन करते हुए, कैकेयी की माँगों को मान लेना चाहिए। वे अपनी पत्नी सीता और भाई लक्ष्मण सहित वनवास करने चले जाते हैं। उनके वियोग में दशरथ प्राण त्याग देते हैं। इस घटना की व्याख्या की जाती है कि हमें सदा सत्य का साथ देते हुए अपने दिये हुए वचन का पालन करना चाहिए, भले ही आवश्यकता पड़ने पर अपने राज-पाट का भी त्याग क्यों न करना पड़े। आदर्श पुत्र अपने सद्गुणी पिता की आज्ञा का पालन करता है। इससे धर्म की स्थापना होती है।

महाकाव्य के अधिकतर भाग में वनवासी जीवन का वर्णन मिलता है। उनके द्वारा झेली गयी कठिनाईयाँ, किन-किन ऋषियों से भेंट की और ऋषि-मुनियों की

रक्षा के लिए कौन-कौन से राक्षसों से लड़ना पड़ा। जब लंका के (वर्तमान में श्री लंका) महाशक्तिशाली और प्रतिभावान राजा रावण की बहन शूर्पणखा, दोनों भाईयों से भेंट करती है तो वह बार-बार दोनों भाईयों के आगे कामुक प्रणय का प्रस्ताव रखती है और उससे छुटकारा पाने के लिए, लक्ष्मण उसकी नाक काट देते हैं। वह मारे पीड़ा और अपमान से तिलमिलाते हुए अपने भाई के पास जाती है। रावण के क्रोध की सीमा नहीं रहती और वह प्रतिशोध लेने का निर्णय करता है। वह मारीच नामक राक्षस को अपने साथ मिला लेता है और उसे सोने के हिरण का रूप धारण करने को कहता है। सीता उसे देख मोहित हो जाती है और राम से कहती है कि वे उसके लिए सोने का हिरण ला दें। राम को न चाहने पर भी जाना पड़ता है परन्तु वे वन में सीता की रक्षा के लिए लक्ष्मण को नियुक्त कर जाते हैं। राम हिरण का पीछा करते हुए, उसे मारने में सफल हो जाते हैं परन्तु मारीच अपनी योजना के अनुसार, मरते हुए विलाप करता है, 'हे! लक्ष्मण!' सीता यह सुन कर सोचती हैं कि राम सहायता के लिए पुकार रहे हैं। वे लक्ष्मण से कहती हैं कि वे जा कर राम की सहायता करें क्योंकि राम किसी संकट में हैं। लक्ष्मण उन्हें अकेला छोड़ कर जाना नहीं चाहते और तर्क देते हैं कि राम सर्वशक्तिमान हैं और कोई भी उन्हें हानि नहीं पहुँचा सकता परन्तु सीता का आग्रह बना रहता है। लक्ष्मण राम की खोज में जाने के लिए मान जाते हैं परन्तु सीता के प्राणों की रक्षा को ध्यान में रखते हुए, कुटिया के बाहर एक रेखा खींच देते हैं और उनसे कहते हैं कि जब तक वे उस रेखा के भीतर रहेंगी, वे सुरक्षित रहेंगी। यही *लक्ष्मण रेखा* कहलाती है। वाल्मीकि रामायण में लक्ष्मण रेखा नहीं है, लेकिन सार्वजनिक कथाओं में है। यह आजकल आम भाषा का हिस्सा है और प्राय: किसी वैद्य कार्य की सीमाअ बताने के लिए प्रयुक्त होता है। रेखा का लंघन स्वीकार्य नहीं होता। रावण तो लक्ष्मण के ही जाने की प्रतीक्षा में था, वह एक संन्सायी के वेष में सीता के सामने आ जाता है। वह भिक्षा माँगता है और सीता को इस बात के लिए राजी कर लेता है कि वे लक्ष्मण रेखा लांघ कर भिक्षा देने आगे आयें। रावण कहता है कि संन्यासी होने के नाते वह किसी गृहस्थ की कुटिया में प्रवेश नहीं कर सकता। ज्यों ही सीता रेखा पार करती हैं, वह उन्हें उठा कर अपने उड़ने वाले विमान पर बिठा लेता है। फिर वह सागर पार कर सीता को अपने साथ लंका ले जाता है।

राम और लक्ष्मण सीता को कुटिया में न पा कर बहुत चिन्तित हो जाते हैं और उनकी खोज करने निकल पड़ते हैं। सीता ने अपने हरण के समय जो आभूषण निशानी के तौर पर गिराए थे, उनसे उन्हें कुछ संकेत मिलते हैं। सीता की खोज

के दौरान ही राम की भेंट सुग्रीव से होती है और उनके बीच मित्रता हो जाती है। वे वानर राजा थे। प्राय: बंदरों के लिए वानर शब्द का प्रयोग कर लिया जाता है परन्तु कुछ लोगों का कहना है कि यह शब्द, उन दिनों वनों में रहने वाली आदिवासी जनजाति के लिए आया है। वे लोग वन में मृतप्राय: जटायु के पास पहुँचे जिसने अपनी ओर से रावण के साथ पूरी वीरता से युद्ध किया था ताकि सीता की रक्षा कर सके। जटायु से ही उन्हें पता चलता है कि रावण सीता को लंका ले गया है। राम के निष्ठावान सेवक हनुमान को लंका भेजा जाता है। वे सागर को पार करने में संकोच करते हैं परन्तु बुद्धिमान भालुकराज जांबवंत उन्हें उनकी क्षमता और शक्ति का एहसास दिलाते हैं और हनुमान एक ही छलांग में सागर पार कर लंका पहुँच जाते हैं। 'हनुमान की छलांग', आजकल बोलचाल की भाषा का हिस्सा है और कोई महान व उल्लेखनीय कार्य करने पर इसका प्रयोग किया जाता है। किसी व्यक्ति को हनुमान की तरह निर्भीक कदम उठाने की प्रेरणा व प्रोत्साहन देने के लिए भी इसका प्रयोग करते हैं। लंका में, हनुमान सीता से भेंट करने के अतिरिक्त रावण के बल और उसकी नगरी की भव्यता का भी परिचय पाते हैं। वे चुपके से सीता माता को उनके द्वारा मार्ग में फेंके गये कुंडल दिखा कर आश्वस्त करते हैं कि वे प्रभु राम के दूत हैं। वे सीता को अपने साथ सागर पार ले जाना चाहते थे परन्तु सीता इंकार कर देती हैं। वे कहती हैं कि वे चाहती हैं कि राम स्वयं उन्हें लेने आयेँ और विजय कीर्ति प्राप्त करें। कुछ रोमांचक कारनामों के बाद, हनुमान एक बार फिर से सागर पार कर, राम के पास लौट जाते हैं।

राम निर्णय लेते हैं कि वे लंका जा कर सीता को वापिस लाएँगे। वे लक्ष्मण तथा सुग्रीव और उसकी सेना सहित भारत के दक्षिणी छोर पर जा पहुँचते हैं, वह स्थान अब रामेश्वरम कहलाता है। वे उस स्थान पर सेतु का निर्माण करते हैं। यह सेतु अब धनुषकोटि कहा जाता है। वे लंका पहुँचते हैं जहाँ एक महायुद्ध आरम्भ होता है जिसमें रावण, उसका भाई कुंभकर्ण तथा इन्द्रजित सहित अन्य पुत्र भी मारे जाते हैं। इस ग्रन्थ में विविध प्रकार के युद्धों, दिव्यास्त्रों के प्रयोग, दोनों सेनाओं के बल, शक्ति और वीरता तथा विभिन्न योद्धाओं के कौशल का परिचय मिलता है। इसमें रावण का भी भव्य परिचय दिया गया है जिसे एक महायोद्धा के रूप में सराहा गया है। यद्यपि, वह अन्तत: राम के हाथों मारा जाता है तथा सीता का उद्धार होता है। उस युग के प्रचलन के अनुसार, सीता को अग्नि परीक्षा दे कर अपनी पवित्रता और शुद्धता प्रमाणित करनी पड़ती है। वे उस अग्नि परीक्षा से सकुशल बाहर आती हैं। फिर राम सबके साथ अयोध्या की वापसी आरम्भ करते हैं। तब तक उनके वनवास की अवधि भी पूरी हो चुकी है। उनके भाई भरत उन्हें देख कर अतीव प्रसन्न होते हैं और अपने बड़े भाई राम को सहर्ष उनका राज्य सौंप देते हैं।

कुछ विद्वानों के अनुसार, मूल वाल्मीकि रामायण अयोध्या वापसी के साथ ही समाप्त हो गयी थी और अन्तिम कांड अर्थात उत्तर कांड को बाद में शामिल किया गया। राम अयोध्या पर शासन करते हुए राम राज्य अथवा आदर्श राज्य की स्थापना करते हैं। कुछ समय बाद, एक धोबी के उलाहने पर सीता को पुनः परीक्षा देनी पड़ती है। कहा गया कि जो स्त्री किसी परपुरुष के घर में रही हो, वह महारानी बनने के उपयुक्त नहीं थी। हालाँकि सीता और रावण के बीच कोई सम्बन्ध नहीं था परन्तु कई प्रजावासियों ने सीता को अपनी महारानी मानने से इंकार कर दिया। परिणामवश, सीता को राज्य से निष्कासित कर दिया गया। राम उन दिनों राजा के धर्म का पालन करते हैं परन्तु अपनी प्रिय पत्नी के वियोग में दु:खी रहते हैं। सीता महर्षि वाल्मीकि के आश्रम में आश्रय लेती हैं। जब उन्हें राज्य से निकाला गया तो वे गर्भवती थीं, वे वहीं आश्रम में लव और कुश नामक जुड़वाँ सन्तानों को जन्म देती हैं। राम सुदूर स्थनों तक अपने साम्राज्य के विस्तार तथा स्थापना के लिए अश्वमेध यज्ञ'* सम्पन्न करते हैं। यज्ञ की पूर्णाहुति के समय, लव और कुश उस स्थान पर आ कर रामायण का पाठ करते हैं। जब राम को पता चलता है कि वे उनके ही पुत्र हैं तो वे सीता को वापिस लाने के लिए जाते हैं। सीता वापिस आती हैं परन्तु उन्हें फिर से अपनी शुद्धता और पवित्रता की अग्नि परीक्षा देने को कहा जाता है। सीता धरती माता से प्रार्थना करती हैं, धरती से एक सुवर्ण सिंहासन प्रकट होता है और वे सदा के लिए धरती माता की गोद में विलीन हो जाती हैं। सीता को देवी के रूप में पूजा जाता है। उन्हें एक आदर्श स्त्री का प्रतीक मान कर आदर दिया जाता है जो शुद्ध व पवित्र थीं, अपने देव-समान पति के लिए पूरी तरह से समर्पित थीं और बिना कुछ कहे, जीवन की सभी समस्याओं का भार वहन करती हैं। सहनशीलता की यह शक्ति आध्यात्मिक गुण मानी जाती है। राम एक बार फिर से दुख के सागर में डूब जाते हैं। वे तय करते हैं कि अब उनके लिए संसार से विदा लेने का समय हो गया है। वे अयोध्या के निकट पवित्र सरयू नदी में जल समाधि ले लेते हैं। कहते हैं कि वे भगवान विष्णु में ही लीन हो गये थे, जिनका वे अवतार थे।

कुछ टिप्पणियाँ

रामायण के केन्द्रीय पात्र के वर्णन के बिना किसी भी रामायण का पाठ अधूरा है। पूरे महाकाव्य में राम के अनेक विवरण मिलते हैं। वे बहुत सुदर्शन और सबल थे।

---

* अश्वमेध यज्ञ एक प्रकार का यज्ञ है जिसमें एक अश्व को अलग-अलग राज्यों में भेजा जाता है। अगर इसे कहीं भी रोका जाता है तो उस राज्य के राजा और यज्ञ करने वाले के बीच युद्ध होता है।

उनका रंग श्यामल हैं। वे आजानु बाहु अर्थात लम्बी भुजाओं वाले हैं जो उनके घुटनों तक आती हैं। वे बहुत वीर और सभी योद्धाओं में महानतम हैं। वे स्नेही तथा आदर्श पुत्र, पति, भाई, पिता तथा मित्र हैं। वे सदा धर्म का अनुसरण करते हैं। वे सच्चे लोगों, ऋषियों तथा दुर्बलों के सहाय हैं। वे सदा विजयी हैं। वे अपने से बड़ों का आदर करते हैं, प्राचीन परम्पराओं का पालन करते हैं, परन्तु इसके साथ ही सदा सत्य के पथ पर चलते हैं। उन्हें एक आदर्श व्यक्ति अथवा विष्णु का अवतार माना जाता है, जो हमें दिखाते हैं कि एक व्यक्ति का आचरण कैसा होना चाहिए। राम धर्म तथा उपयुक्त आचरण के आदर्श का प्रदर्शन करते हैं।

रामायण के कुछ अंश जैसे आदित्य हृदयम् आदि अधिक पवित्र माने जाते हैं और अधिकतर हिन्दू श्रद्धापूर्वक इनका पाठ करते हैं। इसका एक दार्शनिक पक्ष भी है। इससे जुड़े कुछ अन्य ग्रन्थ भी हैं जो बाद में लिखे गये। ऐसा ही एक ग्रन्थ है, योग वशिष्ठ, यह एक उच्चस्तरीय दार्शनिक ग्रन्थ है जहाँ मुनि वशिष्ठ युवा राजकुमार राम को शिक्षा देते हैं। यह वेदान्त पर आधारित है। राम संसार के अस्थायित्व को देख कर इसका त्याग करना चाहते हैं। ऋषि यह सुन कर सचेत हो जाते हैं क्योंकि वे जानते हैं कि राम अनेक यशस्वी कार्य करने के लिए धरा पर अवतरित हुए हैं। तब वशिष्ठ युवा राजकुमार को समझाते हैं कि वही दिव्यता हर ओर पाई जा सकती है–यह संसार में तथा वन में एक समान रूप से विद्यमान है। राम इस विषय पर मनन करते हैं और इस शिक्षा के सत्य को स्वीकार करते हैं। यह ग्रन्थ महान दार्शनिक लेखन में शामिल किया जाता है। एक और ग्रन्थ, अध्यात्म रामायण है, यह भी महाकाव्य को वेदान्त की शिक्षाओं से जोड़ता है।

मध्यकाल से आरम्भ करते हुए, रामायण का विभिन्न भारतीय भाषाओं में अनुवाद किया गया। आज भी प्रशिक्षित कथावाचक रामायण का पाठ या वाचन करते हैं जिसे अनेक श्रोता भक्तिभाव से सुनते हैं। इसका एक संस्करण है, अखंड रामायण पाठ; इसमें निरन्तर कई दिन तक बिना किसी अन्तराल के रामायण के श्लोकों का पाठ होता है। आधुनिक डिजीटल युग ने धीरे-धीरे इसका स्थान ले लिया है क्योंकि यह सारी सामग्री संपदा ऑनलाइन उपलब्ध है। बहुत कम लोग रामायण को मूल रूप से संस्कृत में पढ़ते हैं। इसे स्थानीय भाषाओं में पढ़ा जाता है और सभी बचपन में अपने घर के बड़े-बुजुर्गों से सुनते हैं। प्रतिवर्ष राम के जीवन की विविध घटनाओं को मनाने के लिए उत्सव मनाए जाते हैं जिनमें राम के जीवन से जुड़े प्रसंग नाटक, गीत अथवा नृत्य के रूप में दिखाए जाते हैं। युगों-युगों से राम कथा सन्तों और मुनियों को प्रेरित करती आई और उन्होंने असंख्य जाने-माने गीत

रचे जो आज भी गाए जाते हैं। राम नाम का एक पवित्र अर्थ है और इसे एक मन्त्र माना जाता है, कहते हैं कि राम नाम का जप करने से मोक्ष प्राप्त किया जा सकता है। राम का नाम एक करोड़ बार लिखना भी एक सामान्य धार्मिक प्रथा है। रामायण भारतीय धर्म तथा संस्कृति का अटूट अंग है। यहाँ तक कि इंडोनेशिया जैसे अन्य देशों में भी, एक बहुत ही लोकप्रिय रामायण नृत्य नाटिका प्रदर्शित की जाती है। यह मुख्य रूप से मुस्लिम देश की समन्वयवादी संस्कृति का अंग है। थाईलैंड के कई राजाओं का नाम *'राम'* है।

महाभारत

इसके बाद महाभारत का नाम आता है, इस महाकाव्य की रचना वेद व्यास ने की। इसमें लगभग 74,000 श्लोक हैं और यह रामायण से तिगुनी लम्बी है। महाकाव्य के कुछ संस्करणों में 100,000 के लगभग श्लोक हैं।'* रामायण की तरह, कुछ लोग ग्रन्थ के केवल एक ही भाग को मूल मानते हैं और कहते हैं इसमें बहुत से अंश बाद में जोड़े गये हैं। यह एक विस्तृत जटिल महाकाव्य है जिसमें अनेक कथाएँ तथा विभिन्न पात्र हैं। यह किसी एक केन्द्रीय पात्र के इर्द-गिर्द नहीं घूमती परन्तु इसमें अनेक ऐतिहासिक पात्र हैं। इनमें से, विष्णु के अवतार, कृष्ण की भूमिका सर्वाधिक महत्त्वपूर्ण है।

यह ग्रन्थ अठारह भागों अथवा पर्वों में विभाजित है। यह महाकाव्य एक रेखीय रूप में नहीं हे। इसमें विविध घटनाओं, राज्यों के प्रसंगों सहित अनेक विषयांतर मिलते हैं। और भी अधिक प्राचीन युग की कथाओं, मिथकों तथा किंवदंतियों को मुख्य कथानक में पिरोया गया है। ये कथाएँ प्रमुख पात्रों के जन्म से भी पहले की हैं। चन्द्र वंश के महाराज शान्तनु को, मछुआरों के मुखिया की पुत्री, सुन्दरी सत्यवती से प्रेम हो जाता है। विवाह होने के लिए केवल एक ही शर्त रखी जाती है कि सत्यवती के पुत्र ही भावी शासक होंगे। यद्यपि, शान्तनु का अपनी भूतपूर्व पत्नी, देवनदी गंगा से एक पुत्र पहले से है, भीष्म। तब सत्यवती और उसके पिता कहते हैं कि आने वाले समय में भीष्म की सन्तानें राज्य के उत्तराधिकारी होने का दावा कर सकती हैं। भीष्म संकल्प लेते हैं कि वे सत्यवती के पुत्रों के लिए राजसिंहासन का त्याग करेंगे और वे कभी विवाह न करते हुए, ब्रह्मचर्य व्रत का पालन करेंगे। आज भी आम बोलचाल की भाषा में इस संकल्प को 'भीष्म प्रतिज्ञा' के नाम से दोहराया

---

* कई बार रामायण और महाभारत की तुलना ग्रीक महाकाव्यों इलियाड और ओडिसी से होती है। महाभारत, दोनों महान ग्रीक महाकाव्यों की तुलना में तिगुना है।

जाता है। जब भी कोई व्यक्ति कोई कठिन संकल्प धारण करता है तो कहते हैं कि उसने भीष्म प्रतिज्ञा ली है।

सत्यवती की दो सन्तान हैं, चित्रांगद और विचित्रवीर्य। उनके विवाह सम्पन्न करवाने के लिए, बड़े सौतेले भाई, भीष्म स्वयंवर (ऐसा आयोजन जिसमें राजकुमारियाँ अपने लिए पति का चयन करती हैं) में हिस्सा लेते हैं। वे अंबा का हरण करके उसे घर ले आते हैं ताकि उसे विचित्रवीर्य की पत्नी बनाया जा सके। यद्यपि, अंबा उन्हें बताती है कि वह पहले से किसी दूसरे राजकुमार से प्रेम करती है इसलिए वह विचित्रवीर्य से विवाह नहीं कर सकती। भीष्म उसकी बात मान कर उसे वापिस भेज देते हैं, इसके बाद अंबा की अन्य दो बहनें, अंबिका और अंबालिका-उनका भी हरण किया गया था–उनका विवाह दोनों भाईयों से हो जाता हैं परन्तु विचित्रवीर्य तथा चित्रांगद निःसन्तान ही मृत्यु को प्राप्त होते हैं। सत्यवती को अपने वंशवृद्धि की चिंता सताने लगती है। उस समय की स्वीकृत प्रथा के अनुसार, वे अपने पुत्र भीष्म से कहती हैं कि वे अपने भाईयों की विधवाओं से पुत्र उत्पन्न करके पिता बनें। परन्तु भीष्म ऐसा करने से मना कर देते हैं क्योंकि वे आजीवन ब्रह्मचर्य का व्रत ले चुके हैं। तब सत्यवती प्रकट करती हैं कि उनका एक और पुत्र है, जो और कोई नहीं महर्षि पाराशर का पुत्र, महान ऋषि वेद व्यास हैं। वे वेद व्यास को बुलवा कर उन्हें अपनी पुत्रवधुओं से सन्तान उत्पन्न करने को कहती हैं। दोनों बहनें धृतराष्ट्र और पांडु को जन्म देती हैं और एक दासी के माध्यम से तीसरे पुत्र विदुर का जन्म होता है।

बड़ा पुत्र धृतराष्ट्र जन्म से ही नेत्रहीन था इसलिए उसके छोटे भाई पांडु ने शासन संभाला। यही माना गया कि आगे चल कर धृतराष्ट्र का बड़ा पुत्र ही सिंहासन का उत्तराधिकारी होगा। धृतराष्ट्र का विवाह गांधार नरेश की पुत्री गांधारी से होता है। यह स्थान अफगानिस्तान के आधुनिक कंधार में पड़ता है। अपने पति के पथ पर चलने के लिए, गांधारी भी स्वेच्छा से आँखों पर पट्टी बाँध लेती है। उनके सौ पुत्रों का जन्म होता है जिन्हें कौरव कहा जाता है। उनमें सबसे बड़ा पुत्र दुर्योधन था। पांडु की दो पत्नियाँ थीं, कुंती और माद्री। पांडु को यह शाप मिला था कि यदि उसने किसी स्त्री से संभोग किया तो उसकी तत्काल मृत्यु हो जायेगी। सौभाग्यवश, कुंती को एक वरदान प्राप्त था कि वह देवताओं का आह्वान करके उनसे पुत्र उत्पन्न कर सकती थी। विवाह के पूर्व, इस वरदान की परीक्षा करते हुए, वह सूर्य देवता के साथ संयोग से कर्ण नामक पुत्र को जन्म दे चुकी थी। अविवाहित माँ होने के कारण उसे विवश हो कर कर्ण का त्याग करना पड़ा। कर्ण को एक सारथी और उसकी

पत्नी ने पाला-पोसा। पांडु से विवाह के बाद, कुंती ने धर्म के देवता यमराज के पुत्र युधिष्ठर अथवा धर्मराज को जन्म दिया। पवन तथा बल के देवता वायु से भीम नामक सन्तान का जन्म हुआ। देवराज इन्द्र से अर्जुन नामक पुत्र की प्राप्ति हुई। माद्री ने कुंती से मन्त्रोच्चार की शिक्षा ले कर अश्विन कुमारों का आवाह्न किया जिनसे नकुल और सहदेव का जन्म हुआ। पाँचों पुत्र पांडवों के नाम से जाने गये। कुछ समय बाद, पांडु माद्री के साथ संभोग से स्वयं को रोक नहीं पाये जिसके परिणामवश उनकी मृत्यु हो गयी। माद्री ने अपने पति की मृत्यु की ज़िम्मेदारी अपने पर लेते हुए, उनके साथ ही प्राण त्याग दिये। कुंती सभी सन्तानों की माता बन कर उनका पालन करने लगी।

पांडु के पुत्र पांडव तथा धृतराष्ट्र के पुत्र कौरव कहलाए, वही महाभारत के केन्द्रीय पात्र हैं। महाभारत में पांडवों तथा कौरवों के बाल्यकाल का वर्णन मिलता है। उन्हें द्रोणाचार्य, कृपाचार्य, भीष्म तथा अन्य गुरुजन द्वारा शिक्षा प्रदान की गयी। वे युद्धकला में निष्णात हो गये। सबसे बड़े पुत्र युधिष्ठिर को सत्य व धर्म के प्रति उसकी निष्ठा तथा शान्त स्वभाव के लिए जाना जाता था। वायुदेवता के पुत्र भीम को उसके शारीरिक बल के लिए जाना जाता था। वह मल्ल युद्ध तथा पाककला में निपुण था। अर्जुन धनुर्विद्या के लिए जाना जाता था। नकुल तलवारबाज़ी और आयुर्वेद का जानकार था। वह बहुत सुदर्शन युवक था। सहदेव तलवारबाज़ी के अतिरिक्त घुड़सवारी और ज्योतिष विद्या के ज्ञान के लिए जाना जाता था। पांडव हर कला के माहिर थे इसलिए दुर्योधन उनसे ईर्ष्या रखता था। उसे यह चिंता भी रहती थी कि भविष्य में, पांडव राज्य पर उत्तराधिकार का दावा कर सकते थे। वह समय-समय पर कई तरह के उपाय और चालों से उनका नामोनिशान मिटाने की कोशिशों में लगा रहता है। ऐसी ही एक घटना के दौरान, उन्हें लाख से बने महल में रहने का न्यौता दिया गया। लाख एक ऐसी सामग्री है जो बहुत ही ज्वलनशील होती है। दुर्योधन की योजना थी कि वह रात को महल में आग लगा देगा। हालाँकि पांडवों को पहले ही इस बारे में पता चल गया और वे बच निकले।

जल्द ही, द्रौपदी पाँचों पांडव भाईयों की पत्नी बनी। यह भी महाभारत के महत्त्वपूर्ण प्रसंगों में से है। द्रौपदी के पिता द्रुपद ने स्वयंवर का आयोजन किया ताकि उनकी पुत्री के लिए पति का चुनाव हो सके। पांडव लाख के महल यानी लाक्षागृह से निकलने के बाद भेष बदल कर रह रहे थे। परन्तु उन्होंने ब्राह्मण के रूप में ही स्वयंवर में जाने का निर्णय लिया क्योंकि राजन सामान्य प्रजा को उपहार आदि दे रहे थे। स्वयंवर की चुनौती यह थी कि गोल घूम रही मछली की आँख को, नीचे

रखे जल पात्र में प्रतिबिंब देखते हुए भेदना होगा, इसके लिए एक विशेष धनुष रखा गया था। महाकाव्य के अनुसार अनेक वीर तथा सुदर्शन राजकुमारों ने अपनी ओर से प्रयत्न किया। कुछ राजकुमार तो उस धनुष तक को नहीं उठा सके। महायोद्धा कर्ण को भी द्रौपदी का हाथ नहीं मिला। सभी असफल हो गये। अर्जुन आगे बढ़ा और उसने पाँच तीर निशाने पर छोड़े। उसने शर्त पूरी कर दी और द्रौपदी उसकी पत्नी बनी। जब वे वापिस घर आये तो उन्होंने घर के बाहर से ही माता कुंती को पुकार कर कहा कि वे भिक्षा लाए हैं। कुंती ने बाहर देखे बिना ही कह दिया कि भाई उस भिक्षा को आपस में बाँट लें। इस प्रकार द्रौपदी उन पाँचों भाईयों की पत्नी बन गयी। यहाँ यह उल्लेखनीय है कि द्रौपदी का एक नाम कृष्णा भी था, जो उसके गहरे श्यामल रंग के लिए कहा जाता था। द्रौपदी बहुत सुन्दर युवतियों में से थी।

भाई सब लोगों के सामने प्रकट हुए और अपने राज्य में लौटे। दुर्योधन ने उन्हें जीवित पा कर प्रसन्न होने का दिखावा किया। धृतराष्ट्र को कौरवों और पांडवों के बीच बढ़ते बैर को देख कर चिंता होने लगी और उन्होंने पांडवों को शासन करने के लिए एक विशाल क्षेत्र दे दिया। युधिष्ठिर को राजकुमार के पद पर सुशोभित किया गया। वे प्रजा के बीच लोकप्रिय हुए और राज्य फलने-फूलने लगा। दुर्योधन भी राजकुमार था पर युधिष्ठिर की लोकप्रियता देख कर और अधिक असुरक्षित और ईर्ष्या अनुभव करने लगा। वह अपने मामा शकुनि के आगे अपने मन की बात रख देता है; वह कहता है कि उसे पांडवों का भविष्य दिख रहा है, जिससे उसे बहुत जलन हो रही है और वह ईर्ष्या की आग में जल रहा है। दुर्योधन ने यह भी कहा कि वह विष खा कर प्राण त्याग करना चाहात है। मामा शकुनि ने पांडवों से छुटकारा पाने की योजना तैयार कर ली। उसे पता था कि युधिष्ठिर को जुआ खेलना पसंद था परन्तु वह उसमें माहिर नहीं था, जबकि शकुनि इस खेल का माहिर था और वह आसानी से युधिष्ठिर को हरा सकता था। उन्होंने नेत्रहीन राजा धृतराष्ट्र को मना लिया कि पांडवों को जुआ खेलने का निमन्त्रण भेजा जाये। दुर्योधन को विवश हो कर अपनी ईर्ष्या के विषय में पिता को भी बताना पड़ता है। महाराज ऐसा नहीं करना चाहते परन्तु जब दुर्योधन अपने प्राण लेने की धमकी देता है तो उन्हें हामी भरनी पड़ती है।

युधिष्ठर को अपने आदरणीय धृतराष्ट्र के निमन्त्रण का मान रखना पड़ता है और वे जुआ खेलने आ जाते हैं। शकुनि इस खेल में माहिर है, वह दुर्योधन की ओर से खेल कर उसे जीत लेता है। यधिष्ठिर अपने राज्य सहित सब कुछ हार जाते हैं। उन्हें बातों में बहला कर मनाया जाता है कि वे एक और आख़िरी दांव खेलें और

अपनी पत्नी द्रौपदी को दांव पर लगा दें, हो सकता है कि वे अपना खोया हुआ राज्य और धन वापिस पा लें। वे फिर से हार जाते हैं।

इसके बाद महाभारत का एक नाटकीय प्रसंग आता है जो काफी हद तक बाकी महाकाव्य को परिभाषित करता है। दुर्योधन अपनी जीत की खुशी में, द्रौपदी को भरी सभा में लाने का आदेश देता है। जब संदेशवाहक द्रौपदी को लेने जाता है तो वह उससे कहती है, 'ऐसा कौन सा व्यक्ति या राजा होगा जो अपनी पत्नी को ही दांव पर लगा दे?'। वह उससे कहती है कि वह सभा में जा कर युधिष्ठिर से पूछे, 'उन्होंने पहले स्वयं को दांव पर लगाया था या फिर द्रौपदी को?' जब युधिष्ठिर संदेश भेजते हैं कि द्रौपदी को सभा में आना होगा तो वे सभा में आने की हामी भरती हैं। सौ कौरवों में से एक, दुशासन द्रौपदी को बालों से घसीट कर भरी सभा में ले कर आता है। जब द्रौपदी अपने प्रश्न दोहराती है तो दुर्योधन घोषणा करता है कि अन्य पांडवों को भी बताना चाहिए कि क्या वे युधिष्ठिर को अपना नेता स्वीकार करते हैं। वे सभी युधिष्ठिर को अपना नेता स्वीकार करते हैं। फिर यह तर्क दिया जाता है कि यदि युधिष्ठिर स्वयं हारने के बाद उन्हें दांव पर लगा सकते थे वे द्रौपदी के लिए भी ऐसा कर सकते थे। यह ध्यान देना रोचक होगा कि द्रौपदी कभी अपने पतियों से उसकी सुरक्षा के लिए विनती नहीं करती। वह सभा में उपस्थित गुरुजन और आदरणीय वृद्धों से आग्रह करती है। भीष्म पांडवों और कौरवों के लिए पितामह के समान हैं, वे कहते हैं, 'धर्म के रूप सूक्ष्म हैं। यह कहना कठिन है कि क्या उचित है अथवा क्या अनुचित।' इस प्रश्न का उत्तर अनुत्तरित ही रहता है कि क्या एक दास अपनी पत्नी को दांव पर लगा सकता है। भाईयों से कहा जाता है कि अब वे दास बन गये हैं इसलिए उन्हें राजसी वस्त्रों का त्याग कर देना चाहिए। वे अपनी देह के ऊपरी वस्त्र उतार देते हैं। दुशासन द्रौपदी के वस्त्र उतार कर खींचता है ताकि उन्हें उतार सके। सभी स्तम्भित परन्तु शान्त हैं। केवल एक कौरव, विकर्ण अपनी भाभी द्रौपदी के अपमान के विरुद्ध बोलता है, सौतेले भाई युयुत्सु के विरोध को भी दबा दिया जाता है। धृतराष्ट्र के सौतेले भाई विदुर भी विरोध प्रकट करते हैं परन्तु उन्हें उपेक्षित कर दिया जाता है।

भीम कुपित हो कर कौरवों को मारने के लिए उद्यत होता है परन्तु युधिष्ठिर उसे और अर्जुन को ऐसा करने से रोक देते हैं। दुर्योधन अश्लील तरीके से अपनी जंघा थपथपाते हुए द्रौपदी को उस पर बैठने का संकेत करता है। कर्ण द्रौपदी को वेश्या कहता है, उसका कहना है कि द्रौपदी पाँच पतियों की पत्नी है जो क्षत्रिय धर्म के विरुद्ध है। वह कहता है कि अब कौरवों के सौ भाई भी द्रौपदी के पति बन सकते हैं।

तब अर्जुन द्रौपदी के अपमान के लिए कर्ण का वध करने का संकल्प लेता है। भीम दुर्योधन की जंघा चीर कर, उसके प्राण लेने का संकल्प करता है क्योंकि उसने भरी सभा में द्रौपदी का अपमान किया था। वह दुशासन का रक्त पीने का भी संकल्प लेता है। यह सब तेरह से भी अधिक वर्षों के बाद, महायुद्ध में सत्य होता है।

अकेली और असहाय द्रौपदी के पास कोई सहायक नहीं है। राजाओं और ज्ञानियों की उस सभा में, जब दुशासन द्रौपदी के वस्त्र हरण करने लगा तो उसकी सहायता के लिए कोई आगे नहीं आया। जब द्रौपदी, भगवान के अवतार कृष्ण की प्रार्थना करती है, जो सभा में भौतिक रूप से उपस्थित नहीं थे। तब उनकी मध्यस्थता से द्रौपदी का वस्त्र निरन्तर लम्बा होता चला जाता है, दुशासन वस्त्र खींचते-खींचते थक जाता है परन्तु द्रौपदी का चीर-हरण नहीं कर पाता।

इन घटनाओं की वजह से धृतराष्ट्र सचेत होते हैं और उन्हें आने वाले समय में होने वाले विनाश का अनुमान होता है। वे अपने भतीजों, पांडवों को उनकी खोई हुई संपदा वापिस कर देते हैं। जब वे लौट जाते हैं तो धृतराष्ट्र उन्हें फिर जुआ खेलने के लिए निमन्त्रण देते हैं। दूसरे खेल में, युधिष्ठिर एक बार फिर से हारते हैं। इस बार, उन्हें शर्त के अनुसार बारह वर्ष तक वनवास भोगन है और तेरहवाँ वर्ष अज्ञातवास में काटना है। यदि कोई उन्हें अज्ञातवास के वर्ष में पहचान लेगा तो उन्हें फिर से बारह वर्ष का वनवास पूरा करना होगा।

पांडव वनवास के लिए निकल पड़ते हैं। महाकाव्य के अनुसार इस अवधि में अनेक घटनाएँ घटती हैं। ऐसा ही एक प्रसिद्ध प्रसंग यक्ष प्रश्न अथवा अदृश्य उपदेवता के प्रश्नों के रूप में जाना जाता है। वन में भाई भूखे और प्यासे भटक रहे हैं। सबसे छोटे भाई सहदेव को जल लाने भेजा जाता है। उसे एक सुन्दर ताल दिखाई देता है।* ज्यों ही वह उससे जल पीने लगता है तो यक्ष का स्वर सुनाई देता है और वह सुनता है कि पहले उसे यक्ष के प्रश्नों का उत्तर देना होगा, यदि उसने ऐसा न किया तो उसकी वहीं मृत्यु हो जायेगी। सहदेव उस आवाज़ को अनसुना करता है और उसी समय वहीं गिर जाता है मानो उसके प्राण चले गये हों। जब सहदेव वापिस नहीं आता तो अगले भाई को उसकी खोज में भेजा जाता है। इस तरह एक-एक कर सारे भाई आते हैं और उस आवाज़ को उपेक्षित करते हुए प्राण त्यागते रहते हैं।

अन्त में युधिष्ठिर शेष रह जाते हैं। उन्हें भी वह ताल और उसके किनारे गिरे हुए भाई दिखाई देते हैं। वे यक्ष के सभी प्रश्नों के भली-भान्ति उत्तर देते हैं और उनके

---

* स्थानीय लोगों का दावा है कि देवरिया ताल वही झील है, जो उत्तराखंड में उखीमठ के पास पड़ती है।

सभी भाई जीवित हो जाते हैं। यक्ष के प्रश्न बहुत गहरे तथा दार्शनिक प्रश्न हैं जो उतने ही अन्तर्दृष्टियुक्त उत्तर भी चाहते थे। यक्ष पूछता है कि मनुष्य का परम मित्र कौन है। इस प्रश्न के उत्तर में युधिष्ठिर कहते हैं कि एक स्नेही पत्नी ही मनुष्य की परम मित्र होती है। वे यह भी कहते हैं कि ज्ञान ही सबसे बड़ी संपत्ति, स्वास्थ्य ही सबसे बड़ा लाभ तथा सन्तोष ही सबसे बड़ी प्रसन्नता है। ब्राह्मण वेदों के ज्ञान की अपेक्षा अपने उचित आचरण से ही पहचाने जाते हैं। सबसे आश्चर्यजनक तथ्य यह है कि हम सब जानते हैं कि हम एक दिन इस संसार में नहीं रहेंगे परन्तु फिर भी हमें लगता है कि हमारी मृत्यु नहीं होगी। यक्ष स्वयं को यम देवता के रूप में प्रकट करते हैं, जो धर्म और मृत्यु के देव हैं, वे युधिष्ठिर के पिता भी हैं। वे युधिष्ठिर के उत्तरों से प्रसन्न व सन्तुष्ट हो कर उनके भाईयों को जीवित कर देते हैं।

बारह वर्ष के वनवास के बाद, पांडव मत्स्य देश के राजा विराट के पास काम करते हुए रहने लगते हैं। इस अज्ञातवास में उन्हें अपनी असली पहचान छिपा कर रहना है। युधिष्ठिर मन्त्री बनते हैं, भीम महाराज के रसोईया नियुक्त होते हैं और अर्जुन बृहन्नला नामक किन्नर के रूप में राजा की पुत्री को नृत्य और गायन की शिक्षा देते हैं।* नकुल अश्वों की तथा सहदेव गौओं की रक्षा करते हैं।

द्रौपदी रानी की दासी बनती है। इस अवधि में भी कई रोचक प्रसंग घटते हैं। ऐसी ही एक घटना में, रानी का भाई कीचक द्रौपदी के प्रति आकर्षित हो जाता है। वह उसे दूर रहने की चेतावनी देती है कि उसके गंधर्व पति उसके प्राण ले लेंगे। यह चेतावनी अन्ततः सत्य साबित होती है, जब द्रौपदी कीचक को बहला कर उस जगह ले आती है, जहाँ भीम उनकी प्रतीक्षा में है। वह कीचक को लड़ने की चुनौती देता है और उसे मार देता है। इन घटनाओं के दौरान पांडवों की असली पहचान सामने आ जाने का संकट ही इन कथानकों को और भी रोचक और रोमांचक बना देता है।

दुर्योधन को संदेह हो जाता है कि पांडव मत्स्य देश में अज्ञातवास का समय बिता रहे हैं। वह उस जगह अपनी सेना भेज देता है। वे विभिन्न दिशाओं से आक्रमण कर देते हैं। अर्जुन के अतिरिक्त अन्य भाई युद्ध में राजा की सहायता करते हैं। यद्यपि,

---

* अर्जुन एक बार स्वर्ग में गया और वहाँ उसने सबसे सुन्दर और स्वर्गिक अप्सरा उर्वशी के प्रेम आमन्त्रण को ठुकरा दिया क्योंकि अतीत में, उर्वशी का सम्बन्ध अर्जुन के किसी पूर्वज से रहा था, उसे ध्यान में रखते हुए अर्जुन ने उसे माता का सम्बोधन दिया। उर्वशी अपमानित अनुभव करती है और उसे शाप देती है कि वह नपुंसक हो जायेगा। अर्जुन के पिता, देवताओं के राजा इन्द्र उर्वशी से आग्रह करते हैं कि वह शाप के प्रभाव को कम कर दे, तब उर्वशी शाप की अवधि को कम करके एक वर्ष कर देती है। यह महाभारत के अनेक विषयांतर प्रसंगों में से एक है जिसमें एक और प्राचीन प्रसंग का सन्दर्भ दिया जाता है।

जब एक और आक्रमण होता है तो युवा राजकुमार अपनी माता को मना लेता है कि उसे मोर्चे पर जाने दिया जाये और बृहन्नला उसका साथ दे। सूर्यास्त* के बाद अज्ञातवास की अवधि समाप्त होने वाली थी। किसी तरह दिन के समय युद्ध को टाला जाता है। अगले दिन, अर्जुन अपना असली रूप प्रकट करते हुए, अपने दिव्य धनुष गांडीव से टंकार करता है और अकेले ही पूरी सेना को पराजित कर देता है। इसके बाद आभार प्रकट करने के लिए, राजा विराट, अपनी पुत्री उत्तरा का विवाह अर्जुन के पुत्र अभिमन्यु से कर देता है।

तब तक दुर्योधन पूरी तरह से तय कर चुका है कि वह अपने राज्य का इतना सा टुकड़ा भी पांडवों को नहीं देगा। हालाँकि उसका यह प्रयास सफल नहीं हो पाता कि उसने पांडवों को अज्ञातवास में पहचान लिया था इसलिए उन्हें दोबारा वनवास में जाना होगा। आपस में थोड़ी सौदेबाज़ी के बाद, पांडव अपने उत्तराधिकार में पाँच गाँव लेने की हामी भर देते हैं। दुर्योधन उत्तर देता है कि वह पांडवों को अपने राज्य से सुई की नोक बराबर भूमि भी नहीं देगा।

ऐसे में युद्ध लगभग अनिवार्य हो जाता है। युद्ध को टालने के कई प्रयास किये जाते हैं। कृष्ण स्वयं ऐसे कई प्रयासों का हिस्सा बनते हैं। जब एक बार यह स्पष्ट हो जाता है कि युद्ध तो हो कर ही रहेगा तो दोनों पक्षों की ओर से तैयारियाँ होने लगती हैं। अधिकतर राजा स्थापित शासक दुर्योधन का साथ देते हैं परन्तु कुछ राजाओं का समर्थन पांडवों के साथ है। कृष्ण दुर्योधन और अर्जुन; दोनों से ही सम्बन्ध रखते हैं और दोनों ही उनसे भेंट करने जाते हैं। कृष्ण कहते हैं कि एक पक्ष उनकी सेना ले सकता है और दूसरी ओर वे अकेले होंगे और युद्ध में भाग नहीं लेंगे। दुर्योधन अपने लिए सेना चुनता है और कृष्ण का मित्र और परम भक्त अर्जुन उन्हें चुनता है। भीष्म, द्रोण और कृपाचार्य जैसे महान योद्धा कौरवों के पक्ष से लड़ रहे हैं। हालाँकि वे ज्ञानी और विवेकवान हैं परन्तु वे अपने धर्म के आगे विवश हैं क्योंकि वे दुर्योधन और उसके पिता के संरक्षण में हैं।

महाकाव्य में बहुत ही नाटकीय रूप में नायकों, योद्धाओं, सेनाओं तथा अस्त्र-शस्त्रों का भव्य विवरण मिलता है। इनमें से अनेक अस्त्र दिव्य प्रकृति के हैं। इस युद्ध के मैदान के बीच, युद्ध आरम्भ होने ही वाला है, उस समय कृष्ण अर्जुन को भगवद् गीता का ज्ञान देते हैं। पहले एक अध्याय में इस पर संक्षिप्त चर्चा की गयी है। जब हम संसार के मध्य चुनौतियों से घिरे हों तो उनसे पार पाने के लिए बहुत श्रेष्ठ आध्यात्मिक प्रवचन दिये गये हैं।

---

* युद्ध के नियमों में स्पष्ट तौर पर कहा गया है कि सूर्यास्त के बाद युद्ध नहीं होगा।

अठारह दिवसीय महासंग्राम छिड़ा है। एक जाने-माने प्रसंग में, अर्जुन का पुत्र अभिमन्य प्राण त्याग देता है। युवा अभिमन्यु ने अपनी माता, कृष्ण की बहन, सुभद्रा के गर्भ में ही चक्रव्यूह भेदन की कला सीख ली थी परन्तु वह उसमें से बाहर आने की कला नहीं सीख सका। मात्र सोलह वर्ष का अभिमन्यु चक्रव्यूह भेद कर महारथियों के बीच फँस जाता है। वह पूरी वीरता और शौर्य से युद्ध करते हुए, शत्रु सेना के अनेक सिपाहियों को मार गिराता है परन्तु अन्ततः वह भी मारा जाता है। अर्जुन मारे दुख के स्तब्ध हो जाता है।* अभिमन्यु की पत्नी उत्तरा, अपने पति की मृत्यु के समय गर्भवती थी, वह परीक्षित को जन्म देती है जिसके साथ चांद्र वंश आगे बढ़ता है।

आगे चल कर परीक्षित को वेदव्यास के पुत्र महर्षि शुक से, पुराणों में से सबसे अधिक लोकप्रिय भागवत्म प्राप्त होता है। भीम का पुत्र घटोत्कच्छ पांडवों के लिए वीरतापूर्वक लड़ता है परन्तु कर्ण के हाथों मारा जाता है।* कर्ण को विवश हो कर उसके वध के लिए एक दिव्य अस्त्र चलाना पड़ता है जो कौरवों की सेना को बहुत हानि पहुँचा रहा था। परिणामवश, कर्ण के पास अर्जुन के साथ होने वाले भावी युद्ध के लिए एक दिव्यास्त्र कम हो जाता है।

एक के बाद एक, भीष्म, द्रोण तथा कर्ण जैसे महान सेनापति कमान संभालते हैं परन्तु वे सब एक-एक कर मारे जाते हैं। उन्हें नष्ट करने के लिए रणनीतियाँ भी दी गयी हैं। भीष्म लगभग अजेय थे और उन्हें इच्छा मृत्यु का वरदान प्राप्त था। जब कृष्ण देखते हैं कि भीष्म को परास्त नहीं कर सकते तो वे शस्त्र उठा लेते हैं और भीष्म की ओर दौड़ते हैं। वे भूल जाते हैं कि उन्होंने युद्ध में शस्त्र न उठाने का संकल्प लिया था। भीष्म को यह देख कर प्रसन्नता होती है कि उनकी मृत्यु प्रभु के हाथों होगी। यद्यपि अर्जुन उसी समय कृष्ण को उनका संकल्प याद दिला देता है, और वे भीष्म पर हमला किये बिना ही वापिस आ जाते हैं। पहले एक घटना घटी थी, जब भीष्म ने कहा था कि वे कृष्ण को शस्त्र उठाने पर विवश कर देंगे, कृष्ण तो सदा अपने भक्तों की इच्छा पूरी करने को तत्पर रहते थे इसलिए उन्होंने ऐसा

---

* कुछ दिन पूर्व, अर्जुन ने कृष्ण से भगवद् गीता में सुना था कि आत्मा नश्वर होती है। जब शरीर जीर्ण हो जाता है तो आत्मा उसे त्याग कर नया चोला धारण करती है अतः उसके लिए शोक नहीं करना चाहिए। परन्तु अर्जुन का मानवीय स्वभाव बना रहता है और वह शोक करता है। अर्जुन अभी कोई प्रबुद्ध ऋषि-मुनि नहीं बना, वह हम सबकी तरह मनुष्य ही है।

* घटोत्कच्छ भीम और हिडिम्बा का पुत्र था, हिडिम्बा एक असुर अथवा राक्षस स्त्री थी जिसके पास मायावी शक्तियाँ थीं।

किया। अर्जुन की सहायता के लिए शिखंडी को बुलाया गया। वह और कोई नहीं बल्कि अंबा ही था जिसे भीष्म अपने दो सौतेले भाईयों से विवाह के प्रसंग में हरण करके लाए थे। अंबा ने उनसे प्रतिशोध लेने की कसम खाई थी इसलिए वह इस जन्म में शिखंडी के रूप में आई है। जब भीष्म शिखंडी को देखते हैं तो जान जाते हैं कि वह अंबा ही है और वे एक स्त्री के साथ युद्ध करने से इंकार कर देते हैं। अन्त में, अर्जुन अपने बाणों से पितामह को मात देता है और वे वहीं युद्धभूमि में बाणों की शैय्या पर लेट जाते हैं। जैसा कि पहले से तय था, वे लगभग तीन माह बाद अपने प्राणों का त्याग करते हैं, वे अपनी मृत्यु के लिए उस शुभ मुहूर्त की प्रतीक्षा करते हैं, जब सूर्य उत्तरायण हो। इस अवधि में वे युधिष्ठिर को एक राजा के रूप में धर्म का ज्ञान देने के अतिरिक्त अनेक विवेकपूर्ण निर्देश भी देते हैं।

अगले सेनापति, द्रोण भी अजेय हैं। यद्यपि, उनका पुत्र अश्वत्थामा उनकी दुर्बलता है। यह तथ्य केवल पांडव ही जानते थे। युधिष्ठिर को मनाया जाता है कि वे अश्वत्थामा के निधन की घोषणा कर दें (और वे इस घोषण के दौरान हल्की फुसफुसाहट में अश्वत्थामा शब्द के बाद हाथी शब्द का प्रयोग करते हैं यानी अश्वत्थामा नामक हाथी का निधन हो गया था) वे सदा सत्यवादन के लिए जाने जाते थे इसलिए द्रोण उनकी बात सुन कर विश्वास कर लेते हैं कि उनका पुत्र ही मारा गया है। द्रोण के जीवन की सारी प्रेरणा जैसे वहीं समाप्त हो जाती है। वे अपने शस्त्रों का त्याग करते हैं और युद्धभूमि में मारे जाते हैं। युधिष्ठिर का रथ सत्यवादन के कारण सदा धरती से थोड़ी ऊँचाई पर रहता था परन्तु इस मिथ्यावादन के बाद उनका रथ धरती को स्पर्श करने लगता है। युद्ध के नियमों के अनुसार, सूर्यास्त के समय युद्ध रोक दिया जाता था। यद्यपि अश्वत्थामा अपने पिता द्रोण की छल से की गयी हत्या के कारण कुपित है इसलिए वह युद्ध के नियमों का उल्लंघन करते हुए, पांडव पुत्रों का उस समय वध कर देता है जब वे अपने खेमे में सो रहे होते हैं। अश्वत्थामा को चिरंजीवी कहा जाता था। वह गुरु द्रोणाचार्य का पुत्र था जो अर्जुन तथा अन्य पांडवों के भी गुरु थे।

एक और प्रसिद्ध घटना के अनुसार, अर्जुन संकल्प लेता है कि वह अगले सूर्यास्त से पूर्व जयद्रथ का वध करेगा अथवा स्वयं को अग्नि के हवाले कर देगा। जयद्रथ ने वनवास के दौरान द्रौपदी का हरण किया था। उसे वन में परास्त किया गया और द्रौपदी ने यह सोच कर क्षमा कर दिया क्योंकि वह कौरवों की बहन का पति था। यद्यपि, जयद्रथ छल से अर्जुन के पुत्र अभिमन्यु का वध करता है इसलिए अर्जुन उसका वध करने का संकल्प लेता है। अगले दिन सूर्यास्त से ठीक पहले,

कृष्ण सूर्य को मेघ की आड़ में कर देते हैं जिससे सूर्यास्त होने का भ्रम होता है। यद्यपि दोनों खेमों के बीच विशाल सेना थी परन्तु जयद्रथ मारे प्रसन्नता के छिपने के स्थान से बाहर आ जाता है। कृष्ण उसी समय सूर्य को मेघ की आड़ से बाहर ले आते हैं और अर्जुन जयद्रथ का वध कर देता है।

कर्ण को अगला सेनापति बनाया जाता है। वह महान बलशाली योद्धाओं में से है, अर्जुन का समकक्ष। वह अपनी दानवीरता के लिए प्रसिद्ध है। उसके पास कई दिव्यास्त्र तथा सुरक्षा कवच भी थे जिन्हें उसने महान तपस्या से प्राप्त किया था। युद्ध आरम्भ होने से पूर्व ही देवराज इन्द्र कर्ण से वे कुंडल दान में ले लेते हैं जो कर्ण की रक्षा करते थे। कर्ण को विवश हो कर घटोत्कच्छ का वध करने के लिए अपने एक दिव्यास्त्र का भी प्रयोग करना पड़ा।

पहले कर्ण अपने गुरु द्रोणाचार्य से ब्रह्मास्त्र पाने का प्रयत्न कर चुका था परन्तु उन्होंने उसे शिक्षा देने से मना कर दिया था क्योंकि वे अपने प्रिय शिष्य अर्जुन को वह ज्ञान दे चुके थे। कर्ण ने किसी तरह परशुराम जी से वह दिव्यास्त्र प्राप्त किया। परशुराम केवल ब्राह्मणों को ही ज्ञान देते थे इसलिए कर्ण को भी ब्राह्मण होने का दिखावा करना पड़ा। जब परशुराम को ज्ञात हुआ कि कर्ण तो एक क्षत्रिय था तो उन्होंने उसे शाप देते हुए कहा कि जब उसे ब्रह्मास्त्र की सबसे अधिक आवश्यकता होगी, तभी वह उसे प्रयोग में लाने का मन्त्र भूल जायेगा।

अर्जुन व कर्ण के युद्ध के दौरान, कर्ण के रथ का पहिया कीचड़ में धँस जाता है। वह पहिए को कीचड़ से निकालने के लिए अपने रथ से उतरता और अर्जुन को युद्ध के नियम याद दिलाता है कि ऐसी अवस्था में शत्रु पर प्रहार नहीं किया जा सकता। कृष्ण अर्जुन को ऐसा करने के लिए उकसाते हैं और उसे याद दिलाते हैं कि कर्ण ने किस तरह छल से अभिमन्यु का वध किया और कैसे भरी सभा में द्रौपदी का अपमान किया गया था। परशुराम के शापवश, कर्ण को वह मन्त्र भूल गया था जिससे वह अपनी रक्षा कर सकता था। अर्जुन उसका वध करके अपने उस संकल्प को पूरा करता है, जो उसने द्रौपदी के अपमान के समय लिया था।

यह एक रोचक तथ्य है कि कौरवों की सेना का सेनापतित्व करने वाले तीनों नायक-भीष्म, द्रोण तथा कर्ण-अजेय थे परन्तु वे तीनों ही युद्धनीति अथवा भाग्य के फेर से मारे गये। कृष्ण अर्जुन के सारथी रूप में थे परन्तु उन्होंने कभी शत्रु पक्ष को परास्त करने के लिए अस्त्र-शस्त्रों का प्रयोग नहीं किया।

भीम के हाथों दुर्योधन और दुशासन; दोनों ही मारे जाते हैं। भीम अपने संकल्प के अनुसार दुशासन का रक्तपान करता है और उसी रक्त को द्रौपदी के खुले केशों

पर लगाता है जिससे द्रौपदी का संकल्प पूरा होता है। दुर्योधन और भीम के बीच मल्ल युद्ध होता है। इस मल्ल युद्ध के बीच, कृष्ण भीम को स्मरण करवाते हैं कि दुर्योधन ने किस तरह अपनी जंघाओं को थपथपाते हुए द्रौपदी का अपमान किया था। भीम क्रोधित हो उठता है और दुर्योधन की जंघाओं और लंगोट पर प्रहार करता है जिससे दुर्योधन धराशायी हो जाता है। दुर्योधन शिकायत करता है कि उसे युद्ध के नियमों के विपरीत मारा गया क्योंकि कमर के निचले हिस्से पर प्रहार करना मना था। जब वह मरणासन्न था तो वह डींग हांकता है कि उसने अपने राज्य का आनन्द भोगा जबकि पांडवों का अधिकतर जीवन वनों में बीता और अब उनके सारे पुत्र भी मारे जा चुके थे। अब वे कौन सा आनन्द भोगेंगे? दुर्योधन कृष्ण के आगे प्राय: दोहराए जाने वाले कथन को ही उद्धृत करता है कि उसे पता था कि क्या उचित था, परन्तु उसने वह नहीं किया, और उसे पता था कि क्या अनुचित था परन्तु उसने फिर भी वही किया। जब दुर्योधन ये पंक्तियाँ कहता है तो लगता है कि वह हम सबके लिए ऐसा कह रहा है। उसे पूरी तरह से दुष्ट व्यक्ति की तरह नहीं दिखाया गया। ईर्ष्या और जलन ही उसके अवगुण थे। वह एक अच्छा राजा, निष्ठावान मित्र, वीर तथा गदायुद्ध में निपुण योद्धा था जो मृत्यु का सामाना करने से नहीं घबराया। जब वह मरणासन्न था तो देवताओं ने भी उसके लिए आकाश से पुष्पवर्षा की।

युद्ध के बाद, युधिष्ठिर ने राजा के रूप में शासन किया और अश्वमेध यज्ञ रचाया, जैसे बहुत समय पहले राजा राम ने किया था। यज्ञ के दौरान, एक नेवला, धरती पर गिरे हुए आटे पर लोटते हुए दिखाई देता है जिसके शरीर का आधा हिस्सा सुनहरा हो गया है। जब नेवले से इस विषय में पूछा जाता है तो वह एक प्रसंग सुनाता है। एक निर्धन गृहस्थ परिवार भूख से अधमरा हो चुका था, उसके घर में एक अतिथि आ कर भोजन की मांग करता है। गृहस्थ धर्म का पालन करते हुए परिवार प्रसन्नतापूर्वक अपना सारा भोजन उसे अतिथि को खिला देता है परन्तु वह परिवार स्वयं भूख से पीड़ित हो कर प्राण त्याग देता है। नेवले को धरती पर गिरा हुआ आटा मिलता है और जब वह उस पर लोटता है तो उसका आधा शरीर सुनहरे रंग का हो जाता है। नेवला उसी दिन से वैसे ही किसी बड़े बलिदान की खोज में है ताकि उसका पूरा शरीर सुनहरा हो जाये। इस प्रसंग की शिक्षा यह है कि सम्राट युधिष्ठिर का महान अश्वमेध यज्ञ भी, निर्धन गृहस्थ के बलिदान के आगे कुछ नहीं था।

महाभारत के अन्त में, पांडव स्वर्ग के लिए प्रस्थान करते हैं,* युधिष्ठिर के अतिरिक्त द्रौपदी सहित सभी पांडव एक-एक कर धरती पर गिर कर प्राण त्याग देते हैं। महाकाव्य में बताया गया है कि द्रौपदी तथा अन्य पांडवों के चरिण में भी कुछ दोष थे या फिर उन्होंने कोई अनुचित कर्म किया था। केवल युधिष्ठिर ही स्वर्ग के द्वार तक पहुँच पाते हैं। यद्यपि एक काले रंग का कुत्ता निरन्तर उनके साथ चलता है। युधिष्ठिर इस बात पर ज़ोर देते हैं कि कुत्ते को भी स्वर्ग में प्रवेश करने दिया जाये। जब कुत्ते को स्वर्ग में प्रवेश की अनुमति नहीं मिलती तो वे भी अन्दर जाने से इंकार कर देते हैं। तब यह तथ्य सामने आता है कि वह कुत्ता और कोई नहीं, वास्तव में धर्म व मृत्यु के देवता, उनके पिता यमराज थे, जो अपने पुत्र की परीक्षा के लिए उसके साथ चल रहे थे। युधिष्ठिर अपनी अन्तिम परीक्षा में सफल हो कर स्वर्ग में प्रवेश पाते हैं।

कुछ टिप्पणियाँ

यह संक्षिप्त परिचय, महाकाव्य के विस्तार तथा सम्पन्न प्रसंगों व कथाओं की झलक भर देता है। इसमें जीवन के चार लक्ष्यों पर चर्चा की गयी है, जिनमें धर्म अथवा उचित आचरण, अर्थ अथवा भौतिक सम्पन्नता, काम अथवा इच्छाओं की पूर्ति और मोक्ष अथवा अन्तिम निर्वाण शामिल है। इस महाकाव्य में शकुंतला और दुष्यंत के विषय में अनेक प्रेम प्रसंग भी मिलते हैं, (इसे अनेक सदियों बाद, कालिदास द्वारा एक शास्त्रीय नाटक के रूप में संस्कृत भाषा में लिखा गया), इसके अतिरिक्त सावित्री और सत्यवान की कथा है जिसमें एक पतिव्रता पत्नी यमराज से अपने पति सत्यवान के प्राणों की रक्षा करती है, इसके अतिरिक्त कच और देवयानी तथा नल और दमयंती की कथा भी मिलती है। ये कथाएँ पांडवों के वनवास के दौरान सुनाई गयी हैं।

महाभारत एक महाकाव्य है जिसमें नायकों, देवताओं, सेनाओं तथा अस्त्र-शस्त्रों का परिचय मिलता है। इसमें असंख्य घटनाओं का विवरण मिलता है जिनमें से प्रत्येक अपने-आप में एक रोचक कथा है। यह हमेशा धर्म व उचित तथा अनुचित जैसे विषयों पर प्रश्न उठाता है। यहाँ तक कि कई बार तो यह भी कहा गया है कि यह तय करना ही कठिन है। परास्त कौरवों में भीष्म, द्रोण, कर्ण व यहाँ तक कि दुर्योधन को भी अच्छा या बुरा नहीं कहा गया है। उन सबको विविध युक्तियों और कपट से मारा गया है।

* स्वर्गरोहिणी, उत्तराखंड में हिमालय की सुविख्यात चोटी है, कहते हैं कि स्वर्ग जाते हुए पांडव इसी पर्वत पर चढ़े थे।

मानव इच्छाओं, प्रेरणाओं और भावनाओं की पूरी शृंखला को काव्यात्मक रूप में चित्रित किया गया है। महाकाव्य में दुर्योधन की ईर्ष्या, धृतराष्ट्र का अपने पुत्र के प्रति अंधा स्नेह, कर्ण की अद्वितीय दानशीलता, युधिष्ठिर की सत्य के प्रति निष्ठा, अर्जुन की योद्धा के रूप में कुशलता और उसकी मानवीय कमजोरियों, भीष्म की बुद्धिमत्ता और अन्य कई पात्रों के गुणों और विशेषताओं का वर्णन है। नाटकीय स्थितियाँ नैतिकता, धर्म, युद्ध के नियमों और सही-गलत पर गहन चर्चाएँ प्रस्तुत करती हैं। महाभारत का सार्वभौमिक पहलू यह है कि इसकी शिक्षाएँ आज भी मानव जीवन पर लागू होती हैं। इसकी कहानियाँ और घटनाएँ आज भी पढ़ी और सुनाई जाती हैं। इस सब के बीच, स्वयं कृष्ण संसार में एक निष्काम कर्ता और दिव्य अभिनेता के रूप में सामने आते हैं, जो युद्ध के बीच में भगवद गीता का उपदेश देते हैं। एक परम्परा के अनुसार, महाभारत को पाँचवाँ वेद भी कहा जाता है।

महान दर्शन

महाकाव्य युग के बाद, विविध ग्रन्थों पर अनेक भाष्य लिखे गये। यह अवधि कई सदियों तक फैली है। पुराण और अगम शास्त्र भी सदियों के दौरान रचे गये। 9वीं सदी ई.पू. से, दर्शन की अनेक परम्पराएँ विकसित हुईं। इनमें से प्रमुख उपनिषदों और ब्रह्म सूत्रों पर आधारित थे। वर्तमान में अद्वैत, विशिष्टाद्वैत और द्वैत विख्यात दर्शनों में से हैं। इनके अतिरिक्त शुद्धाद्वैत और द्वैताद्वैत भी हैं जिनके रूपांतर भेदाभेद वाद और अचिंत्य भेदाभेद के नाम से जाने जाते हैं। इनके अतिरिक्त अजात वाद, दृष्टि सृष्टि वाद और सृष्टि दृष्टि वाद दर्शन भी सामने आये जो यथार्थ, संसार, व्यक्ति तथा उनके बीच के सम्बन्ध को समझने के विभिन्न तरीके हैं।

हालाँकि इन दर्शनों के कुछ विचार पहले भी किसी न किसी रूप में सामने आ चुके थे। हमें इन दर्शनों में दिये गये विचारों का प्रतिपादन आरम्भिक ग्रन्थों में ही नहीं मिलता, बल्कि जैन व बौद्ध आदि दूसरे धर्मों में भी प्राप्त होता है। हालाँकि उस समय जैन और बौद्ध धर्म का भी अस्तित्व नहीं था, ये विचार बाद में सम्पूर्ण दर्शनों के रूप में विकसित हुए। यही वेदान्त दर्शनों के लिए भी सच है। इन दर्शनों के लेखकों ने एक तरह से कुछ नया नहीं रचा, उन्होंने पहले से मौजूद विचारों को ही व्यवस्थित रूप प्रदान किया। सभी वेदान्त दर्शन उपनिषदों और ब्रह्म सूत्रों पर आधारित हैं।

यदि ये परवर्ती दर्शन पुराने ग्रन्थों का ही आधार रखते हैं तो ये अलग क्यों हैं? विद्वान इसके लिए अलग-अलग कारण देते हैं। ब्रह्म सूत्रों के वाक्यांश बहुत संक्षिप्त और गहन हैं। हो सकता है कि उन्हें गुरु और शिष्य के बीच हुई लम्बी वार्ताओं को याद रखने के लिए छोटे वाक्यांशों में संजोया गया हो। अनेक लेखन वाक्य, वृत्ति, कारिका और भाष्य के नाम से जाने जाते हैं; इनमें से प्रत्येक में पिछले ग्रन्थों से अधिक विस्तृत व्याख्या मिलती है। ये पाठ व्याख्या के लिए पूरी तरह से मुक्त हैं।

कुछ श्लोक ऐसे हैं जिनके अन्तराल में थोड़ा सा भी परिवर्तन, हो तो उनके अर्थ बदल देता है। पूर्वपक्ष में दो विपरीत दृष्टिकोण प्रस्तुत किये गये हैं, जो तर्क का एक पक्ष और सिद्धान्त देते हैं, जिससे सत्य की स्थापना होती है। इन दोनों के बीच कोई स्पष्ट अन्तर नहीं है, व्याख्याकार को स्वयं ही निर्णय लेना है कि सत्य क्या है। ब्रह्म सूत्रों के कुछ वाक्यों में उपनिषदों के सन्दर्भ नहीं आते जिनसे उन्हें लिया गया है। भाष्यकार उपनिषद के जिन श्लोकों से चाहे सन्दर्भ जोड़ सकता है। बादरायण भी प्राय: अपने ही दृष्टिकोण को ले कर मौन रहते हैं, वे केवल सूत्र देने के बाद, विभिन्न दृष्टिकोणों का सार प्रस्तुत कर देते हैं।

हालाँकि, महान भाष्यकार और उनके दर्शन कुछ आधारभूत विषयों पर एकमत हैं। इनमें से एक है, वेदान्त की श्रेष्ठता और अ-वैदिक विचारों का खण्डन। जो अ-वैदिक विचार आगे चल कर जैन और बौद्ध धर्म के रूप में विकसित हुए, वे उन धर्मों से पहले ही आरम्भिक रूप में मौजूद थे, जब ब्रह्म सूत्र रचे गये। ब्रह्म सूत्रों ने तथा उसके बाद आने वाले सभी भाष्यकारों ने ऐसे विचारों का पूरी तरह से खण्डन किया है। वे इस बात पर भी सहमत हैं कि ब्रह्म का वास होता है, इसके ज्ञान से मोक्ष मिलता है और वही मोक्ष जीवन का लक्ष्य है। वे इस विषय में भी सहमत हैं कि ग्रन्थों की बौद्धिक समझ ही काफी नहीं, उनके वास्तविक सार को ग्रहण करना अधिक महत्त्वपूर्ण है। यद्यपि भाष्यकार ब्रह्म के तत्त्व को ले कर एकमत नहीं हैं। वे इसे प्राप्त करने, मनुष्य की आत्मा का तत्त्व, संसार और ब्रह्म से उसके सम्बन्ध के लिए भी एकमत नहीं।

सत्य और मिथ्या शब्द का प्रयोग बार-बार होता है। इस जगह इसका अर्थ थोड़ा भिन्न है। जो अपरिवर्तनशील और अनन्त है, वह सत्य या वास्तविक है। जो परिवर्तनशील है, विलीन अथवा नष्ट हो जाता है, वह मिथ्या या अवास्तविक है।

भले ही मिथ्या दिखने में सत्य लगे परन्तु वह अस्थायी भ्रम है। विलीन हो जाने वाला मेघ अथवा वर्षा, वेदान्त के अनुसार सत्य नहीं है। सपने भी सत्य नहीं होते, हालाँकि स्वप्नावस्था में वे वास्तविक लगते हैं। अद्वैत कहता है कि यह संसार वास्तविक नहीं है क्योंकि यह निरन्तर बदल रहा है और धीरे-धीरे एक दिन नष्ट हो जायेगा।

विशिष्टाद्वैत और द्वैत कहते हैं कि यह संसार सत्य और शाश्वत है। विशिष्टाद्वैत का कहना है कि संसार अपरिवर्तनशील और शाश्वत ब्रह्म का गुण है। द्वैत कहता है कि सांसर ब्रह्म से भिन्न और अलग है, स्थायी है इसलिए यह सत्य है।

अद्वैत

अद्वैत तीन महान दर्शनों में सबसे पहले रचा गया था। 8वीं सदी में हुए आदि शंकर इसके सबसे महत्त्पूर्ण प्रवर्तक थे। हालाँकि, जैसा कि पहले भी कहा गया, अद्वैत से जुड़े विचार, उसके आने से बहुत पहले भी उपस्थित थे। आदि शंकर के गुरु के भी गुरु, गौड़पाद ने मांडूक्य उपनिषद पर प्रसिद्ध कारिका की रचना की (जिस पर शंकर ने एक भाष्य लिखा), उन्होंने अद्वैत से जुड़े विचार विकसित किये। अनिवार्य विचार, अद्वैत से है, जिसका अर्थ है, अद्वैत। इस प्रकार, ब्रह्म ही एकमात्र सर्वव्यापी यथार्थ है इसलिए इसका किसी भी अन्य वस्तु के साथ सम्बन्ध स्थापित करते हुए वर्णन नहीं हो सकता। यह अनन्त, निर्गुण, लक्षणों से रहित तथा निराकार है। यहाँ तक कि सर्व-शक्तिमान जैसे शब्द भी मन की ही रचना हैं क्योंकि ब्रह्म इससे परे है। यह निराकार है क्योंकि आकार इसे सीमित कर देगा। चूंकि अनन्त में कोई द्वैत नहीं है इसलिए, ब्रह्म, ब्रह्माण्ड और जीव या व्यक्ति भी ब्रह्म हैं।

ब्रह्म ही सत्-चित-आनन्द (अस्तित्व-ज्ञान-परमानन्द) है। ये कोई लक्षण या गुण नहीं परन्तु ब्रह्म का सार हैं। इन्हें इसका निकटतम वर्णन कह सकते हैं। इस प्रकार ब्रह्म सदैव उपस्थित है। यह चेतना है, यह ज्ञान की ओर ले जाता है, यह परमानन्द से भरा है।

हालाँकि, इस संसार और इसके जीवों के लिए क्या कहेंगे? शंकर इसकी व्याख्या के लिए 'माया' शब्द का प्रयोग करते हैं। सर्प और रस्सी या रेगिस्तान में मृग मारीचिका जैसी उपमाओं का प्रयोग बार-बार होता है। एक नीम अँधेरे कक्ष में कोई भय के मारे रस्सी को सर्प मान सकता है। हालाँकि ज्ञान का प्रकाश प्रकट कहता है कि वह रस्सी मात्र है। मृग मारीचिका पर जा कर पता चलता है कि उस स्थान पर कहीं जल नहीं है। इस प्रकार अज्ञान रूपी अंधकार को दूर करने के लिए ज्ञान ही पर्याप्त है। ठीक इसी प्रकार, हम अपने आसपास जिस जगत को देखते हैं, वह मृग मारीचिका की भान्ति है, उसका कोई वास्तविक अस्तित्व नहीं है। शंकर का एक प्रसिद्ध वचन है, *ब्रह्म सत्य, जगत मिथ्या,* यानी ब्रह्म ही यथार्थ और सत्य है, संसार मिथ्या है।

अद्वैत में, ब्रह्म अपने प्राकट्य वाले पक्ष में ईश्वर है, माया है। यह उच्चतम विचार है कि एक मनुष्य निर्गुण और निराकार ब्रह्म को प्राप्त कर सकता है। यह ब्रह्माण्ड का कुशल और भौतिकवादी कारण है। एक कुम्हार किसी पात्र का निपुण कारण होता है, मिट्टी का नहीं। उसी तरह ब्रह्म ईश्वर के रूप में ब्रह्माण्ड है, वह

एक ऐसे मकड़े की तरह है जो अपने ही शरीर से जाल बुनता है। ब्रह्म ही जगत और सभी जीवों में व्याप्त है।

उपनिषद के कुछ महावाक्यों का उदाहरण यह स्थापित करने के लिए दिया जाता है कि व्यक्ति भी ब्रह्म है जैसे–*अहम् ब्रह्मास्मि,* मैं ही ब्रह्म हूँ; और *अयं आत्म ब्रह्म,* यह आत्म ब्रह्म है। कुछ उपनिषद वाक्यों में अद्वैत शब्द का प्रयोग भी आया है, उदाहरण के लिए मांडूक्य उपषिद से शिवो-अद्वैत, शान्त और अद्वैत। और मैत्रेय उपनिषद से *एकम्* एवं *अद्वितीयम्* वह एक है और दूसरे की साझेदारी के बिना है। आत्म ब्रह्म का अंश नहीं है, इसके अंश नहीं हो सकते और कोई दो नहीं हो सकते।

जब एक बार ब्रह्मज्ञान प्राप्त हो जाता है, तो मानव जीवन का लक्ष्य मिल जाता है। व्यक्ति पुनर्जन्म और इच्छाओं से मुक्त हो जाता है–इच्छाएँ ही पुनर्जन्म का कारण हैं–जो ज्ञान मिलने के बाद समाप्त हो जाती हैं। इसे मृत्यु के बाद के बजाये यहीं और अभी प्राप्त कर सकते हैं। किसी जीवित ज्ञानी अथवा ब्रह्म ज्ञाता के कर्म, आनन्द और कष्ट केवल देखने वाले के दृष्टिकोण से होते हैं। ज्ञानी के लिए वे किसी स्वप्न की तरह हैं।

अद्वैत यह भी कहता है कि माया का सिद्धान्त व्यक्ति के सापेक्ष दृष्टिकोण से होता है। सत्य में स्थापित ज्ञानी या ऋषि के लिए कोई माया नहीं है। जिस प्रकार, वह व्यक्ति जो जानता है कि सर्प असल में रस्सी है, ज्ञानी भी कभी भ्रमित नहीं होता। सर्प की झूठी धारणा, सापेक्ष दृष्टिकोण से आती है। उस स्थान पर कोई सर्प था ही नहीं।

शंकर द्वारा अद्वैत स्थापना के उपाय भी उल्लेखनीय हैं। वे तर्क, उपमा, ब्रह्म सूत्र तथा उपनिषदों की सहायता से अपने सिद्धान्तों को स्थापित करते हैं। वे अद्वैत स्थापना के लिए किसी रहस्यवादी अनुभव का दावा नहीं करते, हालाँकि सर्वसम्मति के अनुसार वे स्वयं एक ब्रह्मज्ञानी थे।

टिप्पणी

अद्वैत सामान्यत: उन आध्यात्मिक साधकों पर लागू होता है, जिनका मन तर्क की ओर झुकाव रखता है या फिर जो अ-हिन्दू पृष्ठभूमि से आते हैं। संन्यासियों का दशनामी सम्प्रदाय अद्वैत को मानता है। पारंपरिक तौर पर, हरिद्वार, ऋषिकेश और वाराणसी अद्वैत दर्शन के केन्द्र हैं।

अद्वैत मोक्ष पाने के लिए ज्ञान पर बल देता है, यद्यपि यह भक्ति को भी मान देता है। परन्तु इस स्थान पर भक्ति को मोक्ष, मुक्ति, शान्ति व आनन्द की तड़प के रूप में परिभाषित किया गया है, जो एक साधन है, साध्य नहीं।

अद्वैत पर और भी कई ग्रन्थ लिखे गये। कुछ ग्रन्थ जैसे अवधूत गीता स्पष्ट तौर पर अद्वैत का प्रतिपादन करते हैं। अद्वैत में भगवान या ईश्वर भी माया का एक हिस्सा है, यह वास्तव में अवतार या भगवान के अवतरण में विश्वास नहीं रखता।

पारम्परिक रूप से, शिव को अद्वैत से जोड़ा जाता है। यद्यपि स्वतन्त्र शैव दर्शन विकसित हुए, शंकराचार्य निर्वाण षटकम् में कहते हैं, 'चिदानन्द रूपो, शिवोहम् शिवोहम्, यह हर छन्द के अन्त में टेक के रूप में आता है। इस स्थान पर शिव का सम्बन्ध ब्रह्म से जोड़ा गया है।

अद्वैत के अन्य उल्लेखनीय लेखक आरम्भिक काल से हैं जिनमें गौड़पाद भी शामिल हैं जो शंकर, सुरेश्वर, विद्यानारायण और सदानन्द से भी पहले के हैं। शंकर ने भी स्वयं अनेक ग्रन्थ रचे जिनमें प्रमुख उपनिषदों व भगवद् गीता पर भाष्य तथा विवेकचूड़ामणि, आत्मबोध, उपदेश सहस्त्री, अपरोक्षनुभूति, दृग दृश्य विवेकम, तत्त्व बोध, अनेक काव्य तथा भक्ति संगीत शामिल हैं। कुछ विद्वानों का मानना है कि इनमें से कुछ ग्रन्थों के लेखक अन्य व्यक्ति हो सकते हैं।

विशिष्टाद्वैत

ऐतिहासिक रूप से, विशिष्टाद्वैत, 11वीं सदी के अन्त में तथा 12वीं सदी के आरम्भ में, अद्वैत के पश्चात आया। इसका अर्थ है योग्य अद्वैत। श्री रामानुजाचार्य इसके सबसे महान प्रवर्तक हुए, जिन्होंने ब्रह्म सूत्रों पर विख्यात श्री भाष्य की रचना की। उन्होंने ब्रह्म सूत्रों पर बोधायन नाम से एक ओर भाष्य का सन्दर्भ दिया था जो वर्तमान में उपलब्ध नहीं है। वे भी, अपने से पूर्व शंकर की तरह, अपने भाष्य में उपनिषदों का सन्दर्भ देते हैं।

विशिष्टाद्वैत कहता है कि ब्रह्म ही परम सत्य है और नारायण के समरूप है जो एक व्यक्तिगत देवता हैं। यह निर्गुण नहीं है, जैसा कि अद्वैत ने कहा। यह लक्षणों सहित सगुण ब्रह्म है। ब्रह्म और नारायण ही सर्वोच्च है और संसार व इसके जीवों से गुण-सम्पन्न अथवा योग्य है। विशिष्ट अर्थात गुणों द्वारा योग्य। यह संसार कोई मृग मारीचिका नहीं बल्कि सत्य है। यह अद्वैत में, स्पष्ट रूप से माया के सिद्धान्त का खण्डन करता है। पदार्थ अवचेतन किन्तु सत्य है। सजीव सचेतन हैं और सत्य भी हैं। इस प्रकार, सत्य के तीन पक्ष हैं-सर्वोच्च यथार्थ अथवा पार ब्रह्म, जो परे है;चित ब्रह्म अर्थात सचेत सजीव प्राणी;और अचित ब्रह्म अर्थात असंवेदनशील प्रदार्थ। ये तीनों ही ब्रह्म के पक्ष हैं।

नारायण संसार के भौतिक और कुशल सर्जक हैं। उनमें अनेक गुण हैं और वे ब्रह्माण्ड के सर्वज्ञ और सर्वशक्तिमान स्वामी हैं, वे अदेह रूप में ही उपासना के योग्य हैं। वे ही सभी सजीवों में वास करते हैं। सत्यं ज्ञानं अनन्त ब्रह्म जैसे उपनिषद वाक्यों से यह स्थापित किया जाता है कि ब्रह्म ही सत्य, ज्ञान और अनन्त है। विशिष्टाद्वैत के अनुसार, यहाँ तक कि गुणों का अभाव भी एक गुण है। जो निर्गुण है, उसे जाना नहीं जा सकता; गुण व लक्षणों से ब्रह्म को जान सकते हैं।

उपनिषद के जिन महावाक्यों को शंकर ने अद्वैत व्याख्या के साथ प्रस्तुत किया, विशिष्टाद्वैत ने उनकी अलग तरह से व्याख्या की है। सर्वम खल्विदं ब्रह्म, अथवा सब ब्रह्म है, यह सत्य है क्योंकि पार ब्रह्म; चित ब्रह्म; और अचित ब्रह्म, एक ही ब्रह्म के रूप हैं। तत् त्वम् असि, वाक्य का अर्थ है, वह ब्रह्म तुम्हीं हो अर्थात जीव साररूप में ब्रह्म है परन्तु स्वयं ब्रह्म नहीं है।

भक्ति ही ईश्वर को जानने का प्रमुख साधन है, यद्यपि ज्ञान को भी गौण साधनों में से एक माना गया है। व्यक्तिगत आत्माएँ समरूप हैं और सार रूप में नारायण के समान हैं। जो लोग अपने जीवन के लक्ष्य तक पहुँच गये हैं, उनकी आत्मा देह से मुक्त होने पर मोक्ष पा लेती है। मोक्ष का अर्थ है, प्रभु के धाम, वैकुंठ में प्रवेश करना और परमानन्द की अवस्था में सदा उनकी उपस्थिति में रहना। तब कोई पुनर्जन्म नहीं होता। अद्वैत से अलग विशिष्टाद्वैत दर्शन के अनुसार देह रूप में कोई जीवनमुक्त या मोक्ष नहीं होता।

विशिष्टाद्वैत में मोक्ष की अवधारणा, अद्वैत से अलग है, जहाँ यह पूर्ण ज्ञान तथा अज्ञान को पूरी तरह से मिटाने पर आती है। जीव जानता है कि वह ब्रह्म के साथ एकलीन है और मुक्त हो जाता है। विशिष्टाद्वैत में, परम भक्ति से मोक्ष मिलता है, इसके लिए ईश्वर की कृपा चाहिए। इसे मृत्यु के बाद पाया जाता है और ये जीव को वैकुंठ ले जाता है जहाँ इसे परमानन्द की प्राप्ति होती है परन्तु यह ब्रह्म से अलग रहता है।

कुछ टिप्पणियाँ

इससे दर्शन का केवल संक्षिप्त सा परिचय मिलता है। विशिष्टाद्वैत इस विषय में विस्तार से बताता है कि भक्ति कैसे पा सकते हैं। इसमें *शरणागति* शब्द का प्रयोग किया जाता है, जिसका शाब्दिक अर्थ है, शरण लेना और *प्रपत्ति* (अनन्य भक्ति) अथवा समर्पण। विद्वान इन दोनों के बीच भेद मानते हैं। शरणागति का अर्थ है, ईश्वर की कृपा पाने के लिए उनकी शरण में जाना। प्रपत्ति का अर्थ है, ईश्वर के आगे अहं का समर्पण, सब कुछ उसके हाथ छोड़ देना। कुछ उपमाओं के माध्यम से इसे

प्रकट किया जा सकता है। बंदरिया का बच्चा वृक्षों पर इधर से उधर छलांगें भरने के दौरान अपनी माँ से चिपका रहता है। यह अपनी माँ के पास शरण लेता है यह शरणागति है। वहीं दूसरी ओर बिल्ली का बच्चा एक कोने में बैठ कर म्याऊँ करता है। माँ उसे उठा लेती है और उसके साथ जो मर्जी करती है। इसी तरह, जो भक्त प्रपत्ति पा चुका है, वह ईश्वर की हर इच्छा को ग्रहण करता है। विशिष्टाद्वैत कहता है कि अन्ततः प्रपत्ति द्वारा अहं का समर्पण करना ही पड़ता है। अन्यथा शरणागति से प्राप्त ईश्वरीय कृपा ऐसे लाभ दे सकती है जिससे अहं और पुष्ट हो जाता है।*

पूजा-प्रार्थना, अनुष्ठान आदि भक्ति प्राप्त करने के साधन हैं। विशिष्टाद्वैत उन्हें आकर्षित करता है जो भक्ति के प्रति झुकाव रखते हैं। अद्वैत की भान्ति एक लक्षण व आकारहीन ब्रह्म की कल्पना और उसे पाने का प्रयत्न करना भी बहुत कठिन है। एक वास्तविक संसार, एक वास्तविक व्यक्तिगत ईश्वर के प्रति भक्ति-भाव रखना सरल होता है। यहाँ तक कि अद्वैत में भी भक्ति को ज्ञान माता कहा गया है।

रामानुजाचार्य ने भी सत्य की स्थापना के लिए सरल और स्पष्ट साधनों का प्रयोग किया। तीन साधनों से प्रमाण अथवा उचित ज्ञान प्राप्त कर सकते हैं। प्रत्यक्ष अथवा ऐंद्रिक ज्ञान, अनुमान अथवा अनुमान से प्राप्त ज्ञान और ग्रन्थों के वचन, शब्द। इन तीनों का प्रयोग करके विशिष्टाद्वैत के दर्शन की स्थापना की गयी है। उनके पहले गुरु अद्वैत परम्परा से थे। स्वभावतः इसके विपरीत, युवा रामानुज ने अपने गुरु की शिक्षाओं को स्वीकार नहीं किया और बहुत तर्क-वितर्क के बाद अपने पथ पर चल पड़े। रामानुज पहले से उपस्थित भक्ति और वैष्णव परम्परा की ओर आकर्षित हुए जिसमें कई आरम्भिक गुरुओं के अतिरिक्त महान अलवर सन्त भी शामिल थे।

उपनिषदों के अनेक वाक्य हैं कुछ वाक्यों में अद्वैत पर बल दिया गया है तो कुछ वाक्यों में द्वैत को माना गया। रामानुजाचार्य ने कहा कि उन सबको ध्यान में रखा जाना चाहिए और केवल योग्य अद्वैत ही उनका समाधान कर सकता था। शंकर पहले ही तर्क दे चुके थे कि सारे पाठ्य को एक मानते हुए वास्तविक उद्देश्य को समझना चाहिए। इस दृष्टिकोण से, उपनिषद के कुछ वाक्य व्याख्यात्मक थे जिनमें उपमाओं और प्रतीकों का प्रयोग किया गया था। उन्हें शाब्दिक रूप से नहीं लेना था। रामानुज असहमत थे, उनका कहना था कि यह तय करना उचित नहीं होगा

---

* अहं से पूर्ण रूप से मुक्ति अद्वैत और बौद्ध धर्म का भाग है। इसे प्राप्त करने का साधन ज्ञान ही है, क्योंकि यहाँ अहं को अवास्तविक माना जाता है। भक्ति के मार्ग में, अहं ईश्वर को समर्पित किया जाता है। ये सारी पहल, मोक्ष अथवा निर्वाण की ओर ले जाती है।

कि किसे ज्यों का त्यों लेना है और किसे उदाहरण के रूप में लेना है। ऐसे कई वाक्य हैं जो दिखाते हैं कि ब्रह्म ही ब्रह्माण्ड का कारण है और सजीव प्राणी, पार ब्रह्म की त्रिगुणात्मक सत्ता मीमांसा, चित ब्रह्म और अचित ब्रह्म ही बताते हैं कि उपनिषद क्या कहना चाहते हैं।

रामानुजाचार्य ने अन्य कई पवित्र ग्रन्थ भी लिखे, जिनमें से ब्रह्म सूत्रों पर लिखा भाष्य, श्री भाष्य उल्लेखनीय है। इससे विशिष्टाद्वैत दर्शन की स्थापना हुई। उन्होंने भगवद् गीता पर एक भाष्य लिखने के अलावा वेदों के अर्थ पर एक ग्रन्थ, वेदार्थसंग्रह भी रचा। उन्हें अन्य कई ग्रन्थों की रचना का श्रेय भी दिया जाता है। उन्होंने संस्कृत के अतिरिक्त तमिल भाषा में भी अनेक ग्रन्थों की रचना की। रामानुजाचार्य के मार्ग को अनेक वैष्णव लेखकों ने चुना जैसे अलवर, नाथमुनि, यमुनाचार्य, जो उनसे पहले हुए और वेदान्त देसीकर, पिल्लै लोकाचार्य और अन्य, जो उनके बाद आये। जैसा कि दूसरे दर्शनों के साथ हुआ, विशिष्टाद्वैत से जुड़े विचार रामानुजाचार्य के आगमन से भी बहुत पहले से थे परन्तु वे उन विचारों का प्रतिपादन करने वाले प्रमुख व्यक्ति रहे, जिन्होंने भक्ति पर आधारित एक सार्थक दर्शन की स्थापना की।

हालाँकि यह दक्षिण भारत में विकसित हुआ परन्तु इसका प्रभाव सुदूर बंगाल तक भी गया और सदियों पश्चात, श्री चैतन्य महाप्रभु ने इसे अपनाया, जिने अनुयायियों ने एक और दर्शन की स्थापना की। चैतन्य ने रामानुजाचार्य के सम्मान में दक्षिण भारत की यात्रा की। विशिष्टाद्वैत ने उत्तर भारत के रामनन्दियों को भी प्रभावित किया, वे विष्णु और उसके अवतारों में भी विश्वास रखते थे और उनका मानना था कि केवल वही उन्हें मोक्ष प्रदान कर सकते थे। हो सकता है कि आगे चल कर मतभेद उत्पन्न हुए हों, परन्तु रामानुजाचार्य उनकी आरम्भिक प्रेरणा रहे।

द्वैत

अद्वैत और विशिष्टाद्वैत के बाद द्वैत दर्शन आया। इसका शाब्दिक अर्थ है, दो। इसकी स्थापना तेरहवीं सदी में सबसे पहले, श्री माधवाचार्य ने की, जिन्हें आनन्द तीर्थ और पूर्णप्रज्ञ (सम्पूर्ण चेतना अथवा ज्ञान रखने वाला) के नाम से भी जाना जाता था। माधवाचार्य ने द्वैत दर्शन की स्थापना के लिए वेदों, उपनिषदों और ब्रह्म सूत्रों का प्रयोग किया। इसे भेद वाद, तत्त्व वाद और पूर्णब्रह्म वाद भी कहते हैं।

द्वैत दर्शन भी वेदों तथा उपनिषदों को स्वीकार करता है। इसका दर्शन ब्रह्म सूत्रों और उपनिषदों पर आधारित है। द्वैत के अनुसार, ब्रह्म ही सर्वोच्च सत्य है

जो नारायण या विष्णु के समान है। यह प्रत्येक का अनुभव है कि ईश्वर मनुष्य से अलग है, एक ऐसा आधार, जिसे द्वैत भी सत्य मानता है। हम भी कहते हैं कि सजीव और पदार्थ अलग-अलग हैं। इसे भी सत्य स्वीकार किया गया है। तीन आधारभूत सत्य हैं:ईश्वर, सजीव और पदार्थ। वे आपस में भिन्न-भिन्न हैं। ब्रह्म विष्णु के रूप में स्वतन्त्र तत्त्व है। वह सर्वज्ञ, सर्वव्यापक, अनन्त और करुणावान है। ब्रह्म विष्णु के समान है और माधवाचार्य कहते हैं कि ग्रन्थों के वचन केवल विष्णु का सन्दर्भ देते हैं। संसार अथवा ब्रह्माण्ड और सजीव प्राणी अस्वतन्त्र तत्त्व अथवा निर्भर वास्तविकता हैं। ईश्वर ही शासक और नियंता है। अन्य सभी देव और ईश्वर विष्णु के अधीन हैं। यह पिछले दर्शनों का खण्डन करने के लिए कहता है कि ईश्वर स्वयं को इस असम्पूर्ण जगत में नहीं बदल सकता। व्यक्तिगत आत्माएँ ब्रह्म का प्रतिबिंब हैं परन्तु किसी भी दशा में उसकी समरूप नहीं हैं। दुःख, बुराई और संकट ईश्वर के कारण नहीं होते, यह उन जीवों के कारण हैं जो अपने कर्मों के कारण कष्ट भोगते हैं।

द्वैत कहता है कि पाँच शाश्वत द्वंद्व हैं। पहला ईश्वर और सजीव प्राणियों के बीच, दूसरा ईश्वर और पदार्थ के बीच, तीसरा सजीवों और पदार्थ के बीच, चौथा सजीवों के बीच तथा पाँचवाँ विभिन्न प्रकार के पदार्थों के बीच है। ये पाँच द्वंद्व शाश्वत हैं।

ईश्वर सर्वशक्तिमान और सर्वव्यापी है। वह सजीवों और ब्रह्माण्ड पर शासन करता है और सत-चित-आनन्द है। उसके पास एक अ-भौतिक शरीर है क्योंकि वह पदार्थ से अलग है। आत्माएँ तीन प्रकार की हैं। पहला प्रकार है, मुक्ति योग्य, जो मोक्ष पाने के उपयुक्त हैं और अन्ततः ऐसा मोक्ष पा लेती हैं। इसका अर्थ है, इस बात को समझना कि हम सभी अनन्त रूप से ईश्वर पर निर्भर हैं, हम उसका प्रतिबिंब मात्र हैं परन्तु उसके समान नहीं हैं। यह जानना कि हमारी उस पर निर्भरता अनिवार्य है। ईश्वर ही हमें कुछ हद तक स्वतन्त्रता प्रदान करता है जो हमारे कर्मों पर निर्भर करती है। अज्ञान ही दुःख का मूल है, जैसा कि दूसरे दर्शनों में भी कहा गया है। इसे भक्ति, उचित आचरण तथा सहज ज्ञान से दूर कर सकते हैं। ईश्वर के प्रति भक्ति किसी भी मोक्ष से महत्त्वपूर्ण हो सकती है। ईश्वर हमें विविध अवतारों के बीच राह दिखाता हैं। इस प्रकार के लोग परमानन्द प्राप्त कर लेते हैं परन्तु ईश्वर से अलग रहते हैं। परमानन्द का स्तर उनकी भक्ति पर निर्भर करता है। दूसरी श्रेणी में नित्य संसारी आते हैं, जो बार-बार जन्म लेते हैं। तीसरे प्रकार में तमो योग्य आते हैं, जो सदा अनन्त नरक में वास करते हैं। हिन्दू धर्म का यह एकमात्र दर्शन है जो अनन्त

नरक की बात करता है। अन्य सभी दर्शनों में कहा गया है कि अन्ततः सबको मोक्ष मिलता है, भले ही उन्हें उसे पाने में कई जन्मों का समय लगे।

द्वैत कहता है कि ईश्वर मनुष्यों को स्वतन्त्र इच्छा देता है परन्तु इसके साथ ही उन्हें वश में भी रखता है। अन्य दर्शनों में इस प्रश्न को इतना महत्त्व नहीं दिया गया कि कोई निजी स्वतन्त्रत इच्छा होती भी है या नहीं। कहते हैं कि यदि कारण और प्रभाव के नियम पर आधारित हमारे कर्म और इच्छाएँ, कर्म की ओर ले जाते हैं, तो स्वतन्त्र इच्छा कहाँ रही? हालाँकि, द्वैत इस विषय पर सहमत नहीं, उसका कहना है कि व्यक्तियों के पास थोड़ी सी स्वतन्त्र इच्छा होती है।

कुछ टिप्पणियाँ

द्वैत एक वास्तविक दर्शन है जो प्रत्येक व्यक्ति के दैनिक जीवन के सामान्य अनुभवों को स्वीकार करता है, जहाँ व्यक्ति परस्पर अलग-अलग हैं, वे पदार्थ से अलग हैं और पदार्थ भी कई प्रकार के हैं। हालाँकि यह अनीश्वरवादियों की तरह नहीं, यह ईश्वर में विश्वास रखता है। ईश्वर सजीवों और पदार्थ से अलग है। यह यहूदी, ईसाई और इस्लाम धर्मों के काफी निकट है।

द्वैत अन्य दर्शनों का भी खण्डन करता है, विशेष तौर पर अद्वैत का। यह विशिष्टाद्वैत के भी कुछ पक्षों का खण्डन करता है। जहाँ द्वैत इस विषय में सहमत है कि नारायण ब्रह्म के समान है और जीव और ब्रह्माण्ड इससे अलग हैं, द्वैत कहता है कि जीव सार रूप में भी ब्रह्म समान नहीं, वे इसके प्रतिबिम्ब या छाया मात्र हैं। यह योग्य अद्वैतवाद का भी खण्डन करता है जो यह मानता है कि ब्रह्म संसार और सजीव प्राणियों से गुण-सम्पन्न है। द्वैत के अनुसार ये तीन-ब्रह्म, संसार और सजीव प्राणी-आधारभूत रूप से भिन्न हैं। यह ऐसा करने के लिए तर्क के साथ-साथ शास्त्रोक्त अधिकार का भी प्रयोग करता है। ज्ञान तीन प्रकार के हैं-प्रत्यक्ष या प्रत्यक्ष ऐंद्रिक अनुभव, अनुमान और शब्द। ये ज्ञान के उन्हीं साधनों के समान हैं जिनका प्रयोग विशिष्टिाद्वैत में बताया गया है। अद्वैत से अलग, द्वैत कहता है कि ज्ञाता और ज्ञात स्वतन्त्र यथार्थ हैं। यह सार रूप में अद्वैत से विभिन्न है।

माधवाचार्य ने लगभग सैंतीस ग्रन्थ रचे जिनमें प्रमुख उपनिषदों पर भाष्य भी शामिल हैं। इसने बाद में आने वाली परम्पराओं को भी प्रभावित किया। महान सन्तों की परम्परा में राघवेंद्र स्वामी का नाम भी आता है। इस परम्परा के विद्वानों में जयतीर्थ, व्यासतीर्थ, वदिराजा तीर्थ, रघुत्तम तीर्थ और सत्यनाथ तीर्थ आदि सम्मिलित हैं।

संक्षिप्त सारांश

ये तीन महान दर्शन वर्तमान में, व्यापक रूप से प्रचलित हैं। निम्नलिखित सूची से इनका सारांश मिलता है।

दर्शन	अद्वैत	विशिष्टाद्वैत	द्वैत
आधार	अद्वैत कहता है कि निराकार, गुण व लक्षणों से रहित ब्रह्म ही एकमात्र सत्य है, परम है।	विशिष्टाद्वैत योग्य सम्पूर्णता का अद्वैतवाद है जहाँ ब्रह्म भौतिक ब्रह्माण्ड तथा सजीवों से गुण सम्पन्न है।	ब्रह्म विष्णु के समरूप हैं और इन्हें सर्वोच्च सत्य माना जाता है। ये ब्रह्माण्ड और सजीवों से भिन्न हैं।
ईश्वर	ईश्वर अथवा भगवान व्यक्तिगत है परन्तु ब्रह्म का निराकार पक्ष है। अन्ततः ईश्वर भी माया अथवा भ्रम है। केवल निराकार, लक्षणों से रहित ब्रह्म का ही अस्तित्व है।	भगवान नारायण अथवा विष्णु है। वे ही शाश्वत और अनुभवातीत सत्य हैं। वे निराकार सर्जक हैं और ब्रह्माण्ड में अनन्त हैं।	भगवान नारायण अथवा विष्णु है जो निराकार भी है। वह पदार्थ तथा सजीव प्राणियों से भिन्न है।
ब्रह्माण्ड	ब्रह्माण्ड एक माया अथवा भ्रम है।	ब्रह्माण्ड वास्तविक है परन्तु ब्रह्म का ही एक गुण है।	ब्रह्माण्ड यथार्थ है और ब्रह्म से भिन्न है।
जीवन का लक्ष्य	व्यक्तिगत आत्मा के ब्रह्मलीन होने पर पुनर्जन्म से मुक्ति मिलेगी।	पुनर्जन्म से मुक्ति। प्रभु के धाम या वैकुंठ धाम में प्रवेश और वहाँ सदा परमानन्द की अवस्था में रहना।	मुक्ति। प्रभु के धाम या बैकुंठ धाम में प्रवेश और वहाँ सदा परमानन्द की अवस्था में रहना, जो कि व्यक्तिगत आत्मा पर निर्भर होगा।
मोक्ष किसे मिल सकता है	सभी सजीवों को अन्ततः मोक्ष मिलेगा	सभी सजीवों को अन्ततः मोक्ष मिलेगा	केवल मोक्ष पाने योग्य आत्माओं को ही मोक्ष मिलेगा। कुछ आत्माओं का बार-बार जन्म होगा और बाकी अनन्त नरक की भागी होंगी।

अन्य दर्शन

आगे चल कर, शुद्धाद्वैत और भेदाभेद आये, जो दर्शन के भक्तिपूर्ण पक्ष के ही विविध रूप हैं। भेदाभेद का शाब्दिक अर्थ है भिन्न और अभिन्न है। इसकी व्याख्या

निम्बार्क ने कही और आगे चल कर चैतन्य ने इसे विस्तृत रूप दिया। ब्रह्म तथा इसकी प्रकटीकरण की ताकत, शक्ति; वे न तो एक समान हैं और न ही एक-दूसरे से अलग हैं। सूर्य से मिलने वाले ताप और प्रकाश तथा रत्न और उसकी किरणों जैसी उपमाओं के माध्यम से इनकी व्याख्या की गयी। यह भी कहा गया कि इसे केवल तर्क मात्र से स्थापित नहीं कर सकते। शुद्धाद्वैत का प्रतिपादन सबसे पहले वल्लभाचार्य ने किया। इस दर्शन के अनुसार, व्यक्तिगत आत्मा ब्रह्म के समान है परन्तु यह केवल इसका छोटा सा अंश मात्र ही है। कृष्ण जीवन का परम लक्ष्य हैं। विशिष्टाद्वैत और द्वैत की तरह, ये दोनों दर्शन भी भक्ति परम्परा से हैं।

ज्ञान पर आधारित अद्वैत के कुछ अन्य सिद्धान्त भी हैं। सृष्टि दृष्टि वाद कहता है कि संसार को रचा गया इसलिए यह दृश्यमान है। यह एक वास्तविक दृष्टिकोण है जो इन्द्रियों और मन के अनुभव को स्वीकार करता है। वहीं दूसरी ओर, दृष्टि सृष्टि वाद कहता है कि मन ही ब्रह्माण्ड रचता है। एक द्रष्टा के बिना, उस जगह कुछ नहीं है। यह इस बात का सूचक है कि संसार वास्तविक नहीं, मन का ही प्रक्षेपण है। हम सोते हुए जो दुनिया देखते हैं, वह नींद से उठते ही झूठी हो जाती है। इसी प्रकार, ब्रह्म ज्ञान मिलते ही, जो संसार हम देखते हैं, वह भी मिथ्या हो जाता है। जो लोग इस आधार को नहीं मानते, उन्हें आरम्भिक सृष्टि दृष्टि वाद का पालन करने की अनुशंसा की जाती है। अद्वैत कहता है कि संसार और सभी सजीव प्राणी माया की देन हैं, जो अनिर्वचनीय अर्थात अभिव्यक्त नहीं हो सकती। यह मन और उसके अनुभवों के दृष्टिकोण से है। अजाति वाद इससे परे जा कर कहता है कि कोई ससांर, रचना, बन्धन अथवा मोक्ष नहीं है। केवल एक ही है। अजात अर्थात जो अजन्मा है।* यह कहता है कि उस परम सत्य के सिवा कुछ नहीं है। कोई जन्म या मृत्यु, संसार का कोई प्रक्षेपण, न साधक, न मुमुक्षु और न ही कोई मुक्त, न बंधन और मोक्ष; कुछ भी नहीं है। केवल उस एक का ही वास है। कोई माया भी नहीं है। अजाति वाद ज्ञानी और उसके अनुभव के दृष्टिकोण पर आधारित है। एक और उपमा के अनुसार, सूर्य के प्रकाश में व्यक्ति पर्दे पर दिखता दृश्य नहीं देख सकता।' इसी प्रकार, पूर्ण रूप से प्रबुद्ध ज्ञानी के लिए केवल एक है, उसके सिवा कोई नहीं है। माया साधक के दृष्टिकोण से उत्पन्न होती है जो अभी प्रबुद्ध नहीं हुआ। गौडपाद मांडूक्य कारिका में अजाति वाद का सन्दर्भ देते हैं। वे शंकर से पूर्व हुए और उनके गुरु के गुरु थे। शंकर के ग्रन्थों में भी कुछ ऐसे अंश हैं जो

* यह बौद्ध धर्म की मध्यमिका के समान है जो अनुत्पाद के विषय में बताते हैं। यद्यपि अजात कहता है कि ब्रह्म अजन्मा है और मध्यमिका कहती है कि यह शून्य है।

अजाति वाद हैं। अष्टावक्र, ऋभु और अवधूत गीता व योग वशिष्ट के कुछ भाग भी, अजाति वाद के समान हैं।

निष्कर्ष

यह उल्लेखनीय है कि इन सभी दर्शनों के प्रतिपादक मात्र विद्वान ही नहीं बल्कि आध्यात्मिक रूप से प्रबुद्ध जीव माने जाते थे। फिर, यदि सत्य एक है, तो इतने दर्शन क्यों?[1] कहते हैं कि सत्य मन और इन्द्रियों से परे है परन्तु फिर भी इसका अनुभव पा सकते हैं। इस अनुभव को शब्दों में प्रकट किया जा सकता है, जो मन और इन्द्रियों का क्षेत्र है। वही व्यक्ति, जिस पर यह उतरता है, वही इनकी व्याख्या करके, इन्हें शब्दों का रूप दे सकता है। ऐसे प्रबुद्ध जीवों के चित्त ही इन दर्शनों के प्रतिपादन के माध्यम या साधन होते हैं। कुछ इन मतभेदों का इसी आधार पर वर्णन करते हैं। हालाँकि कुछ यह भी कहते हैं कि प्राकट्य काफी सीमा तक द्रष्टा पर निर्भर है। हालाँकि ये अनुभव अतिसंवेदी हैं और शान्ति व आनन्द प्रदान करते हैं, परन्तु इन्हें द्रष्टा अपने मन के अनुसार ही प्राप्त करता है। व्याख्याओं की ऐसी आत्मचेतना ही सम्भवत: विभिन्न परम्पराओं के बीच मतभेद का कारण हो सकती है।

हालाँकि इन अन्तरों व मतभेदों के बावजूद, इनके बीच कुछ सामान्य सिद्धात भी हैं। भक्ति के माध्यम से अहं का समर्पण अथवा ज्ञान के माध्यम से इसे नष्ट करना, दोनों ही अहं को नष्ट करने की ओर संकेत करते हैं जो प्राकट्य की बाधा है। उन सबने मन को शान्त व केन्द्रित रखने तथा नकारात्मक भावों से दूर रखने को भी स्वीकार किया है। सभी दर्शन मोक्ष की ओर संकेत करते हैं, एक ऐसी अवस्था जो स्थायी शान्ति व आनन्द प्रदान करती है।

यदि सकारात्मक पक्ष देखें तो दर्शन की विविधता प्रत्येक व्यक्ति को अनुमति देती है कि वह उसे चुन ले जो उसे सबसे अधिक आकर्षित करता हो। वे सभी साधक को आगे ले जाते हैं, जीवन को शान्त, आनन्दी और सार्थक बनाने का मार्ग सुझाते हैं। यदि केवल एक दर्शन होता तो शायद वह अलग-अलग प्रवृत्तियों के लोगों को न सुहाता। विवेकानन्द कहते हैं, 'इस प्रकार, अन्त कोई विनाश नहीं बल्कि सम्प्रदायों का कई गुना होना है, जब तक कि प्रत्येक व्यक्ति स्वयं में एक सम्प्रदाय नहीं बन जाता।'[2] इस तरह प्रत्येक व्यक्ति की अपना मार्ग चुनने की आवश्यकता पूरी होती है। ऋगवेद कहता है, एकम् सत, विप्रा: बहुधा वदन्ति। सत्य एक है, ऋषि इसे अलग-अलग नामों से पुकारते हैं।

---

* रमण महर्षि के साथ वार्तालाप, मार्च 1946

भक्ति परम्परा

अब तक हमने जिन ग्रन्थों की चर्चा की, वे संस्कृत भाषा में थे। यद्यपि, प्रांतीय भाषाओं में भी अनेक ग्रन्थ रचे गये हैं। शायद, उनमें से प्रथम प्राचीन काल में रहा होगा, जब बुद्ध ने पाली में उपदेश दिया, और अपने अनुयायियों को प्रोत्साहित किया कि वे जनभाषा में धम्म या शिक्षाओं को प्रसारित करें। अधिकतर लोग संस्कृतभाषी नहीं थे। प्राचीन समय से तमिल साहित्य में भी अनेक धार्मिक ग्रन्थ पाये जाते हैं। मध्ययुगीन काल में, भारत के प्रत्येक क्षेत्र से सन्तों और महात्माओं ने स्थानीय भाषाओं में अपनी शिक्षाओं का प्रचार-प्रसार किया। सम्भवत: इसका संस्कृत ग्रन्थों की तुलना में जनसाधारण पर अधिक प्रभाव रहा।

इन ग्रंथों का विस्तृत विवरण देना असम्भव है। इनमें से कुछ जानी-मानी शिक्षाएँ देश के अलग-अलग हिस्सों से आई हैं। इनमें सभी जातियों और समुदायों के सन्त और पुरुषों के साथ-साथ स्त्रियाँ भी सम्मिलित हैं। इसके अतिरिक्त तथाकथित निम्नजाति के धार्मिक आन्दोलनों का भी गुप्त प्रभाव था। इनमें बंगाल में बाउल, उत्तर भारत से रामानन्द सम्प्रदायी और कबीर पंथी, राजस्थान, गुजरात व महाराष्ट्र के सन्त, तमिल नाडू के अलवर और नयनार तथा अन्य क्षेत्रों के कुछ सन्त भी मिलते हैं। कुछ जाने-माने नामों में बंगाल से चैतन्य महाप्रभु, रामप्रसाद व कमलकांत; ओड़िसा से जयदेव तथा पाँच सन्त अथवा पंच सखा बलराम दास, जगन्नाथ दास, अच्युतानन्द दास, यशोबंत दास, सिसू अनन्त दास; असम से शंकरदेव तथा तुलसीदास, सूरदास, बिल्वमंगल, रामानन्द, कबीर, हरिदास, रविदास, मत्स्येंद्रनाथ और गोरखनाथ का नाम ले सकते हैं जिन्होंने अपनी प्रांतीय भाषाओं में लेखन किया जो आधुनिक हिन्दी के अग्र-दूत बने; राजस्थान से मीराबाई और दादू; गुजरात से नरसी मेहता; महाराष्ट्र से ज्ञानेश्वर, तुकाराम, नामदेव, एकनाथ और चोखामेला; कर्नाटक से बासवन्ना, पुरंदर दास, अक्का महादेवी, अल्लामा प्रभु और कनकदास; आंध्रप्रदेश से त्यागराज, योगी वेमन्ना, अन्नमाचार्य और रामदास; शैव परम्परा से तिरेसठ नयानार जैसे सन्त (जिनमें से चार सन्त–सुन्दरर, अप्पर, सम्बंदर तथा

मणिवक्कसागर विशेष रूप से पवित्र माने जाते हैं)। तमिल नाडू के वैष्णव सम्प्रदाय से जुड़े बारह अलवर तथा अन्य कई सन्त। विस्तृत सूची देना सम्भव नहीं है। इस सूची में गुरु नानक भी सम्मिलित किये जाते हैं, यद्यपि उन्होंने एक अलग सिक्ख धर्म की स्थापना की। निम्बार्क और वल्लभाचार्य ने संस्कृत में भक्ति ग्रन्थ रचे। पंजाब के बुल्ले शाह को भी भक्ति सन्तों में शामिल किया जाता है जबकि वे एक मुस्लिम थे। तीन महान दार्शनिक शंकर, रामानुज और माधवाचार्य भी भक्ति सन्तों की श्रेणी में आते हैं, हालाँकि उन्होंने संस्कृत में लेखन किया और शंकर ने भक्ति के बजाये ज्ञान मार्ग का उपदेश दिया। त्रैलंग स्वामी, सदाशिव ब्रहमेंद्र और अप्पया दीक्षितर जैसे सन्तों ने भी उपदेश नहीं दिया, उनकी पहल दार्शनिक रही। परिणामवश, वे भक्ति आन्दोलनों के अन्य सन्तों की तरह लोकप्रिय नहीं रहे।

भक्ति आन्दोलन से कुछ सूत्र वाक्यों की झलक से ही अनुमान लगाया जा सकता है कि यह इतना लोकप्रिय क्यों हुआ। कबीर कहते हैं

कबिरा जब पैदा हुए जग हँसा हम रोए। ऐसी करनी कर चलो हम हँसे जग रोग।।

(जब कबीर का जन्म हुआ, तो संसार हँसा और मैं रोया। ऐसे काम करो कि जब तुम्हारी मृत्यु हो, तो तुम हँसो और संसार रोए।)

माला फेरने के सन्दर्भ में कबीर कहते हैं:

माला फेरत जुग भया, फिरा न मन का फेर, कर का मनका डार दे, मन का मनका फेर।

(माला फेरते हुए लम्बा समय बीत गया परन्तु मन का भ्रम नहीं गया। अपने हाथों से माला फेरना बंद करो और अपने मन के मनके को फेरो (इस जगह 'मनका' शब्द 'मन का' के साथ-साथ 'मोती' के लिए भी प्रयुक्त हुआ है)।

पाहन पूजे हरि मिले, तौ मैं पूजूँ पहार।
ताते ये चाकी भली, पीस खाय संसार।

(यदि केवल एक पत्थर की प्रतिमा पूजने से मुझे भगवान मिल सकते हैं, तो मैं पहाड़ को पूजूँगा। इससे तो बेहतर यह होगा कि हम पत्थर की चक्की को पूजें, जिसका पीसा अनाज संसार खाता है (वे मूर्ति पूजा के विरोध में बोल रहे हैं।)

वे स्थानीय भाषा में जनसाधारण को अद्वैत पद देते हुए कहते हैं:

साहिब मेरा एक है, दूजा कहा न जाये
दूजा साहिब जो कहूँ, साहिब खड़ा रसाई

मेरा साहिब तो एक ही है। अगर मैं कह भी दूँ कि मेरा एक और साहिब भी है, तो भी वही साहिब अपनी लीला रच रहा है।

कबीर निर्गुण ईश्वर के उपासक थे। यद्यपि, अधिकतर सन्त निजी देवता अथवा इष्ट को पूजते थे। हमने कृष्ण, काली के रूप में दिव्य माँ तथा राम को पूजने वाले तीन सन्तों के उदाहरण दिये। मीरा कृष्ण की उपासिका थीं, एक राजकुमारी जिन्होंने अपने पति और राजसी जीवन का त्याग किया। कृष्ण मीरा से हज़ारों वर्ष पूर्व हुए। मीरा के कुछ पद आज भी गाए जाते हैं:

साँसों की माला पे सिमरूं मैं पि का नाम

(अपनी साँस रूपी माला पर मैं हमेशा अपने पिया का नाम ही सिमरती हूँ।)

इसके बाद वे संसार को सम्बोधित करती हैं:

अब किस्मत के हाथ है इस बंधन की लाज,
मैंने तो मन लिख दिया साँवरिया के नाम

(अब कृष्ण और मेरे सम्बन्ध की लाज या मान भाग्य के हाथ में है। मैंने अपना मन प्रभु के नाम लिख दिया है, समर्पित कर दिया है।)

हाथ छुड़ावत जात हो निर्बल जानके मोहे,
हिरदय में से जाओ तब मैं जानु तोहे

(तुम मुझे निर्बल जान कर मेरा हाथ छोड़ कर जा रहे हो। मेरे हृदय से निकल कर जाओ, तब मैं जानूँगी कि तुम समर्थ हो।)

कुछ लोगों का मानना है कि ये पद मीरा का नहीं, सूरदास का है। ये सभी पद दिखाते हैं कि वे जनसाधारण के बीच लोकप्रिय क्यों हुए क्योंकि इनमें भगवान के साथ निजी सम्बन्ध स्थाापित किया गया है।

रामप्रसाद दिव्य माता काली माँ के भक्त थे। उनके कुछ कथन और गीत मूलतः बंगाली में हैं, नीचे उनका अनूदित रूप दिया गया है। माता की पूजा करते हुए, अपनी मानसिक अवस्था का वर्णन करते हुए वे कहते हैं:

जब मैं अपनी माँ काली का नाम जपता हूँ तो मैं कोई साधारण मदिरा नहीं बल्कि अनन्त परमानन्द का आस्वाद देने वाली मदिरा का पान करता हूँ।

जिस तरह मीरा ने कृष्ण को चुनौती दी थी, उसी प्रकार रामप्रसाद माता काली को चुनौती देते हुए कहते हैं:

माँ, क्या मैं आठ महीनों में पैदा हुआ? ये लाल नेत्र मुझे भयभीत नहीं कर सकते। तुम्हारे ये कमल चरण ही मेरी संपदा हैं जिन्हें शिव अपने वक्ष पर धारण करते हैं। फिर भी जब मैं शरण माँगता हूँ तो तुम बहाने बना कर विलम्ब करती हो। मैंने आपके पति शिव द्वारा सत्यापित उपहार अपने हृदय में संजोया है; और अगर ऐसा करना पड़े तो आप पर भी मुकदमा करूँगा और उस एक तर्क से मैं जीत जाऊँगा।[1]

त्यागराज राम के भक्त थे जिन्होंने तेलुगू में अपने पद रचे। उन्होंने असंख्य गीत लिखे, जिन्हें आज भी शास्त्रीय संगीत समारोहों में गाया जाता है। वे अपने ऐसे ही एक गीत में, भगवान राम के प्रति भक्ति के उत्साह का वर्णन करते हुए कहते हैं:

हे राम, इससे अधिक आनन्द और क्या हो सकता है?

फिर वे निम्नलिखित शब्दों के साथ निष्कर्ष निकालते हैं:

तुम्हारे नाम जप से ही संसार दीप्तिमान हो उठता है।

एक और गीत में वे अपने ही मन को सम्बोधित करते हैं:

हे मन, तुम ही निर्णय लो, तुम्हें धन से प्रसन्नता मिलती है अथवा राम तुम्हें प्रसन्नता देते हैं?

एक और गीत में, वे दर्शन में गहरे उतरते हुए राम को सम्बोधित करते हैं, वे कहते हैं:

जिन ज्ञानियों के मन नियन्त्रण में हैं, उन्हें मन्त्रों की क्या आवश्यकता है, उन्हें तन्त्र क्या करने हैं? हे दशरथ पुत्र, राम! जो यह जानता है, वह देह नहीं है, तब उसे प्रायश्चित करने की क्या आवश्यकता है?

चूंकि ये गीत स्थानीय भाषाओं में रचे गये इसलिए वे उन प्रान्तों में बहुत अधिक लोकप्रिय हुए परन्तु अन्य प्रान्तों के लिए अज्ञात ही रहे। यद्यपि एक प्रकार, इससे बहुत अधिक अन्तर नहीं पड़ा क्योंकि ऐसे ही गीत अन्य भाषाओं में भी उपलब्ध थे। वास्तव में ऐसे गीतों की संख्या हज़ारों में है। वे भक्ति संगीत हैं और ऐसी भाषा में भक्त और भगवान के सम्बन्ध को प्रकट करते हैं जिसे कोई भी आसानी से समझ सकता है। वे प्रभु को स्वामी, मित्र, प्रिय, माता, पिता अथवा बालक के रूप में सम्बोधित करते हुए दिव्यता के साथ आत्मीय सम्बन्ध को रेखांकित करते हैं। इनमें कुछ ऐसे गहरे सत्य भी मिलते हैं जो महान दर्शनों में दिये गये हैं। सन्तों (महिलाओं व पुरुषों) द्वारा रचे गये गीत समाज के सभी वर्गों से हैं, इन्हें प्रबुद्ध माना गया। उनका भक्ति संगीत न केवल तब लोकप्रिय था बल्कि सदियों से लोकप्रिय बना हुआ और उसे आज भी गाया जाता है।

इन सन्तों का हिन्दू धर्म पर गहरा प्रभाव रहा। समाज में, इस विचार को सरलता से स्वीकार किया गया कि ईश्वर की उपासना या पूजा विविध रूपों में की जा सकती है। एक ईश्वर का उपासक यह स्वीकार करता है कि उसी भगवान को कोई दूसरा उपासक किसी दूसरे देवी या देवता के रूप में पूज सकता है। वही उपासक विविध देवताओं को पूज सकता है।

लोकप्रिय हिन्दू धर्म

वर्तमान में, हिन्दू धर्म दैनिक जीवन में विविध रूपों में फैला है। अन्य धर्मों की तरह, पूजा व उपासना के लिए औपचारिक स्थल हैं जिन्हें मन्दिर कहते हैं। शायद हर गाँव में एक मन्दिर है। हो सकता है कि उन्हें दिये गये नियमों के अनुसार न बनाया गया हो परन्तु वे स्थानीय आस्था तथा सुविधा के अनुसार बने होते हैं। अनेक घरों में छोटे मन्दिर होते हैं जिनमें उनके इष्ट देव अथवा कई सारे देवी-देवताओं को रखा जाता है और उनका नियमित पूजन होता है। कई बार किसी प्रवासी श्रमिक के छोटे से घर में देवी और देवताओं के चित्र भी देखे जा सकते हैं। अनेक लोगों के लिए अनुष्ठान और दैनिक कर्मकांड, धर्म का महत्त्वपूर्ण हिस्सा हैं। इनमें देवता का स्नान, पवित्र ग्रन्थों अथवा मन्त्रों का पाठ, उपवास तथा कई प्रकार के उत्सव मनाना शामिल होता है। प्राय: पूजन के दौरान प्रभु को नैवेद्य अथवा किसी विशेष उपहार का भोग लगा कर उसे प्रसाद व प्रभु के आशीर्वाद के रूप में लेने की भी परम्परा है। जीवन के अनेक महत्त्वपूर्ण अवसर विवाह तथा अन्तिम संस्कार आदि धार्मिक अवसर माने जाते हैं जिनमें पवित्र ग्रन्थों और मन्त्रों का पाठ होता है। हर देवता की पूजा के लिए शुभ दिन तथा व्रत आदि के लिए भी कुछ निश्चित मान्यताएँ हैं। *एकादशी* (पूर्ण चन्द्र या अमावस्या के बाद ग्यारहवाँ दिन) आदि के अवसर पर कुछ लोगों में व्रत रखने की परम्परा है। ये कर्मकांड उचित रूप से हों तो व्यक्ति को ईश्वर पर ध्यान लगाने में सहायता मिलती है। कई बार कोई नया कार्य आरम्भ करने तथा अशुभ दिन व मुहूर्त से बचाव के लिए ज्योतिष शास्त्र की सहायता ली जाती है। पवित्र मन्दिरों तथा तीर्थों में नियमित रूप से जाना भी आम है।

हालाँकि आपको ऐसे बहुत से और लोग मिलेंगे जो स्वभाव से ही ऐसे धार्मिक कृत्यों में रुचि नहीं रखते। यह भी स्वीकार्य है। कुछ लोग और अधिक तार्किक हैं, वे ईश्वर में विश्वास नहीं रखते या संशयवादी हैं। परन्तु उनमें से कुछ लोग सामाजिक और सांस्कृतिक कारणों से कुछ लोग कुछ रिवाजों का पालन कर सकते हैं। कई

लोग वह भी करने से इंकार कर देते हैं। यह सब किसी भी तरह के सामाजिक बहिष्कार के बिना स्वीकार होता है। एक ही परिवार में आपको अलग-अलग देवों को पूजने वाले, ईश्वर में विश्वास न रखने वाले और किसी अन्य दर्शन को स्वीकार करने वाले लोग मिलेंगे। अपने दृष्टिकोण या नज़रिए को त्यागे बिना, विभिन दृष्टिकोणों को स्वीकार करने का भाव मिलता है।

इन सबके अतिरिक्त कुछ ऐसा भी है जिसे लोक धर्म की संज्ञा दी जा सकती है। प्रमुख धर्म तथा लोक धर्म सदियों से परस्पर प्रभावित करते आये हैं। इस प्रकार, विभिन्न जनजातीय समुदायों तथा तथाकथित छोटी जातियों (जिन्हें बहिष्कृत किया गया था) के धार्मिक अभ्यास भी चलन में हैं। रीति-रिवाज, पूजा और देवता अलग-अलग हैं। उदाहरण के लिए, कुछ समय पहले तक, यही माना जाता था कि चेचक और दूसरे भयंकर रोग किसी देवी की देन थे। देवी को प्रसन्न करके ही व्यक्ति का रोग शांत हो सकता था। किसी स्थानीय देव या इष्ट के आवाह्न के साथ ही विवाह, अन्तिम संस्कार व अन्य समारोह मनाए जाते हैं।

भारत में जाति भी एक दूसरा यथार्थ है। इसके विषय में विविध दृष्टिकोण हैं। कुछ इसे नक़ारते हैं, कुछ जायज़ ठहराते हैं। कुछ जाति भेदभाव के कारण हिन्दू धर्म को अस्वीकार करते हैं। कुछ लोग कहते हैं कि मूल रूप से जाति जन्म से नहीं बल्कि व्यक्तिगत कौशल और स्वभाव से तय होती है। किसी एक समूह को जन्म के आधार पर विशेषाधिकार देना एक विकृति थी। यही समय के साथ-साथ और ठोस होती चली गयी। फिर कुछ लोग ऐसे भी हैं जो कहते हैं कि यह हिन्दू धर्म का अंग नहीं बल्कि एक सामाजिक अभ्यास है। यदि इसका कोई उद्‌देश्य नहीं तो इससे मुक्त हो जाना चाहिए।

उपनिषद, ब्रह्मसूत्र, छह दर्शन तथा बाद में आने वाले अन्य दर्शनों कहीं भी जाति का उल्लेख नहीं है। वेदों में जाति के इक्का-दुक्का सन्दर्भ मिलते हैं जैसे पुरुष सूक्तम्। मनु स्मृति जैसी स्मृति में जाति और इसकी विभिन्न भूमिकाओं का वर्णन मिलता है। भवगद् गीता में भी किसी दूसरी बात के दौरान जाति का संक्षिप्त उल्लेख आता है। अन्य लोग कई आदरणीय ऋषियों तथा अवतारों की ओर संकेत करते हैं जो ब्राह्मण नहीं थे। वेद व्यास, जिनके जन्म को सभी जातियों में समान रूप से गुरु पूर्णिमा के रूप में मनाया जाता है, वे एक मछुआरिन सत्यवती तथा महर्षि पाराशर की सन्तान थे। राम और कृष्ण, जो अवतारों के रूप में पूजे जाते हैं, वे ब्राह्मण नहीं क्षत्रिय थे। ऋग वेद का गायत्री मन्त्र, उपनयन संस्कार के समय छोटे लड़कों को दिया जाता है, उसका सम्बन्ध ऋषि विश्वामित्र से है, जो एक ब्राह्मण

के रूप में नहीं जन्मे थे। यह मन्त्र और संस्कार, एक विशेष समारोह में अविवाहित ब्राह्मण कुमारों को दिया जाता है। विश्वामित्र कठोर तप करके ब्रह्मर्षि बने। दस प्रधान उपनिषदों में छांदोग्यपनिषद सबसे अधिक सम्मान के योग्य है। यह ज्ञान एक युवक सत्यकाम जाबालि को दिया गया था जिसकी माता उसे बताती है कि वह नहीं जानती कि उसके पिता कौन थे। इस प्रकार, कहीं न कहीं यह सत्य है कि जाति मूल रूप से जन्म से नहीं बल्कि व्यक्ति के स्वभाव और उपलब्धि से तय होती थी। इतने विशालकाय साहित्य में, लगभग सभी दृष्टिकोणों के लिए स्पष्टीकरण मिलते हैं, जैसे हम विविध दर्शनों में पाते हैं।

सम्भवतः कुछ चीज़ें लोकप्रिय हिन्दू धर्म के लिए अनूठी हैं। एक अवधारणा है कि ईश्वर असंख्य रूपो में विद्यमान है। जिसके परिणामवश, ईश्वर की उपासना के सभी रूप स्वीकार्य हैं। एक ही व्यक्ति विभिन्न देवी-देवताओं को समर्पित विभिन्न मन्दिरों में दर्शन करने जाता है। यह प्रायः विचित्र तरीके से प्रकट होता है-किसी के निजी जीवन में रुढ़िवादी या कट्टर, परन्तु अन्य रूपों का पालन करने वालों के लिए उदार स्वीकृति। निजी स्तर, विभिन्न देवताओं, श्रद्धा और ज्ञान, साकार और निराकार परमात्मा आदि के प्रति भक्तिभाव में कोई सशक्त और सुस्पष्ट अन्तर नहीं है। दूसरी अवधारणा है कि सभी सजीवों के भीतर दिव्यता का वास है, हम सबमें आत्मा वास करती है। यह भी स्वीकार्य है कि आज भी इसका बोध पाया जा सकता है। प्रबुद्ध जन को किस प्रकार लिंग और जाति के भेदभाव से परे पूजा जाता है या आदर दिया जाता है, जिसे समझने के लिए देखना होगा। यही अतीत में हुए सन्तों और ऋषियों के लिए भी उतना ही सत्य, जो अन्य धर्मों, विश्वासों तथा विभिन्न पूजन पद्धतियों को अपनाने वाले थे और जो आज भी जीवित हैं। विवेकानन्द कहते हैं कि यहाँ तक कि एक राजा या राजनीतिक नेता तक संन्यासी के आने पर सम्मान में उठ खड़ा होता है। सही मायनों में, लोकप्रिय हिन्दू धर्म में ईश्वर की भक्ति में लीन साधु-सन्तों तथा साध्वियों को सबसे अधिक आदर दिया जाता है।

निष्कर्ष

कुछ सामान्य आधार

हिन्दू धर्म की सभी शाखाएँ वेदों तथा उपनिषदों के प्राधान्य को स्वीकार करती हैं। हिन्दू धर्म के विविध विचारों तथा दर्शनों में, कुछ अनिवार्य तत्त्व साझे हैं। एक अवधारणा यह है कि सर्वोच्च ईश्वर निराकार है और वही परम सत्य, ब्रह्म है। दूसरी अवधारणा के अनुसार, प्रत्येक सजीव के भीतर वह दिव्य चिंगारी अथवा आत्मा है। सभी इस बात पर सहमत हैं कि ब्रह्म चेतना और परमानन्द के समान है। केवल इस विषय में मतभेद हैं कि ब्रह्म क्या है और इसका आत्मा से क्या सम्बन्ध है। अद्वैत दर्शन के अनुसार, ब्रह्म ही परम यथार्थ है और हम मिथ्या बोध अथवा अज्ञान के चलते इस संसार तथा सजीवों को देखते हैं।

इसे माया कहते हैं, प्रकट न होने योग्य सिद्धान्त, जिसके कारण अस्थायी जगत का झूठा बोध ही वास्तविक लगता है। जिसका भी कोई आकार अथवा गुण है, वह सीमित है। इस प्रकार, ब्रह्म निराकार तथा गुण और विशेषताओं से हीन है। ज्ञान स्थापित करता है कि यह हमेशा ब्रह्म था और माया का लोप हो जाता है। आत्मा ब्रह्म के समान है। विशिष्टाद्वैत का एक और दृष्टिकोण है कि ब्रह्म संसार और सजीवों से गुण सम्पन्न है और इन पर व्याप्त है। ब्रह्म के अपने गुण हैं, यह संसार सत्य, यह मिथ्या अथवा माया नहीं है। तीसरा दर्शन द्वैत कहता है कि ब्रह्म संसार और सजीवों से भिन्न है। व्यक्तिगत आत्मा अनिवार्य रूप से ब्रह्म के समान नहीं परन्तु इसका प्रतिबिम्ब मात्र है। युगों से निर्गुण और सगुण ब्रह्म के विषय में विवाद होता आया है कि निर्गुण ब्रह्म में कोई गुण नहीं और सगुण ब्रह्म में गुण होते हैं। हालाँकि परमानन्द देने वाले ब्रह्म के अस्तित्व पर कोई विवाद नहीं, यह चैतन्य प्रकृति का है जो मोक्ष की ओर ले जाती है।

सुप्रसिद्ध वचन में इन्हीं विविध दृष्टिकोणों का समाधान प्रस्तुत किया गया है:

देहबुद्धया तु दासोऽस्मि जीवबुद्धया त्वदंशक:।
आत्मबुद्धया त्वमेवाहमिति मे निश्चिता मति:।।

(हे स्वामी, जब मैं अपना नाता इस देह से जोड़ता हूँ तो मैं तुम्हारा दास हो जाता हूँ। जब मैं व्यक्तिगत आत्मा से अपनी पहचान जोड़ता हूँ तो मैं तुम्हारा एक अंश हूँ। जब मैं आत्मा से अपनी पहचान जोड़ता हूँ तो मैं तुम्हारे समान हो जाता हूँ।)*

शरीर से पहचान जोड़ कर हम द्वैत की ओर जाते हैं, वैयक्तिक्ता से पहचान जोड़ने पर विशिष्टाद्वैत की ओर जाते हैं, और आत्मा से पहचान जोड़ने पर अद्वैत की ओर जा सकते हैं। इससे यह संकेत भी मिलता है कि वही व्यक्ति अलग-अलग समय पर, तीन अलग-अलग दर्शनों का अनुभव पा सकता है।

विवेकानन्द ने कहा, "रामकृष्ण परमहंस और मैंने यह दिखाना चाहा कि अनेक और एक, एक ही परम यथार्थ हैं, जिसे एक ही मन भिन्न-भिन्न समय पर भिन्न-भिन्न प्रवृत्तियों के साथ देखता है।"[1]

तो फिर विविध देवी-देवताओं के विषय में क्या कहेंगे? सभी सहमत हैं कि वे भी उसी ब्रह्म से उपजे हैं। अद्वैत ने तो यहाँ तक कहा है कि प्रयोगसिद्ध अनुभव के लोक में, ऐसे देवताओं का वास है, परन्तु वे ब्रह्म के प्रक्षेपण मात्र ही हैं।

एक और सामान्य विश्वास है कि जन्म और मृत्यु के चक्र से मुक्ति को ही मोक्ष, मुक्ति, निर्वाण या कैवल्य कहते हैं। यह केवल अवचेतन का अनन्त में लीन होना ही नहीं, बल्कि परमानन्द और ज्ञान का स्रोत भी है। व्यक्तिगत जीवन ही मोक्ष प्राप्त करता है। दर्शन की विभिन्न शाखाओं ने मोक्ष की प्रकृति का वर्णन भिन्न-भिन्न तरह से किया है। अद्वैत के अनुसार, मोक्षप्राप्त जीव ब्रह्म से एकाकार हो जाता है और उसका पुन: जन्म नहीं होता। विशिष्टाद्वैत के अनुसार, जीव पुनर्जन्म से मुक्त होता है। वह स्थायी रूप से वैकुंठ में रहते हुए, अनन्त परमानन्द का भोग करता है परन्तु ब्रह्म से अलग रहता है (जो गुण सहित निजी ईश्वर है) हालाँकि वह सार रूप में उसके समान होता है। द्वैत के अनुसार, मोक्ष प्राप्त जीव परमानन्द प्राप्त करता है परन्तु उसके परमानन्द का स्तर, उसकी कमाई के अनुसार होता है। ऐसा जीव विष्णु के समान नहीं होता, परन्तु उसकी छाया मात्र होता है। द्वैत के अलावा सभी दर्शन यह मानते हैं कि अन्तत: हर किसी को मोक्ष मिलता है, भले ही उसे यह मोक्ष पाने के लिए कितने भी जन्म क्यों न लेने पड़ें।

मोक्ष की अवधारणा के साथ-साथ कर्म और पुनर्जन्म की आस्था भी आते हैं। ये विचार अन्य भारतीय धर्मों जैसे जैन धर्म, बौद्ध धर्म और सिक्ख धर्म में भी

* ईसाई धर्म में, 'मेरा पिता जो स्वर्ग में है', वह द्वैत है। 'मैं बेल हूँ और तुम मेरी शाखाएँ हो', यह विशिष्टाद्वैत के समान है, और 'मेरे पिता और मैं एक हैं' अद्वैत के समान है।

पाये जाते हैं।* अज्ञान, मोह तथा अधूरी इच्छाएँ जीव को पुनर्जन्म की ओर ले जाते हैं। प्रायः मोक्ष पाने के लिए मनुष्य के जन्म को अनिवार्य माना जाता है। जीव के पास मोक्ष प्राप्त करने का अवसर होता है। अनुभव के अनेक जीवनकालों के बाद, व्यक्तिगत जीव यह सोचने लगता है कि यह सब क्या है, वह कुछ खोजने लगता है और फिर अपने मोक्ष के लिए अग्रसर होता है।

हिन्दू धर्म में ईश्वर के अवतार की अवधारणा अद्वितीय है, ईश्वर के अनेक अवतार हो चुके हैं और अभी और कई अवतार आने बाकी हैं।* अपनी पसन्द के अवतार के प्रति भक्ति और उनकी शिक्षाओं का पालन, हिन्दू धर्म का वैद्य अंग है। हालाँकि ऐसा करने की विवशता नहीं है, व्यक्ति स्वयं अपना मार्ग तय कर सकता है।

हालाँकि ग्रन्थों में यह स्पष्ट तौर पर नहीं कहा गया, यह सर्वसम्मति से स्वीकृत है कि एक प्रबुद्ध गुरु किसी व्यक्ति के धार्मिक या आध्यात्मिक जीवन में सहायक हो सकते हैं। यह विश्वास निहित है कि कोई भी प्रबुद्ध हो सकता है।

सारांश

पवित्र ग्रन्थों की संख्या इतनी अधिक है कि उन सबका वर्णन इस छोटी परिचायक पुस्तक में देना सम्भव नहीं था। इनमें विविध विषय और प्रसंग शामिल हैं, जिनमें अवतरित ग्रन्थों से ले कर तत्त्वमीमांसा और तर्क पर आधारित दर्शन, जीवन को लक्ष्य तक ले जाने वाले और यहीं और अभी श्रेष्ठ बनाने में सहायक अनेक अभ्यास और कर्मकांड उल्लेखनीय हैं। इसके अतिरिक्त धर्मनिरपेक्ष विषयों पर भी अनेक ग्रन्थ हैं जिन्हें व्याकरण, चिकित्सा, कला, संगीत व ज्योतिष आदि को सम्मिलित कर सकते हैं। ये ग्रन्थ पद्य, गद्य, श्लोकों तथा सूत्रों के रूप में लिखे गये हैं। ब्रह्माण्ड की मूल उत्पत्ति, ब्रह्माण्डीय चक्र, देवताओं के प्रसंग, मनुष्यों के प्रसंग, महाकाव्य, किंवदंतियाँ तथा मिथक आदि भी इस विपुल साहित्य के अंग हैं।

वेद, उपनिषद सहित प्रकाशित ग्रन्थ हैं–श्रुति। ब्रह्म सूत्र प्रकाशित ग्रन्थों के लिए एक व्यवस्थित आधार प्रदान करते हैं। दर्शन ऐसे ग्रन्थ हैं जिनमें सत्य, ईश्वर, मनुष्य, ब्रह्माण्ड और उनके बीच सम्बन्ध की प्रकृति को सम्बोधित किया गया है।

---

* बाइबिल में जॉन द बैपटिस्ट का सन्दर्भ आता है, जो एक और प्राचीन पैगंबर एलीज़ा का पुनर्जन्म थे।

* यह विज्ञान का समरूप है जहाँ अनेक वैज्ञानिक हैं। प्रकटीकरण और ईश्वर का अवतार के रूप में आना, केवल कुछ व्यक्तियों तक सीमित नहीं है।

भगवद् गीता ऐसा अनूठा ग्रन्थ है जिसका उपदेश अवतार कृष्ण ने दिया, जो हिन्दू धर्म का आधार ग्रन्थ है। वेद, ब्रह्म सूत्र तथा भगवद् गीता प्रस्थान त्रय, अर्थात तीन पवित्र ग्रन्थों के रूप में जाने जाते हैं। परवर्ती स्मृतियाँ धर्म के लिए दिशा निर्देश देती हैं, जीने का उचित तरीका। पुराण विविध निजी देवी, देवताओं, मिथकों, किंवदंतियों और नायकों का परिचय देते हैं और धर्म को एक लोकप्रिय स्पर्श देने के अतिरिक्त कुछ गहन आध्यात्मिक सत्यों का ज्ञान भी करवाते हैं। अगम शास्त्र अधिक गुह्य हैं और आध्यात्मिक पथ पर आगे चलने के लिए मन्त्र, अनुष्ठान प्रतीकों का प्रयोग करते हैं। इतिहास अर्थात रामायण और महाभारत, ऐतिहासिक घटनाओं के महाकाव्य हैं जिनमें रोचक कहानियाँ और धार्मिक, नैतिक और नीति सम्बंधी शिक्षाएँ दी गयी हैं। ये महाकाव्य दो अवतारों, राम और कृष्ण पर आधारित हैं। परवर्ती दर्शन, ब्रह्म सूत्रों और उपनिषदों के सूत्रों का विस्तृत वर्णन करते हुए; सत्य की प्रकृति, ईश्वर, सजीवों तथा जगत के विषय में विभिन्न सिद्धान्त देते हैं। जीवन के लक्ष्य तक जाने के व्यावहारिक उपाय विविध ग्रन्थों में फैले हैं। इनमें से कुछ उपाय गुरु-शिष्य परम्परा से आगे बढ़ाए जाते हैं।

इनमें से प्रत्येक ग्रन्थ–वेद, उपनिषद, ब्रह्म सूत्र, भगवद् गीता, पुराण, स्मृतियाँ, आगम शास्त्र, छह आरम्भिक दर्शन तथा परवर्ती दर्शन सुदीर्घ अध्ययन की मांग करते हैं। इसके अतिरिक्त, अन्य ग्रन्थ भी हैं जिन्हें परम्परानिष्ठ रूप से वगीकृत नहीं किया गया परन्तु वे भी पवित्र माने जाते हैं जैसे विविध प्रकार की गीताएँ और त्रिपुरा रहस्य, अध्यात्म रामायण और योग वशिष्ठ। वे संवादों, प्रसंगों, काव्य और सरल भाषा के माध्यम से वेदान्तिक सत्यों का वर्णन करते हैं। यह सम्भव नहीं कि किसी एक व्यक्ति ने सभी पवित्र ग्रन्थों का अध्ययन-मनन किया हो।

सत्य को जानने के लिए विविध मार्ग सुझाए गये हैं जिनमें ज्ञान, भक्ति, कर्म योग, मन का नियन्त्रण (ध्यान पर आधारित राजयोग) आदि सम्मिलित हैं। कुछ लोग व्याख्या करते हैं कि ये हमारे व्यक्तित्व के विविध पक्षों के लिए उपयुक्त हैं। ज्ञान में चिंतन क्षमता का प्रयोग होता है, भक्ति अनुभूति को लुभाती है, कर्म योग काम करने की योग्यता से जुड़ा है और योग अथवा ध्यान संकल्प शक्ति से सम्बन्ध रखता है। सम्भवत: इसके पीछे यही सोच रही होगी कि अगर इन सभी क्षमताओं को बढ़ाया जा सके तो हम जीवन का उच्चतम उद्देश्य पा सकते हैं।

यह भी स्वीकार किया गया है कि प्रत्येक व्यक्ति मोक्ष में रुचि नहीं रखता। यहाँ विविध अनुष्ठान और रीति-रिवाज सुझाए गये हैं, जिनमें से कुछ इतने विस्तृत हैं कि उन्हें पूरा करने में कई दिन लगते हैं और कई कतिपय निश्चित अनुशासनों के साथ

निभाए जाते हैं। हालाँकि ये इस रूप में नहीं दिये गये कि 'क्या करें अथवा न करें'। व्यक्ति स्वयं ही इनका चुनाव करता है। हर प्रकार की प्रवृत्ति स्वीकृत है जिसमें निजी कल्याण के लिए देवता की पूजा करने वाले, कष्ट में सांत्वना, सम्पन्नता, सेहत, संपदा व परिवार आदि की खोज करने वाले, धार्मिक सद्‌गुण अर्जित करने वाले तथा मोक्ष की खोज करने वाले शामिल हैं। हिन्दू धर्म कहता है कि ईश्वर सबको स्वीकार करता है और भक्त की प्रवृत्ति के अनुसार ही प्रत्युत्तर देता है। जो किसी भी निजी देवता की उपासना नहीं करते परन्तु सत्य, शान्ति या मोक्ष की खोज में हैं, वे भी स्वीकृत हैं। नास्तिक और अनीश्वरवादी भी स्वीकृत हैं। अन्य धर्मावलम्बियों की भी निंदा नहीं की जाती।* सामान्यत: हिन्दू चिंतन परम्परा में ऋषि-मुनियों और विवेकवान व्यक्तियों का आदर होता है, उन्हें पूरा मान दिया जाता है।

ईश्वर का विचार अथवा संकल्पना व्यक्ति पर छोड़ी गयी है। ईश्वर निर्गुण, निराकार, लक्षण रहित, निराकार ब्रह्म, सगुण परन्तु निराकार, सगुण व साकार अथवा विविध देवी-देवताओं में से कोई भी हो सकता है, जिसका पूजन कर सकते हैं। हाल ही के समय में, श्री रामकृष्ण जी ने लक्ष्य किया कि स्पष्टत: विरोधाभासी दिखने वाले इन विचारों का समाधान कैसे कर सकते हैं। उन्होंने कहा कि उत्तरी ध्रुव पर बर्फ कभी नहीं पिघलती। ठीक उसी तरह, भक्तों के प्रेमवश हो कर निराकार, साकार रूप धारण करते हैं। जब ज्ञान का सूर्य उदित होता है तो बर्फ पिघलने से हर वस्तु निराकार हो जाती हैं परन्तु निराकार और साकार; दोनों ही रूप उस परम यथार्थ से उपजे हैं।

हिन्दू धर्म में कोई एक दर्शन अथवा शिक्षा नहीं है। इसका कोई संस्थापक नहीं है। इसे पहली बार देखने वाला विस्मित हो सकता है। यद्यपि, सम्भवत: मनुष्य के स्वभाव और विविधता को देखते हुए, हिन्दू धर्म ने बहुत पहले ही विभिन्न व्यक्तियों के लिए अलग-अलग मार्गों और उपायों की आवश्यकता को जान लिया होगा। सब एक ही ढांचे में नहीं समा सकते। हिन्दू धर्म नास्तिकों या पापियों की भी निंदा नहीं करता कि सदा के लिए नरक में रहेंगे। यह सभी आस्थाओं से जुड़े लोगों को आशा का संदेश देता रहा है। वेद, सर्वाधिक प्राचीन तथा ग्रन्थों में सर्वाधिक पवित्र माने गये हैं, वे घोषणा करते हैं कि केवल वेदों का ज्ञान प्राप्त करना ही पर्याप्त नहीं है।

---

* अनेक हिन्दू अन्य धर्मावलम्बियों के तीर्थस्थलों के दर्शन करने जाते हैं, कई बार ये भारी संख्या में होते हैं। वे उस धर्म से नहीं, उस सन्त अथवा महात्मा विशेष से आकर्षित हो कर उस ओर जाते हैं। यह स्वीकृति भी सम्भवत: हिन्दू धर्म की उस प्रकृति की देन है जिसमें अनेक देवी, देवता, ऋषि, मुनि और दार्शनिक सम्मिलित हैं।

इसने यहाँ तक कहा है कि मनुष्य के जीवन के लिए वेदों पर विश्वास होना अनिवार्य नहीं है। जिस भी मार्ग का गम्भीरता से पालन होगा, वह उसी लक्ष्य की ओर ले जायेगा। ऋगवेद के दो प्रसिद्ध कथन, सत्य की पड़ताल की भावना का मूर्तिमान रूप हैं जो हिन्दू धर्म का सार है और आज यानी वर्तमान में भी प्रासंगिक हो सकता है।

एकं सद्विप्रा बहुधा वदन्ति

इसका अनुवाद कर सकते हैं: 'सत्य एक है, विवेकवान इसे विविध नामों से पुकारते हैं'।

आ नो भद्राः क्रत्वो यन्तु विश्वतः

(सभी दिशाओं से उत्तम विचार मेरी ओर आयें)

एक ही सत्य तक विभिन्ना मार्गों से पहुँचा जा सकता है और हमें उस लक्ष्य तक ले जाने में सहायक सभी उत्तम विचारों का स्वागत है।

शब्दकोश

- आत्मा–प्रत्येक सजीव के भीतर बसने वाला स्व, जो सचेत और दिव्य है।
- आगम–ऐसे धर्म ग्रन्थ जिनमें कर्मकांड, मन्दिरों के निर्माण, यंत्र व प्रतीक आदि की जानकारी दी गयी है।
- अहंकार–अहं
- ब्राह्मण–मूलः विस्तृत, विस्तारशील, सर्व-व्यापी। उस परम यथार्थ की ओर संकेत, जो अस्तित्व, ज्ञान और परमानन्द की प्रकृति रखता है।
- चित्: चेतना और ज्ञान
- चित्त–मानसिक संस्कारों का भंडार, जिसे मन से सम्बन्धित उपादान भी कहते हैं।
- दर्शन–शाब्दिक तौर पर, 'देखना'; दर्शन शास्त्रों का सूचक भी है।
- देव–शाब्दिक तौर पर, 'प्रकाशमान', विविध देवताओं का सूचक, विशेष रूप से वेदों में वर्णित।
- धर्म–जो समर्थन देता है; धर्म, आचरण, कर्तव्य
- गुण–योग्यता; सत्व गुण शान्त है, रजस सक्रिय और ऊर्जान्वित है, तमस् नीरस है।
- गुरु–अध्यापक; शाब्दिक तौर पर, 'जो अंधकार या अज्ञानता को दूर करता है'।
- ईश्वर–ईश या भगवान, तथा वर श्रेष्ठ। उस परम पिता की ओर संकेत।
- जप–निश्चित वर्णों या मन्त्रों को जपना।
- ज्ञान–ज्ञान। इसे इन्द्रियों, तर्क,सहज ज्ञान अथवा आध्यात्मिक प्रकटीकरण से प्राप्त ज्ञान के रूप में लिया जा सकता है।
- कर्म–कर्म करना; यह वैदिक कर्मकांडों के अतिरिक्त, कर्म करने तथा मन पर कर्म के प्रभाव का भी सूचक है।
- मन्त्र–शब्द की ध्वनि अथवा मन्त्रोच्चार; जो मन की रक्षा करता है।

- माया–माया
- निराकार–आकार से रहित; निराकार ब्रह्म का अर्थ है, 'बिना आकार के परम यथार्थ'।
- निर्गुण–गुणों से रहित; निर्गुण ब्रह्म का अर्थ है, 'बिना गुण के परम यथार्थ'।
- ॐ–रहस्यमयी वर्ण; यह सम्पूर्ण ब्रह्माण्ड और समय की नित्यता का सूचक है और फिर भी इन दोनों से परे है; यह एक मन्त्र भी है।
- पुरुष–सबके भीतर समाई चेतना या सजगता; इसे आत्मा भी कहते हैं।
- शब्द–शब्द; यह प्रायः धर्मग्रन्थों के पवित्र श्लोकों का सूचक होता है।
- साधना–कुछ प्राप्त करने के साधन; यह अपने-आप में कुछ प्राप्त करने का भी सूचक है।
- साकार–आकार सहित
- सगुन–गुण सहित; सगुन ब्रह्म का अर्थ है, 'गुण सहित परम यथार्थ'
- समाधि–प्रबोध, महा-चेतना, अन्तिम अवस्था जिस तक ध्यान के माध्यम से पहुँच सकते हैं।
- सनातन–शाश्वत और नित्य; सनातन धर्म का शाब्दिक अर्थ है, 'शाश्वत धर्म', अब जिसे हिन्दू धर्म कहा जाता है।
- संन्यास–त्याग करना। एक संन्यासी भिक्षु होता है और संन्यासिनी भिक्षुणी होती है।
- शास्त्र–धर्म ग्रन्थ
- सिद्धान्त–एक नियम अथवा दर्शन
- सूत्र–संक्षिप्त सूक्ति अथवा छन्द जो प्रायः गहन विचार प्रकट करता है।
- उपनिषद–वेदों के अन्त में मिलने वाले ग्रन्थ; जिन्हें प्रकट ग्रन्थ या श्रुति कहा गया है।
- वेद–आरम्भिक पवित्र ग्रन्थ; वे चार हैं-ऋग, यजुर, साम और अथर्व वेद–इनमें ही उपनिषद भी शामिल हैं।
- वेदान्त–शाब्दिक अर्थ, वेदों का अन्त अथवा लक्ष्य। उपनिषद सामूहिक रूप से वेदान्त कहलाते हैं। वेदान्त सूत्रों पर आधारित दर्शन तन्त्र भी वेदान्त कहलाता है।

विद्या-ज्ञान

योग–'युज्' शब्द से लिया गया अर्थात 'जोड़ना'; व्यक्तिगत आत्मा के साथ दिव्यता के मिलन की ओर संकेत करता है।

टिप्पणियाँ

1: वेद

1. ऋषि या द्रष्टा, 'मन्त्र द्रष्टा' या फिर 'जो पवित्र मन्त्रों को देखता है' कहलाता है। इस जगह सुनना (श्रुति) तथा देखना (मन्त्र द्रष्टा); दोनों ही प्राकट्य से जुड़े हैं। एक जाना-माना सदंर्भ मूसा का दिया जा सकता है जिन्होंने एक जलती हुई झाड़ी देखी और परमात्मा की आवाज़ सुनी। यद्यपि ओल्ड टेस्टामेंट में 'देखने और सुनने' शब्द का प्रयोग हुआ है, परन्तु इसे प्राकट्य माना जाना चाहिए।

2. बौद्ध और जैन धर्म वेदों की अन्तिम सत्ता स्वीकार नहीं करते। हालाँकि ये महान धर्म भारत से हैं परन्तु ये परम्परानिष्ठ हिन्दू धर्म का भाग नहीं हैं जो प्राय: उन्हें नास्तिक (शाब्दिक अर्थ, जो वेदों को स्वीकार नहीं करता) के रूप में वगीकृत करता है। भगवद् गीता में, वेदों के अनुष्ठान सम्बंधी अथवा कर्म कांडों के सन्दर्भ मिलते हैं। गीता कहती है कि जो लोग कर्म कांड का पालन करते हैं, वे अपने कर्मों का फल पायेंगे, इस जन्म में और जीवन के बाद भी उसका आनन्द लेंगे और फिर से जन्म लेंगे। पर जो लोग गीता की शिक्षाओं का पालन करेंगे, वे उनसे परे होंगे और अन्तत: मोक्ष को प्राप्त करेंगे। हालाँकि, यहाँ तक कि गीता भी नहीं कहती कि वैदिक कर्मकांडों का पालन करना निरर्थक है।

3. स्वामी विवेकानन्द, वेदान्त इन इट्स एप्लीकेशन टू इंडियन लाइफ, कंप्लीट वर्क्स, वॉल्यूम 3

   https://www.ramakrishnavivekananda.info/vivekananda/volume_3/lectures_from_colomo_to_almora/vedanta_in_its_applications_to_indian_life.htm.

4. कुरान में 7,000 से कम आयते हैं। ओल्ड टेस्टामेंट में 23000 छन्द हैं और न्यू टेस्टामेंट में 7, 500 छन्द हैं। बौद्ध धर्म के विभिन्न संस्करणों के अनुसार, बौद्ध ग्रन्थों की विशालता के विषय में कोई सटीक जानकारी नहीं मिलती। यद्यपि हम सभी हिन्दू ग्रन्थों को कुल मिला कर देखें तो वे बहुत बड़े हैं। उदाहरण के लिए, कुल मिला कर, पुराणों में ही कम से कम 400,000 श्लोक हैं। इसके अलावा, स्मृतियाँ, वेदांग, इतिहास, आगम शास्त्र तथा छह दर्शन आदि ग्रन्थ भी हैं। सिक्खों के पवित्र ग्रन्थ गुरु ग्रन्थ साहिब में लगभग 6,000 छन्द हैं

5. विभिन्न परम्पराओं में, अनेक व्यक्तियों का अनुभव रहा है कि धर्मग्रन्थों को सुनने, पढ़ने अथवा उन पर मनन करने से मन को शान्ति मिलती है, इनमें आरोग्यकारी शक्ति भी पाई जाती है। शरीर, स्नायु और मस्तिष्क सम्बंधी समकालीन शोधों ने भी इसका समर्थन किया हैं उदाहरण के लिए; नॉरमन डोज की पुस्तक, *द ब्रेन देट चेंजिस इटसेल्फ* (पहला प्रकाशन, वाइकिंग पेंगुइन, यूएसए 2007) देखें। डोज एक सुप्रशिक्षित चिकित्सक हैं जो ग्रेगोरियन मन्त्रों के मन्त्रोच्चार से उत्पन्न आरोग्यकारी प्रभावों को दर्ज करते हैं, जिन्हें प्राय: कैथोलिक गाते हैं। कुरान के बारे में भी ऐसी ही धारणा है और इसकी आयतें पढ़ने और सुनने वालों ने भी ऐसे ही अनुभव दर्ज किये हैं। उसी प्रकार देह और मन को शान्त करने के लिए वैदिक मन्त्रों का भी ऐसा ही प्रभाव रहा है।

6. आधुनिक समय में, गणित के जाने-माने जीनियस श्रीनिवास रामानुजन प्राय: कहते थे कि गणित के समीकरण, देवी नामगिरी के माध्यम से उन पर प्रकट हुए। प्राचीन वैदिक व्याख्या के अनुसार, गणितीय तथ्य हमेशा से उपस्थित थे और रामानुजन ने अपने तपस् और सहज ज्ञान के बल पर उनकी खोज की। आधुनिक मनोविज्ञान के अनुसार, उनकी आस्था ने उन्हें यह विश्वास दिलाया कि उन्होंने अपने सहज ज्ञान और परिश्रम से गणितीय सत्य प्रकट किये, वे वास्तव में देवी की कृपा से प्राप्त हुए थे। आज भी वही पारंपरिक विश्वास चला आ रहा है, यही माना जाता है कि वे गणितीय समीकरण देवी नामगिरी की कृपा का फल थे। यह ध्यान देने योग्य बात है कि रामानुजन, देवी पर अटूट विश्वास रखने के बावजूद, अपनी मृत्यु के अन्तिम क्षण तक गणित अनुसंधान के विषय में कड़ा परिश्रम करते रहे। एक विख्यात अ-हिन्दू गणितज्ञ ने जांच में पाया कि रामानुजन के गणितीय समीकरण बिल्कुल सही थे।

7. स्वामी विवेकानन्द, द एसेंस ऑफ रिलीजन, इन कंप्लीट वर्क्स, भाग-8 निम्नलिखित पर उपलब्ध:

https://www.ramakrishnavivekananda.info/vivekananda/volume_8/ notes_of_class_talks_and_lectures/the_essence_of_religion.htm

8. बृहदारण्यक उपनिषद (2.4.10) कहते हैं कि वेद ईश्वर की श्वास अथवा निश्वासितम् हैं।

9. श्री चन्द्रशेखर सरस्वती, द वेदाज़ (मुंबई: भारतीय विद्या भवन, 1998), 49

10. स्वामी विवेकानन्द, सेइंग्स एंड अटरेंसिस इन कंप्लीट वर्क्स, भाग-5 निम्नलिखित पर उपलब्ध:

https://www.ramakrishnavivekananda.info/vivekananda/volume_5/sayings and utterances.htm

11. दोहरे यजुर्वेद के बारे में परवर्ती पौराणिक प्रसंग मिलते हैं। हालाँकि वेदों में इनका कोई सन्दर्भ नहीं मिलता। एक पौराणिक गाथा के अनुसार, सबसे पहले कृष्ण यजुर्वेद, महर्षि याज्ञवल्क्य पर अपने गुरु वैशम्पायन की द्वारा प्रकट किया गया। कुछ विवादों के कारण, गुरु ने शिष्य से वेद लौटाने को कहा। शिष्य ने गुरु के निर्देश की वैद्यता स्वीकारी और वेद का ज्ञान लौटा दिया। मूल संस्करण कृष्ण यजुर्वेद कहलाता है। फिर याज्ञवल्क्य ने सूर्य देवता को अपने साथ सम्मिलित किया जिन्होंने शुक्ल यजुर्वेद प्रकट किया।

12. मन्त्र की परिचर्चा निम्नलिखित पर उपलब्ध है:

https://Sanskrit.org/gaytrimantra/.

13. गॉस्पल ऑफ श्रीरामकृष्ण, निम्नलिखित पर उपलब्ध है:

https://www.ramakrishnavivekananda.info/gospel.htm

14. 'भौतिकी के सिद्धान्तों के अनुसार, यदि हम बिग बैंग के एक क्षण बाद ब्रह्मांड को देखते तो हमें न्यूट्रॉन, प्रोटॉन, इलेक्ट्रॉनों, एंटी-इलेक्ट्रॉन, फोटॉन और न्यूट्रिनों का 10 अरब डिग्री का समुद्र दिखाई देता। फिर, जैसे-जैसे समय बीतता जाता, हम देखते कि ब्रह्मांड ठंडा हो रहा है, न्यूट्रॉन या तो प्रोटॉन और इलेक्ट्रॉनों में विघटित हो रहे हैं या प्रोटॉन के साथ मिलकर ड्यूटेरियम (हाइड्रोजन का एक आइसोटोप) बना रहे हैं। जैसे-जैसे यह ठंडा

होता गया, अन्ततः यह उस तापमान तक पहुँच गया जहाँ इलेक्ट्रॉन नाभिक के साथ मिलकर तटस्थ परमाणु बनाते हैं। इस पुनर्संयोजन के घटित होने से पहले, ब्रह्मांड अपारदर्शी रहा होगा क्योंकि मुक्त इलेक्ट्रॉन ने प्रकाश को उसी तरह बिखेर दिया होगा जिस तरह बादलों में पानी की बूँदों से सूर्य का प्रकाश बिखरता है। लेकिन जब मुक्त इलेक्ट्रॉनों को अवशोषित करके तटस्थ परमाणु बनाए गये, तो ब्रह्मांड अचानक पारदर्शी हो गया। वही फोटॉन-बिगबैंग के बाद की चमक जिसे कॉस्मिक बैकग्राउंड रेडिएशन के रूप में जाना जाता है-आज भी देखे जा सकता है।' देखें:

https://science.nasa.gov/astrophysics/focus-areas/what-powered-the-big-bang.

शायद नासदीय सूक्तम में सलिलम शब्द किसी आदिम पदार्थ को सन्दर्भित करता है, जिसे हम अंग्रेजी में 'पानी' और 'धुंध' के रूप में अनुवादित करते हैं।

2. उपनिषद अथवा वेदान्त

1. भारत के बाहर एक जान-माना उदाहरण मूसा का है जिन्होंने जलती हुई झाड़ी देखी (जो जल नहीं रही थी) और ईश्वर की वाणी को सुना।
2. स्वामी परमानन्द, केन उपनिषद। निम्नलिखित पर उपलब्ध:

   https://www.hinduwebsite.com\sacredscripts\hinduism\parama\kena.asp
3. तेजोबिन्दु उपनिषद, अध्याय-3, कृष्ण यजुर्वेद
4. तैत्तिरीय उपनिषद, कृष्ण यजुर्वेद
5. स्वामी विवेकानन्द, वैदिक रिलीजियस आइडियल्स, इन कंप्लीट वर्क्स, भाग-1

   निम्नलिखित पर उपलब्ध:

   https://www.ramakrishnavivekananda.info/vivekananda/volume_1/lectures_and_discourses/vedic_religious_ideals.htm.
6. स्वामी विवेकानन्द, 'गॉड इन एवरीथिंग', इन कंप्लीट वर्क्स, भाग- 2

   निम्नलिखित पर उपलब्ध:

https://www.ramakrishnavivekananda.info/vivekananda/volume_2/jnana-yoga/god_in_everything.htm

7. 'ॐ' ध्वनि के लिए सन्दर्भः मांडूक्य उपनिषद ओमित्येतदक्षरमिदं सर्वं; 'ॐ इत्येदत् अक्षरम् इदम् सर्वं; अथवा ॐ अनश्वर है और सब कुछ है।' तैत्तिरीय उपनिषद, 'ॐ इति ब्रह्मः, ॐ इतिदम् सर्वं' अथवा 'ॐ ब्रह्म है'। कठ उपनिषद, एतद्धयेवाक्शरं ब्रह्म...' अथवा यह अनश्वर ॐ ब्रह्म है'। प्रश्न उपनिषद, एतद्वै सत्यकाम परं चापरं च बह्म यदोङ्कारः अथवा 'हे सत्यकाम्, यह ओंकार ही निःसंदेह परब्रह्म है और यही अपर ब्रह्म भी है।' मुंडक उपनिषद, ओमित्येवं ध्यायथ आत्मानं, 'ओम् की सहायता से आत्मा पर ध्यान करो।'; मैत्री उपनिषद, 'ॐ इत्येवम् ध्यायत्' अथवा 'ओम के माध्यम से आत्मा पर ध्यान करो।' छांदोग्य उपनिषद, ॐ ही वास्तव में सब है।'

8. प्रकाश के लिए सदंर्भः ईशा उपनिषद, 'हिरण्मयेन पात्रेण सत्यस्यापिहितं मुखम्'। सत्य के पात्र का मुख सोने से ढका हुआ है। 'रश्मिन् समूह तेजः'। 'उज्जवल प्रकाश की किरणें'। मुंडक उपनिषद, 'हिरण्यमये परे कोशे'। 'उस परम हिरण्यमय कोश से परे में।' और 'ज्योतिसम् ज्योति', 'प्रकाशों का प्रकाश'। इसके अतिरिक्त, 'अवीह संहितिम् गुह्यचरम् नमः' 'यह दीप्तिमान और हृदय में है।' और तद् दिव्यम् अचिंत्य रूपम्', 'वह ब्रह्म आत्म-दीप्तिमान और विचार से परे है।' प्रश्न उपनिषद, 'सहस्र रश्मि', 'हज़ार किरणें'। इसके अतिरिक्त, 'ज्योर्तिएकम, 'एक प्रकाश'। तैत्तिरीय उपनिषद, 'अमृतो हिरण्यमय', 'वह अमरता दीप्तिमान है।'

9. हृदय में आत्मा के सन्दर्भः मुंडक उपनिषद, अन्तः शरीरे ज्योतिर्मयो हि शुभ्रो, 'इस देह के भीतर विशुद्ध प्रकाश है।' प्रश्न उपनिषद, 'हृदि एषः आत्मा', 'यह आत्मा हृदय में रहती है।', इहैव अन्तः शरीरे सौम्य सा पुरुषः', 'हे सौम्य, इसी शरीर में, यह पुरुष है।' तैत्तरीय उपनिषद, 'सा य एषः अन्तर हृदय आकाश', 'वह आत्मा हृदय क्षेत्र में है।' कठ उपनिषद, 'आत्मा अस्य जांर्तो निहितो गुह्यम्' 'आत्मा सभी सजीवों के हृदय में वास करती है।', 'अंगुष्ठ मात्रा पुरुषो अन्तर आत्मा', शरीर में अंगूठे के आकार जितनी आत्मा का वास है।' ऐत्तरेय उपनिषद, 'एतम् व पुरुषं ब्रह्म, तत्ममः पस्यत्', 'वह इसी पुरुष को ब्रह्म के रूप में देखता है।'

10. परमानन्द के सन्दर्भः तैत्तरीय उपनिषद, 'एतम् आनदंमय आत्मा', 'वह परमानन्दरूपी आत्मा'; 'आनन्दम् ब्राह्मणो विद्वान', जो ब्रह्म के परमानन्द को

जानता है।' 'आनन्दम् ब्रह्मेति व्यजानात्' 'वह ब्रह्म के परमानन्द को जानता है।' बृहदारण्यक उपनिषद, एतस्यैव अन्यनि भूतानि मात्रतम उपजीवन्ति। 'यह वही परमानन्द है।, इस परमानन्द के एक कण पर जीव जीवित हैं'। मुंडक उपनिषद कहता है, 'आनदंम् रूपम अमृतम् यद् विभाति', 'वह आत्मा या परमानन्द ही ब्रह्म के रूप में प्रकाशमान है।'

11. ध्यान के सन्दर्भः मुंडक उपनिषद, 'पास्यस्ते निशाकालम् ध्यायः मनः', 'उस अदृश्य को ध्यान के माध्यम से देखो'। एषः अनुः आत्मा चेतस् वेदितव्यो' 'इस सूक्ष्म आत्मा को विशुद्ध मन अथवा चेतना के माध्यम से जानो'। 'ॐ इत्येव ध्यायतः आत्मनम्' एकमात्र ॐ के माध्यम से ही आत्मा पर ध्यान करो।' कठ उपनिषद, 'एतद्ध्येवाक्षरं ज्ञात्वा यो यदिच्छति तस्य तत्', 'जब इस अनश्वर ॐ को आत्मा के माध्यम से जान लिया जाता है तो यह साधक को वह (ब्रह्म) प्रदान करता है।'

12. विल डुरांट, द कंप्लीट स्टोरी ऑफ़ सिवीलाइज़ेशन, भाग-1 (न्यू यॉर्कः साइमन एंड शूस्टर, 2014)

3. हिन्दू धर्म की महत्त्वपूर्ण अवधारणाएँ

- स्वामी विवेकानन्द, क्वेश्चंस एंड आंसर्स, इन कंप्लीट वर्क्स, भाग- 5, निम्नलिखित पर उपलब्धः

  https://www.ramakrishnavivekananda.info/vivekananda/volume_5/questions_and_answers/questions_and_answers_contents.htm.

- गीता पर व्याख्यान, स्वामी विवेकानन्द, कंप्लीट वर्क्स, भाग- 1, निम्नलिखित पर उपलब्धः

  https://www.ramakrishnavivekananda.info/vivekananda/complete_works.htm.

- स्वामी विवेकानन्द, बुद्धाज़ मैसज टू वर्ल्ड, इन कंप्लीट वर्क्स, भाग- 8, निम्नलिखित पर उपलब्धः

  https://www.ramakrishnavivekananda.info/vivekananda/volume_8/lectures_and_discourses/buddhas_message.htm

- स्वामी विवेकानन्द, क्राइस्ट, द मैसेंजर, इन कंप्लीट वर्क्स, भाग-4,

निम्नलिखित पर उपलब्धः

https://www.ramakrishnavivekananda.info/vivekananda/volume_4/lectures_and_discourses/christ_the_messenger.htm.

- वही
- अनेक धर्मों में सब कुछ त्याग देने का विचार मिलता है। बौद्ध धर्म ने आरम्भिक रूप से संगठित संन्यास परम्परा को आरम्भ किया। हालाँकि वैदिक काल के मुनि और संन्यासी किसी भी संगठित व्यवस्था का भाग नहीं थे। न्यू टेस्टामेंट में, जीसस क्राइस्ट ने कहा, "लोमड़ियों के पास बिल और पक्षियों के पास घोंसले हैं परन्तु आदमी के पुत्र (यानी के ईसा मसीह) के पास सिर रखने को कहीं जगह नहीं।' और 'एक ऊँट के लिए सुई की नोक से निकलना आसान है पर एक अमीर आदमी स्वर्ग के द्वार से प्रवेश नहीं कर सकता।' क्राइस्ट ने यह भी कहा, 'अगर तुम सम्पूर्ण होना चाहो तो जा कर अपनी सारी संपत्ति निर्धनों को बाँट दो और तुम्हारे पास स्वर्ग में खज़ाना होगा।' इसके बाद आता है, 'आओ, मेरे साथ चलो' और 'आकाश के पक्षियों को देखो, वे न तो बोते हैं, न काटते हैं और न ही खेतों में बटोरते हैं तो भी तुम्हारा स्वर्गिक पिता उन्हें खिलाता है, क्या तुम उनसे अधिक मूल्य नहीं रखते?'। कुरान में लिखा है, 'सारी संपदा अल्लाह के नाम है।'
- श्री चन्द्रशेखर सरस्त्रती, वेद (मुम्बई भारतीय विद्या भवन, 1998)

4. छह दर्शन

- कान (श्रोत), नेत्र (चक्षु), जीभ (जिवह्ा), त्वचा (त्वक्) और नाक (घ्राण) ज्ञानेंद्रियाँ हैं। वाणी (वाक्), हाथ (पाणि), पैर (पाद), उत्सर्जन (मल-मूत्र विसर्जन) तथा प्रजनन अंग (उपस्थ) कर्मेंद्रियाँ हैं। आकाश (अन्तरिक्ष), वायु (हवा) अग्नि (आग), जल (आप या पानी) और भूमि (धरती) पंचमहाभूत हैं। शब्द (ध्वनि), रूप (आकार), रसना (स्वाद),स्पर्श (छूना) और गंध (सूंघना) पाँच तन्मात्रा हैं।

5. ब्रह्म सूत्र

- स्वामी वीरेश्वरानन्द, ब्रह्म सूत्र (अद्वैत आश्रम, 1936)। इसमें पद्म पुराण से माधवाचार्य के संस्कृत कथन का अनुवाद दिया गया है, जो एक

प्राचीन हिन्दू ग्रन्थ है। माधवाचार्य द्वैत दर्शन के संस्थापक थे, जिसके विषय में अगले अध्याय में चर्चा की गयी है।

7. पुराण

- गणेश स्वामीनाथन, फ्रॉम द बिगनिंग ऑफ़ टाइमः मॉर्डन साइंस एंड द पौराणिक यूनीवर्स (चेन्नईः नोशन प्रेस, 2020); सिद्धार्थ छाबड़ा एंड महादेव पुरी दास, द बिग बैंग एंड द सेजिसः मॉर्डन साइंस कैचिस अप विद द एंशियट पुराणाज़ (चेन्नईः नोशन प्रेस, 2020)।

8. आगम शास्त्र

- टी.एम.पी. महादेवन, आउटलाइंस ऑफ़ हिन्दुइज़्म (मुम्बईः चेतना, 1999)
- स्वामी लोकेश्वरानन्द, सम्पादन, स्टडीज़ ऑन द तन्त्राज़ (कोलकाताः रामकृष्ण मिशन इंस्टीट्यूट ऑफ़ कल्चर, 1997)

11. महान दर्शन

- स्वामी वीरेश्वरानन्द, ब्रह्म सूत्र (मायावती, अल्मोड़ाः अद्वैत आश्रम, 1936)
- स्वामी विवेकानन्द, 'फंडामेंटल्स ऑफ़ रिलीजन', कंप्लीट वर्क्स, भाग-4

12. भक्ति परम्परा

- देखें https://www.ramakrishnavivekananda.info/gospel/gospel.htm.

निष्कर्ष

- देखें https://www.ramakrishnavivekananda.info/vivekananda/complete_workd.htm.